特许经营合同规制研究

TEXU JINGYING HETONG
GUIZHI YANJIU

周悦丽◎著

人民出版社

目　　录

引　言

特许经营：法律规制的出发点和落脚点

任何一项研究的确定和展开，莫不基于研究者对研究对象的困惑和关注。本书以合同为视角研究特许经营，就是基于对特许经营的现实发展和理论研究之间的困惑与思考。特许经营在法律上的表现形式是合同。从比较法视角，合同法的重要发展趋势是其价值目标多元化，尤其是其组织社会的功能越来越为人们所强调。一方面，合同法因应社会经济需求促进各方共同利益的实现，如对组织型合同、共同行为等进行规制和调整；另一方面，其自身也因这些社会经济需求的推动，在协作义务的强调、信赖的保护、继续性合同的特殊规则等方面，逐步发展并发生着一些重大变革。[①] 结合合同法的现代发展，借用简约法律调整的基本理念和规则，以合同规制的思路思考特许经营的法律规制，于我国法治建设而言，是更为理性和实际的选择。

一、问题的提出

特许经营（Franchisie）原本是作为商业活动模式，适用于普通的商事活动领域。随着中国经济的高速发展，尤其是互联网的迅猛发展，特许经营作为一种独特的经营模式已在我国市场经济中占据重要地位，并且迅速更新迭代，从第一代的产品品牌特许，到第二代的经营模式特许，今天已经发展

---

① 王利明：《论合同法组织经济的功能》，《中外法学》2017 年第 1 期。

到第三代特许经营——数字化特许经营阶段。[①] 2015 年，中国特许连锁 100 强企业销售规模达 4345 亿元。据中国商务部统计数据，截至 2018 年 5 月，中国特许经营备案企业总数为 3915 家。

与此同时，政府特许经营也逐步推开并迅速发展起来。自 20 世纪 80 年代始，因应市场化取向改革和对外开放，我国在基础设施、公用事业领域逐步推广以政府特许经营为主要模式的 PPP（Public-Private-Partnership）项目。政府特许经营作为一种管理模式登上改革历史舞台，提供了运用市场机制和借助国际经验与国内外资金降低交易费用与综合成本的可能。随着我国城镇化、市场化进程继续推进，全面开放条件下和理论创新指导下服务实践的 PPP 模式迎来了更大和更广泛的发展空间。截至 2019 年 2 月，财政部"全国 PPP 综合信息平台项目管理库"项目累计 8780 个、投资额 13.3 万亿元。中国在基础设施领域 PPP 模式的发展已走在世界前列。

在特许经营成为经营模式新宠的同时，我国特许市场的问题却频繁出现，因开展特许经营活动而产生的特许经营合同纠纷近年来呈现递增态势。商业特许中前些年见诸媒体的如上海"得意馆"咖啡、韩国"安真美"时尚女鞋、"万兔速丽"餐饮小吃等企业与加盟商之间的纠纷[②]，"环球 365"（北京环球 365 公司）特许经营商业欺诈[③]，以及 2015 年年初备受关注的南京、长春、成都、南昌等多地出租车罢运事件[④]，等等，无不反映出目前特许市场尚存在较大问题。政府特许中违约、赔偿、监督管理、协调机制等方面，也面临法律调整不健全的种种挑战。[⑤] 以 2015 年下半年统计数字为例，近 5 年间北京法院共受理和审结特许经营合同纠纷案件约 2000 件，其中不

[①] 张涛：《数字化赋能 特许经营进入"第三代"》，《中国商报》2018 年 6 月 20 日。
[②] 林波：《〈商业特许经营管理条例〉即将出台》，金羊网，2006 年 11 月 14 日。
[③] 北京环球 365 公司打着加盟创业的旗号吸纳加盟商，2007 年上半年，400 多个加盟商每人交了 3.65 万元加盟 365 公司，半年后，收了至少千万元加盟费的 365 公司突然消失。2007 年 9 月 24 日，众多加盟商报案，朝阳警方立案侦查。参见《加盟连锁市场急需规范》，中国连锁经营实战网，2007 年 10 月 12 日。
[④] 叶曜坤：《当打车软件遇上出租车罢运……》，《人民邮电》2015 年 1 月 16 日。
[⑤] 参见邓敏贞：《公用事业公私合作合同的法律属性与规制路径——基于经济法视野的考察》，《现代法学》2012 年第 3 期。

乏疑难复杂的特许经营合同纠纷案件。① 这些纠纷涉及面广,诸如合同性质的认定、合同效力影响因素、受许人的单方解除权、特许人隐瞒或者提供虚假信息情形下的合同解除、超越范围经营、合同终止后经营资源的使用和保护等方面,存在大量争点,而且,相关问题观点各有出入,不相统一。② 有关政府特许经营协议含义、法律属性乃至其存废和适用前景的讨论和决策,更是直接涉及行政协议制度的稳定和法治使命。③

　　诚然,政府特许与商业特许并不简单等同,但是从受许人方面看,两种特许权的取得依据具有同质性,即都是基于特许经营合同。特许经营是一种几近成熟的商业制度,该制度与现实的市场运行相结合,简单而言即这样一种经营模式:制造商、供应商(特许人)将自己所有的经营模式、商标、商号、服务标记、产品、专利和专有技术中的一种或数种,以特许协议的方式授予批发商或零售商(受许人)使用,受许人按照特许协议的约定,在特许体系统一的经营模式下从事经营,并向特许人支付相应的费用。从经营管理或者营销模式的角度分析,特许经营就是以品牌这种无形资产为纽带,把分散的社会资源整合起来,将品牌(特许权)交给他人经营,自己收取费用。这种关系,在法的框架下就是民商事法律关系——以特许经营合同为纽带把特许人和受许人联结在一起的一种新型合同关系。相比于商业特许,政府特许经营是目前涉及行政协议和“政府与社会资本合作”制度发展中分歧较大的严重问题。2015年新《行政诉讼法》规定了行政协议的争议解决制度,但并没有解决围绕政府特许经营协议出现的一些误解和偏见。④ 2017年7月21日,国务院法制办公室公布了《基础设施和公共服务领域政府与社会资本合作条例》征求意见稿,虽未再提及政府特许经营这一核心概念,但明确规定PPP模式可以依法适用仲裁,等于承认和肯定了一些PPP案

---

　　① 北京市高级人民法院知识产权审判庭编著:《商业特许经营合同原理解读与审判实务》,中国法制出版社2015年版,出版说明页。

　　② 研究表明,从2012年开始浙江省人民法院审理的特许经营合同纠纷案件量开始急剧增长,于2015年达到一个高峰值,2016年短幅下降后,2017年又达到了一个新的高峰,整体上其数量在迅猛上升。参见特许经营合同纠纷大数据研究课题组:《浙江省法院关于特许经营合同纠纷的大数据分析报告》,腾讯网,2018年7月14日。

　　③ 于安:《论政府特许经营协议》,《行政法学研究》2017年第6期。

　　④ 于安:《论政府特许经营协议》,《行政法学研究》2017年第6期。

件的民事属性。

无论政府特许还是商业特许，分析其纠纷多发的主要原因，基本在于我国特许经营市场发展迅速，但法律规范不完善，且有关特许经营的理论研究并不充分。我国现行有效的有关特许经营的法律规范主要是行政法规、部门规章以及行业性规定，如《商业特许经营管理条例》《基础设施和公用事业特许经营管理办法》《商业特许经营备案管理办法（2011 修订）》《商业特许经营信息披露管理办法（2012 修订）》等。① 这些法律规范位阶低，形式合法性缺失，法律规范之间矛盾和冲突多，政策性强，不能够实现对特许经营有序、有效的激励、规范和保护。在市场法治的逻辑下，我国特许经营确实面临健全法律体系、规范法律调整的重大问题。因而有人从私法研究的视角，呼吁在民法典中将特许经营合同有名化②，也有人从行业发展视角，提出特许经营专门立法或者 PPP 立法。③ 实际上，国家层面的立法规划早已经启动。④

问题在于，我国学界和实务界似乎都存在这样一种倾向：当某一种市场问题或纠纷多现时，研究者习惯于将其归咎于法律法规体系的不健全，习惯于从立法层面考虑进行制度设计，似乎只有这样才能应对现实的经济发展之需。学界对特许经营的法律问题研究就特别明显地呈现出这种倾向。⑤

---

① 目前我国有关商业特许经营的法律规范包括一部行政法规、28 个部门规章以及两个行业性规定。政府特许方面则主要是部门规章。

② 林洹民：《民法典合同编增设商业特许经营合同章的必要性及其制度要点》，《北京航空航天大学学报（社会科学版）》2019 年第 2 期。

③ 朱静：《特许经营立法的症结》，《新理财（政府理财）》2015 年第 12 期。

④ 2007 年起，国家发展和改革委员会开展基础设施和公用事业特许经营立法的前期研究工作。2013 年，特许经营立法列入第十二届全国人大常委会立法规划，2014 年、2015 年连续两年列入国务院立法计划。2015 年中央六部委发布《特许经营管理办法》，2017 年 7 月 21 日国务院法制办公室公布了《基础设施和公共服务领域政府与社会资本合作条例》的征求意见稿。

⑤ 许多对特许经营进行法律研究的文章都是以调整特许经营的法律法规体系不健全为基本立足点，可参见刘琼：《乘风破浪：中国特许经营 20 年》，《今日中国》2007 年第 5 期；周芬、张建刚：《特许经营的立法政策问题研究——以欧盟经验为例》，《中央财经大学学报》2015 年第 12 期；李霞：《公私合作合同：法律性质与权责配置》，《华东政法大学学报》2015 年第 3 期；丁保河：《中国 PPP 立法研究》，法律出版社 2016 年版；李夗：《PPP 的法律规制》，法律出版社 2017 年版；等等。

二、特许经营合同规制的必要与可能

概而言之，商业特许经营与政府特许经营本质上都是合同关系。这种认识在法律上并无问题，问题的出现主要集中于两个方面：一是对特许经营合同性质的争议，该争议主要在于是政府特许还是非商业特许经营。在政府特许经营合同中，合同双方既有作为平等民事主体之间的真实意思表示，也有作为不平等的监管者与被监管者之间通过协商约定的监管或者承诺事项，因而特许经营合同究竟是属民事合同、行政合同，还是兼具行政和民事双重法律属性？目前该问题尚无一致性认识，国际性参照亦有所不同。① 二是特许经营的法律规制，这一直是学界和实务界面对的重大问题，很多国家包括特许经营比较发达的美国、欧盟等，都对特许经营进行严格的限制。但特许经营可经由哪些法律予以规制？其法律规制的价值定位应当如何？这既是国家立法调整的现实问题，也是涉及法律调整效果的基本问题。

《商业特许经营管理条例》被业界称作"特许经营市场里一部拨乱反正的法律"。该条例和《商业特许经营备案管理办法》（商务部令 2011 年第 5 号）以及《商业特许经营信息披露管理办法》（商务部令 2012 年第 2 号）共同构成我国的商业特许管理制度，立足于我国商业特许行业的发展状况和存在的问题，从特许人资格、信息披露、备案、法律责任等方面完善了制度体系，对规范特许经营行业秩序、保护受许人、规制特许欺诈等将起到根本的规范作用。2007 年《反垄断法》的出台，以政府对经济的适度干预为基本理论前提，合同自由的个别、适当限制，特许经营限制竞争条款的效力认定已不是难以解决的问题。所以，从立法论的角度思考，合同可以实现对特许经营的基本规制，当然尚需借助《反垄断法》《行政许可法》等法律规范的联合作用。从解释论的角度思考，合同如何实现对特许经营的法律规制，如何系统整合相关法律法规的基本设置，以便为特许经营纠纷的解决找到一种思路，为纠纷诉讼夯实请求权基础，是一个需要梳理和整合的过程。这里的梳理和整合，应当以法律的目的设置、法律体系的简约和明智为基本追

---

① 关于政府特许经营合同的具体分析，可参见第二章对特许经营合同的分析。

求。我国目前在特许经营的法律规制中有立法不完善的问题，更有如何使现存的法律法规在合同法的统率下发挥体系化作用的问题。

另外，在政府特许领域还存在法律规制方面的一些特殊性问题。自党的十八届三中全会明确提出要推广政府购买服务、"制定非公有制企业进入特许经营领域的具体办法"以来，相关部门出台了一系列规章制度和指导意见：2014年9月，国家财政部发布《关于推广运用政府和社会资本合作模式有关问题的通知》；2014年11月，国务院发布《关于创新重点领域投融资机制鼓励社会投资的指导意见》；2014年12月，国家发展和改革委员会发布《关于开展政府和社会资本合作的指导意见》；2015年6月，《基础设施和公用事业特许经营管理办法》发布实施；十二届全国人大常委会将《基础设施和公用事业特许经营法》列入全国人大常委会立法规划，国务院连续三年将其列入年度立法规划，2014年，国家发展和改革委员会牵头11个部门着手起草该法；2016年，《特许经营法》又提上议事日程。这都充分表明党中央、国务院对加快完善法律法规、以更好的法治环境促进特许经营发展的高度重视。但密集的规范性文件发布也带来了一系列问题。首先，目前规范PPP的多是法律政策文件，数量较多，制定规范的主体不统一，因而导致不同的PPP模式规范文件之间存在冲突。第二，目前规范PPP的政策类文件，位阶较低，政策属性较强，新旧规范之间容易存在不一致现象，导致PPP实践操作中存在较多法律问题。从国外经验来看，完善的法律法规体系是PPP项目正常运转并取得成功的有力保障，如英国、美国、澳大利亚、加拿大、韩国、日本、南非等国家，均针对PPP模式建立了适合本国的、相对完善的法律体系，极大地推动了本国PPP项目发展。借鉴国外经验，真正让市场在资源配置中发挥主导作用，加快特许经营立法，引导社会资本特别是民间资本进入基础设施和公用事业领域，既有利于拓宽市场准入，健全权益保障机制，形成多元可持续的投融资体制机制，助力经济社会持续稳定增长；也有利于发挥社会资本的专业、技术和管理优势，加快公共服务供给体制机制的创新，推进政府治理体系和治理能力现代化，这也是新时代党中央、国务院确定的重要改革任务。

在合同的视域内，特许经营是一种商业现象，但它又天然具有限制竞争的效果。特许经营合同除了具备一般合同的基本特征之外，还有其独特之处，其必然与反垄断法、信息披露法、知识产权法、公司法等具有密切的关系。而在政府特许之中，又可能基于政府行为而产生监督、许可等行政问题，以及经济法上的相应调整。因PPP模式涉及法律、金融、财税、项目管理、公共政策等诸多领域，利益主体多元、运行机制复杂，其中法律领域内最重要的问题是PPP项目合同体系的构建，而PPP项目合同体系的核心又是政府与企业之间的特许经营合同。可见，就合同自由而言，特许经营被施加了太多的限制。那么，在合同的规制之下，自由和限制之间如何实现均衡？法律的调整如何完善？这既关系到特许经营本身的生命力，也关系到法律调整的价值追求及其实现。

(一) 特许经营合同规制的前提和基础

特许经营合同与一般的合同规制存在哪些不一致？政府特许经营和商业特许经营有没有必要分别设置不同的法律规制？时至今日，我国法律并没有统一规定。法律规定不统一的风险是法律适用的不统一。这已经不是理论家的杞人忧天，而是生活世界的现实诉求——同样是政府特许经营的法律纷争，有的适用行政诉讼的救济途径，有的却诉求民事仲裁（参见第二章）。

政府特许经营和商业特许经营确实存在领域、当事人地位等系列差别，但笔者认为，这都不足以成为政府特许经营区别于民事合同的标准和原则，两类特许的合同标的——特许经营权的权利性质具有同质性，纠纷也具有同质性，把特许经营权置于无形财产权，甚或准物权的权利体系下，视纠纷的具体情形以违约或者侵权诉求法律保护，应当可以实现特许双方的权益保护。这种认识可以实现法律规制的统一性，也可以解决立法成本问题，只是，这种证成已不仅仅是法律本身的问题。

(二) 特许经营合同主体的法律地位

合同主体的法律地位在特许经营合同项下有不同于一般合同的独立意义。其一，立足于特许经营的现实发展，国家需要对特许人资格施以必要的限制；其二，特许双方当事人存在事实上的不平等，需要国家法上的特殊矫正；其三，受许人利益的保护，在合同权利义务的特殊设置之外，还需要具体制度设置。问题是，资格限制、主体法律地位的特殊矫正、利益保护的具体制度设置，其限度及合理性标准是什么？《商业特许经营管理条例》能否满足现实对法律规制的需求？未来的特许经营立法对于合同规制而言，应当着重哪些问题才更有益于特许经营的实践发展？

（三）特许经营合同的内容和形式强制

自由是合同的生命，但在特许经营合同下，合同自由已不是一方净土，包括合同内容和合同形式。而在民商事法律框架下，任何对民事主体自由的干涉都必须有足够充分且正当的理由，特许合同的内容和形式强制，能否在合同领域找到足够充分且正当的理由？而且强制的法律限度，应该以何种标准确定？这都离不开以民商法的视角对《反垄断法》的审视和理解。

（四）特许经营合同责任

合同责任本应是一个包含了前合同责任、违约责任、后合同责任的统一体系，与一般合同不同，特许经营合同的前、后合同责任以及违约责任，都应当是过错基础上的责任承担，这与特许人、受许人的前合同义务、后合同义务的特殊性、特许合同持续性等特征具有不可分割的关联。但是，在合同的视域之内，笔者也无法完成证实或者证伪，所以法律经济学的分析成为一种必然的工具。这种工具的应用，在这种经济常态的合同项下又是一种什么角度和追求？

另外，特许经营合同第三人责任，在特许经营体系对外形象的统一性要求、特许人对受许人的持续控制等情形之下，已然越过一般合同第三人责任承担的法律规定，但因特许经营而致第三人损害，却是一种不争的事实。对第三人损害的救济如何寻求裁判的规则和依据？合同相对性的突破是不是或能不能成为理论依据？

（五）特许经营合同规制的实现

民法规范的实践发展和功能发挥，在民法思想已经由个人本位转变为社会本位的时候，对私权利的法律保护，民法已不能独承其重。这其实是国际上的趋势，是公权力对私权利的必然和必要渗透和干涉。江平教授指出，很赞成日本学界对民法的动态研究，这里的所谓"动态"有四层含义：一是历史比较的动态，以历史发展的角度，从回顾过去到展望未来；二是各国的发展动态，尤其是日本学者很注意当今比较法的最新发展，如世界 WTO 的最新发展、知识产权的最新发展，从这些新的动态考虑问题；三是很注意跨学科研究，把民法置于其他学科的边缘来共同研究；四是结合了审判实践发展的动态研究——实践中提出哪些新的问题需要来解决？① 民法应该坚持这样一个理念。

　　本书以"特许经营合同规制研究"为题，很明显也受到这种认识的启发——法律问题的研究不可以局限于法的一隅世界，而应当关注生活实践、审判实践所提出的问题。特许经营现象的产生，目前还缺乏统一的理论框架来进行全面合理的解释，每种理论阐释都有其合理性，但同时又有其缺陷。② 目前在中国，企业通过特许经营实现快速扩张方兴未艾，它是市场中一种极具生命力的营销模式，一种运行中极易产生纠纷的交易方式，一种裁判中极缺可操作性标准的纠纷形式，一种法学必须面对和应对的现实存在。法律对特许经营予以规制的目标在于保护消费者权益与促进竞争，该目标的实现需要通过市场竞争、以合同形式得以表达，既体现私法自治，也不能忽视公共利益，尤其在政府特许之中，应当说特许经营及其法律规制的目标从根本上说就是公共利益。

三、资料和方法选择

（一）　国外研究及文献

　　特许经营在国外已有一百多年的发展，因此相关理论研究较为丰富，但研究视角多是从管理学和经济学的角度，介绍特许经营体系及如何建立、如何维护等基本知识和理论。如前国际特许经营委员会副主席 Alexander S. Konigsberg 1989 年出版的 *International Franchising*，该书对特许经营模式进行了比较全面的研究，并分析了特许经营模式与合资经营的区别及相互的优

---

① 江平：《民法的回顾与展望》，中国民商法律网，2008 年 1 月 18 日。
② 李虹、黄成明：《国外特许经营研究的理论综述》，《经济纵横》2005 年第 2 期。

劣势；美国学者 Robert T. Justis 和 Richard J. Judd 所著的 *Franchising*，研究定位是合资经营模式，是国际特许经营企业进行海外扩张的一种市场准入方式，该合资企业的创立方式一般有三种：所有权合资、管理合约合资、订单生产，并没有对合资模式和特许经营进行更细致的比较分析；印度学者普拉默德·克拉若的 *Franchising—The Route Map to Rapid Business Excellence* 一书，从实证的角度对特许人如何识别潜在的市场进行了较为细致的技术分析，提出特许人可以通过人口因素、经济政治因素、法律框架、投资环境、相关的市场指数等宏观因素来辨别潜在市场。

着重 PPP 模式的学术和应用研究在国外也有不少。如 20 世纪 60 年代，彼得·德鲁克提出了"重新民营化"的概念，该词被视为"民营化"一词的前身。米尔顿·弗里德曼、戈登·图洛克、安东尼·唐斯、威廉·尼斯卡宁等，也都是学术界推动民营化的先驱。美国纽约城市大学公共事务学院教授 E. S. Savas 在其《民营化：改善政府的要径》和《民营化与 PPP 模式：推动政府和社会资本合作》等著作中，对民营化在当代政府改革中的地位、PPP 模式在不同国家的应用及其经验、如何实施不同形式的民营化以及如何克服民营化过程中的各种障碍，进行了深入、透彻的分析，是民营化研究领域里程碑式的精品。英国的达霖·格里姆赛和澳大利亚的莫文·K. 刘易斯《PPP 革命——公共服务中的政府和社会资本合作》一书，不仅把 PPP 模式应用扩展到了更广的领域，而且是对公共产品供给方面制度变迁的总结。作者认为，不管是经济基础设施中的交通、电信、能源等硬设施，还是职业培训、商业金融服务、研发促进和技术转让等软设施，不管是社会基础设施中的医院、教育、排污、养老甚至监狱等硬设施，还是社会保障系统、社区服务等软设施，都可尝试用 PPP 模式，公共服务中的政府和社会资本合作可以带来革命性的社会影响。

需要指出的是，特许经营的立法规制在国外虽开始较早并较为完整，但从法律角度进行专门研究的著作极少，有的仅仅是着重分析特许经营的法律环境，并且多属对特许经营外部环境的一些共性分析，没有对不同的市场所对应的外部环境进行分析。

（二）国内研究及文献

特许经营是 20 世纪 80 年代末进入中国的，而真正意义上引起中国理论界重视是在 90 年代后期。特别是近年来，由于特许经营在中国的快速发展，相关的理论研究也丰富起来。以近几年出版的研究成果为例，国内研究状况可以概括为以下四个方面。

一是经济学和管理学角度的实证分析。这种研究虽一开始多是国外经验和模式的介绍，但较为深入和系统，对国内特许经营的发展具有很强的指导意义。如朱明侠教授等人 2005 年出版的《特许经营在中国》，是国内乃至世界上第一本对在中国如何开展特许经营进行透彻研究的著作，其中不仅对中国的法律法规、税收政策进行了专门的分析，还从政治环境、文化环境、经济环境、金融环境四个角度对国际特许经营企业在中国面临的外部环境进行了深入而全面的分析。

二是教科书式的基本介绍。这种研究主要是从特许经营在中国的发展状况的视角，阐述中国特许经营的现状、挑战及未来展望，探讨特许经营在我国的发展和完善，如李维华等人编著的《特许经营概论》，王红、李盾编著的《特许经营 ABC》，肖朝阳的《如何签订特许经营合同》，等等。

三是特许经营法律环境分析。这方面文献较多，成果颇丰，如何易的《特许经营法律问题研究》，李立辉的《WTO 与中国特许经营》，孙连会的《特许经营的诉讼之道》，欧阳光等的《公司特许经营法律实务》，等等。但略显遗憾的是，法律环境分析的视角和问题的着眼点往往如出一辙：综观现有的研究资料，大都属大而全、泛且广的制度设计；而研究的落脚点一般即在：作为一种经济运行的常态，国内特许经营法律规范层次较低，缺乏健全的法律法规体系。当然，对特许经营进行专门法律研究也有比较深入和系统的，如方新军的《现代社会中的新合同研究》和吴汉东、胡开忠在《无形财产权制度研究》中的专题研究，资料较为翔实，具有较强的理论性和可读性。

四是专门针对 PPP 模式的研究。与国外研究视角略有不同，国内学界和实务界都较为关注 PPP 立法与法律规制问题。如丁保河《中国 PPP 立法研究》，将国外 PPP 立法的实践经验与国内实际相结合，根据 PPP 模式实践操作的不同阶段对立法的具体内容作规范性阐述。李亢《PPP 的法律规制：以

基础设施特许经营为中心》则聚焦基础设施特许经营，从经济法维度厘清了
PPP 制度的性质，在此基础上构建规范特许经营的法律制度体系。当然，鉴
于国内市场实践发展历史较短、立法规制相对滞后，PPP 模式推进中的很多
法律问题尚缺乏较系统的研究，另外，将 PPP 项目推进与政府治理改革、公
司企业治理、体制机制改革等相结合的研究也还很少。

（三）研究视角的选择

综合上述研究的现状和问题，特许经营在中国还需要从法律层面进行较
深层次的梳理和分析。因为，从市场角度看，特许经营是一种营销理念；从
经济形式看，特许经营是一种经营模式；从政府治理视角看，特许经营是一
种制度创新。这些问题的结合构成特许经营是一种市场环境下的重要经济现
象，而这种经济现象，在我国的现实发展中面临诸多问题，如，商业特许中
特许人信息披露不规范，欺诈与误导性宣传等致使法律的情形纠纷非常多
见；受许人不诚信经营，违反加盟合同约定造成特许人损失的情形非常多
见；特许人滥用优势地位，如限制竞争条款、商圈保护、竞业禁止义务的设
定等，往往可能造成受许人利益的损失；特许经营中因营业而造成消费者损
害，责任的承担认定标准不确定，责任人不统一等；政府特许中的监督管理
体制不顺、合同不规范、争议解决不完善、受许人权益保护不足……面对诸
多问题，对特许经营进行规制的法律法规体系如何？该体系的构成要素有哪
些？各构成要素地位和作用空间如何确定？是否存在冲突？等等。这些都是
特许经营健康和可持续发展所必须面对的问题。

徐国栋教授在主持完成的《绿色民法典草案》中，曾经将特许经营合
同作为一种新的有名合同确立下来。新的民法典起草过程中也曾经将特许经
营合同有名化，但特许经营合同最终还是没有进入民法典。如果把特许经营
合同经由现实的社会存在纳入典型合同保护，学者的设计当然地应当遵从有
名合同的一般规则，林林总总将每一种有名合同应当具有、实际具有的相关
问题罗列清楚。其实，以合同研究的视角考察，特许经营涉及合同的订立、
效力、履行、变更和转让、解除和终止、违约责任的承担之全过程，也就是
说，合同法可以框架特许经营从生到死的完整过程。只不过，在这一过程
中，合同规制在许多情况下要尊重其作为一种"至今最为成功的营销理念"

这一其固有的经济特征限制，不可排斥反垄断法、招投标法、商业特许经营管理条例、信息保护法以及特许经营专门立法等相关法律规制。

而立足于合同法的基本原理，可以找到特许经营在国内健康发展的实践和理论支撑：第一，特许经营的合同本质已经是理论和实践中的共识；第二，特许经营在国外已有多年的发展历史，有许多成熟的个案研究可资借鉴；第三，许多国家已经有对特许经营的立法规制，这些不同的法律规制形式可以为我们提供一种立法借鉴；第四，政府特许经营、商业特许经营在国内已有不少成功个案，正在进行中的特许经营也折射出特许经营中需要解决的许多现实问题；第五，2007 年，我国《反垄断法》通过（2008 年 8 月 1 日实施），国务院《商业特许经营管理条例》通过并实施，特许经营专门立法已经进入国家立法规划。

（四）主要研究方法

1. 文献资料法

特许经营研究涉及领域广泛，通过中国知网、中国智库网、国研网等渠道，搜集、整理国内外有关特许经营的大量论文、著作等文献资料，结合相关学术著作研读，从法学、经济学、管理学、社会学等相关领域，总结提炼关于特许经营的基本理论和知识，为从法学领域、合同视角对特许经营进行法律规制提供理论支撑和事实根据。

2. 比较分析法

比较分析的方法应用于研究的整个过程，体现在国内外不同研究状况的比较上：一国或地区不同历史发展阶段的比较，国外不同国家的具体法律规制的比较。特别是注重整理和借鉴美国、英国、日本、欧盟以及我国台湾地区等不同国家和地区在特许经营领域内法律规制及其研究状况。

3. 实证分析法

本研究是一种相对微观的研究，微观研究的基本落脚点就是不能忽视现实的社会发展对这种经济现象所提出的问题及其解决。特许经营在中国的发展，除了经济和管理中的问题之外，法学视域内必须考虑该商业实践在现实的经济环境下遇到了哪些问题，所以，法院裁判的调查研究、中国连锁经营协会的资料年鉴研读，都是发现问题、解决问题必要的方法。2008 年，奥运会特许经营的实践参考是重要的实证范本；国内近些年对特许经营的司法裁判报告，从司法裁判视角为研究特许经营的合同规制提供了很好的专业视角；《中国连锁经营年鉴》的编制，也为分析合同规制提供了大量参考。

4. 法律经济学分析法

法律经济学无疑可以帮助我们从一个特定角度系统理解法律以及其他与制度相关的领域，它有其他任何研究都难以替代的优点，包括它的简洁、经验主义和务实。[1] 当笔者把视角锁定在特许经营合同研究，锁定在特许经营合同是一种持续性合同的时候，不可避免地选择借鉴法律的经济分析方法。"法经济学的一个主要目标，就是重新理解法律制度的成因，并评价其合理性。"[2]

对特许经营的合同规制，离不开合同主体法律地位、权利义务设置等基本问题，但该合同项下，这些内容的安排已远远超出了一般的合同自由能够涵盖的范围。虽然合同自由在现代社会的发展演变中已大大改变了古典契约法的基本设定，虽然笔者在研究中也已经承认，民法的现代发展已经证明它自身再也无法完成对某些私权利的充分保障，还需要借助其他法律规范的共同作用，但合同设置中对当事人法律地位的矫正、对特许人和受许人义务的部分法定、对合同责任的特殊归责原则等系列问题的理论基础分析，都已经无法离开对制度经济学已有研究成果的借鉴或直接使用。

需要说明的是，法律经济学分析方法的运用在本研究中仅仅是满足于方法的应用，受专业和能力的限制，还无法将法律的经济分析进行到底。

四、主要内容与创新

（一）基本思路

本研究是在合同规制的基本思路下，遵循合同内容的基本设置，在探讨

---

① ［美］唐纳德·A. 威特曼编：《法律经济学文献精选》，苏力等译，法律出版社 2006 年版，第 3 页。

② 苏永钦：《缔约过失责任的经济分析》，载《民事立法与公私法的接轨》，北京大学出版社 2005 年版，第 177 页。

特许经营这种极具生命力的合同形式的现实生存及其生存状态的具体问题——合同的性质和特征、合同当事人的法律地位及法律对当事人地位的矫正、合同内容和形式中的自由与强制以及法律强制的基础和限度、合同责任的体系以及责任的具体认定和承担、合同第三人责任的特殊性及责任认定和承担的基本问题的基础上，试图推导和梳理出对特许经营进行合同规制的基本思路。按照这一思路，本研究包括引言和六章主要内容，基本结构如下：

引言从问题出发，分析对特许经营进行合同规制的法律依据、现实依据以及研究性基础等问题。

第一章是本研究的逻辑起点，从特许经营权谈起，着重于权利性质的法律分析，从特许经营权利特征寻找合同规制的理论基础。

第二章扣住研究主题，探讨特许经营合同规制的前提和基础问题，旨在厘清合同研究的一般路径和实证、理论基础。商业特许经营合同和政府特许经营合同本质上都是民事合同。这种合同具有持续性、双方当事人法律地位存在实质上的不平等、合同内容和形式存在较多的法律强制等特征，而作为合同标的的特许经营权，本质上是一种无形财产权，即使是政府特许经营中，行政许可也不过是特许权获取的前置性条件，并不改变特许权的民事权利特征。

第三章是对特许经营合同主体及其法律地位的分析和讨论。特许经营的现实发展及特许人对受许人持续控制的事实，使得作为特许合同双方的特许人与受许人天然地存在地位上的不平等。特许经营是特许人和受许人之间信用的授、受过程的结合，但是，特许经营合同的订立和履行，却不可能是特许人和受许人之间简单的授信和受信的结合，因为特许人天然的优势地位会影响授信的过程和结果，对公平造成实质的损害。所以，法律需要通过对特许双方权利义务的设置施以必要的约束，这仅仅是前提，在特许经营合同中，我们更需要通过一定的制度设置，人为地矫正受许人的弱势地位。这样做，在民法的视野内，有足够充分且正当的理由。包括，法定的信息披露制度，冷静期和专家咨询制度，也包括对商圈保护的合同约定和救济，对合同内容的适当强制。

第四章是对特许经营合同内容强制和形式强制的研究。立足于对商业实践的实证分析，我们看到的是在该合同项下，合同内容和形式已被施加了太多的法律强制，如特许人的信息披露义务，受许人的竞业禁止义务，限制竞争条款的效力认可，书面形式以及备案制度，等等。当然，这种种限制并不可能改变合同的私法性质，因为其与合同自由的历史变迁、与合同效力的价值判断标准具有内在一致性。

第五章是特许经营合同责任及其归责原则研究。特许经营合同责任也是一个包含了缔约过失责任、违约责任、后合同责任在内的基本责任体系，只是，与传统合同相比较，特许经营合同责任的承担只能是过错责任。也就是说，特许经营的制度和实践决定了非违约方对违约方的责任诉求，法院的裁判应当以违约方过错的存在而不应当以违约事实或损害后果的存在作为裁判依据，即违约责任应坚持过错责任原则。缔约过失责任，因特许人缔约前信息披露义务的法定而具有更强大的效力，即信息披露义务的违反不仅导致缔约过失责任，还有行政责任，甚至刑事责任的承担。后合同责任，因为受许人竞业禁止义务以及对特许人技术秘密、经营秘诀、营销资讯等商业秘密和特许人特有的经营管理经验等信息的部分或者完全掌握和知悉，其必须以独立的后合同责任作为对保密义务和竞业禁止义务的保障。特许经营合同第三人责任原则上即特许人的对外责任，其实质是在"合同相对性例外"中"附保护第三人作用之契约"的结果，原则上限于"加害给付"。所以，合同责任承担原则上应坚持受许人自己责任为原则，特许人补充责任为例外，其与一般产品责任承担的不同即在于特许体系对外形象的同一性维护。

第六章是对特许经营合同规制的结论性认识。政府对经济的适度干预、特许经营本身的制度特点以及我国加入 WTO（入世）后承诺的履行等基本问题决定了特许经营法律规制的必要性，但在市场的环境下对这种经济现象的法律规制应当简约而明智。因为，法律务实的品格决定了法律理论不能是抽象的理论游戏，最为理想的法律体系和制度设计选择应当是以足够应对现实所提出的具体问题为基本目标的设计，而非为追求符合审美的体系构建。

（二）追求实现的创新

特许经营是一种极具生命力的商业运行模式，一个成熟的特许经营市场，应该有充分的市场基础和相应的配套体系，其核心是较为完善的法律法规体系。我国目前特许经营的整体市场环境并不成熟，尤其是诚信体系建设落后。因此，对特许经营的法律调整显得尤为重要。对特许经营的法律调整，价值选择上应当对效率和公平双重尊重。对效率的追求，我们应当尊重特许人特许体系扩张的市场运行；对公平的追求，我们应当正视该市场运行中特许人地位优势的现实，为受许人利益保护提供充分的空间。而尊重特许经营双方的合同自由，不可忽视市场、社会环境对合同自由的必要限制。

遵循这样的基本理念，笔者认为，在合同法的统率之下，反垄断法、招投标法、特许经营管理条例以及特许经营行业自治性规范的适当辅助，再辅之以信用体系的建设和基本保障，就可以基本实现特许经营法律调整的体系化，同时保证特许经营法律规制的简约和有效。特许经营的专门立法，重点应在于明确政府特许的领域、特许人的职责定位、协作机制、监督机制以及受许人权利救济等相关问题。因为，从立法论的角度考虑，合同法等民商事法律法规与反垄断法、招投标法等经济法律法规，特许经营法以及《商业特许经营管理条例》等行政法规的共同作用，足以应对特许经营中的信息披露、限制竞争、受许人保护、法律责任承担等基本法律问题；从解释论的观点出发，合同规制符合特许经营作为一种商业实践需要以遵循市场规律为前提，符合此前提下对合同自由的尊重和适当限制的理论要求，只不过，在国家对经济运行可能也必然予以必要调整的现实中，合同法无法独自完成对特许经营的法律调整，合同法等民商事法律法规与上述经济法律法规、行政法律法规的协调和作用整合，是我们在特许经营法律调整中必须面对的问题。

从特许经营在国外的发展以及立法先进国家的实践看，特许经营法律规制的核心问题，一是以对特许双方法律地位的矫正为基础的特许人信息披露，二是特许经营中限制竞争条款的法律效力。两个问题实际上都可以在合同法的调整下，借助对合同自由的适当限制得到解决。也就是说，在特许经营的法律调整中，启动立法机器的重点在于特许经营的专门立法规制，而特许经营合同研究可以解决特许经营的行为属性、市场准入、信息披露、风险负担、对外责任分担等一系列问题；在合同法的统率之下，再通过相关经济、行政法律法规的辅助作用，完全可以实现特许经营的法律调整。

这种思路以及在这种思路指导下的具体研究，来自于理查德·A.爱波斯坦《简约法律的力量》一书的启发。改革开放以来，我国法律建设的立足点基本倾向于应改变"法律制度不健全"的缺陷——在特许经营的法律规制上，研究者也多持相似的观点。问题在于，法律调整的有效性取决于有法可依，且法律适用充分和及时，而非一味地进行细密周全的法律体系建设。爱波斯坦论著的基本思想是法律规则的简约——与"复杂规则"相对应的简约。法律的简约是立足于立法、法律适用、法律执行的一种成本考虑。回应改革开放40多年来中国的立法活动，成就是有目共睹的，但持续、快速的制定法律未必总能有效应对生活世界的真实诉求，法律资源的浪费也是一种可能的现实，体现在新、旧法规范的冲突，不同层级的法律法规适用的冲突，以及对已有法律规范之间作用整合的忽略，等等。当然，这种认识只能是笔者的经验观察，其主观判断和客观真实的成分，尚待实证分析。借用法律经济学的观点，公平和效率两种价值可能有冲突、抵触的时候，但两种价值都是我们的追求。这种追求在每个法律的规定里面都可以发挥指引的作用，一方面是法律追求的目的，另一方面也是我们评判法律是否明智、是否简约的标准。① 遵循这种逻辑，以简约的法律调整的理念应对特许经营的复杂世界，既可以体现法律规范的体系与逻辑，还可以更好地观测法律调整的效力与效率。由此，立法论上的思考未必尽是宏大叙事，特许经营合同研究就是以特许经营为例做一种形而下的微观考察，在合同规制之下验证法律理论的意义，这与全面推进依法治国、建设中国特色社会主义法治体系的内在要求具有一致性。

第一，特许经营本质上就是特许人和受许人之间的合同关系，该合同关系以特许经营权（特许权）的授予为核心内容、以存续上的持续性为基本特征。与普通的民商事合同相比，特许经营虽然在双方当事人法律地位、合同内容、合同形式以及合同责任承担等方面存在特殊性，但这些特殊性并不改变特许经营的民商事合同性质，包括政府特许经营在内。而且从比较法的角度观察，各国家和地区立法虽致力于解决特许经营中的具体问题，但法律规制的立足点都是合同双方的权利保护。因此，合同法构成特许经营法律调整的基础性法律。

第二，沿着合同规制的思路，特许经营合同双方法律地位事实上的不平

---

① 谢哲胜：《如何建立明智而简约的法律》，中国民商法律网，2006年12月26日。

等，可以借助特许经营法、《商业特许经营管理条例》等行政法规的辅助作用，从特许人的资格限制、信息披露、备案等方面，为合同双方法律地位矫正提供制度依据，为合同双方权利义务的具体设置、受许人利益的特别保护提供必要的制度保障。

第三，就合同内容和形式而言，借助于《反垄断法》等经济法律法规的辅助作用，特许经营合同实质上完成了内容和形式的法律强制，该合同内容和形式强制的理论和制度基础，与合同自由的历史变迁具有逻辑一致性。也就是说，《反垄断法》对合同自由的限制只能是政府对经济适度干预下的个别限制、适当限制，并不根本否定合同自由。

第四，就合同责任而言，在制度经济学的理论支撑下，特许经营合同责任是过错责任原则统率下的，包括缔约过失责任、违约责任和后合同责任的责任体系。但特许经营合同责任的承担因特许合同个性的存在而异于一般民商事合同。最为特殊的，是特许经营合同第三人责任。与传统的合同第三人责任不同，特许经营合同第三人责任更多的是基于"附保护第三人作用之契约"而生成的责任，原则上是受许人因特许经营权的行使致他人损害时，由特许人承担的替代责任，因此应当是在坚持"控制程度加过错程度"的原则下的、以受许人自己责任为原则、特许人承担补充责任的一种责任承担。

由上观之，合同研究可以为特许经营这种经济实在找到一种基本的法律规制路径，为特许经营纠纷的解决夯实请求权基础。因为，法律规制特许经营的目的是促进该经营模式的健康发展，为特许体系低成本扩张提供制度前提。在民法思想经由个人本位发展到社会本位的现代社会，即使是私权利的法律保护，民法也已不能独承其重，所以，合同法等民商事法律法规、反垄断法、招投标法、《商业特许经营管理条例》以及将来的《特许经营法》等经济、行政法律法规，构成对特许经营进行调整的法律法规体系。这样的设置，既能够满足法律调整的基本目的和价值追求，又符合法律调整的简约和明智。

第一章　从特许经营权谈起

第一节　概　　述

一、特许经营的产生和发展

（一）概念渊源

明晰概念渊源是特许经营合同规制的基本前提和出发点。因为作为反映事物本质属性的一种逻辑方法，不管是对前人研究成果的借鉴还是基于个人研究的创见，概念的界定总是研究者立论的逻辑基础。而且，从概念渊源看，特许经营与特许经营权原本并没有严格区分。

特许经营——Franchise，本意是指"特别的权利"。据 1913 年韦氏词典的解释，Franchise 是"君主和政府授予个人的一项特殊权利，该项权利不受司法权的管辖，是一项宪法或者法律上的权利，特别是投票权。按照美国宪法修正案，由普通的投票进行的选举，是美国人民最高的特许权。"《牛津高阶英汉双解词典》对 Franchise 解释为两层意思：（1）投票权、选举权（the Right to Vote at Public Elections）；（2）（正式授予在某地区销售某公司的货物或经营业务的）特权、特许（Formal Permission to Sell a Company's Goods or Services in a Particular Area）。① 可见，英文 Franchise 具有政治授权和商业

---

① ［英］霍恩比：《牛津高阶英汉双解词典》，李北达编译，商务印书馆 1997 年版，第 585 页。

授权双重含义。布莱克斯通的《英国法释义》认为："特许经营权（Franchise）与特许权（Liberty）是同一概念，它们是一种皇室特权，或者说国王特权的一部分，主要存在于土地制度中。因为它们源自于王权，所以必须得到国王的授权或指定。特许经营权中有一些共通的原则，即它们既可以被授予自然人，也可以被授予政治实体；既可以被授予一个人，也可被授予多人；但是具有同一性质的特许经营权，如果先前已经被授予了某人的话，就不能再授予其他人，否则将损害前者取得的授权。"《兰登书屋袖珍英汉法律词典》对 Franchise 解释为：（1）特许经营权、专营权；（2）（政府给予）特权；（3）投票权、选举权。[1]

按照《牛津现代法律用语词典》，将 Franchise 解释为 the Right to Vote 这一含义，如今虽还使用，但已不普遍。在英格兰和苏格兰法律历史上，Franchise 还指豁免皇家法院管辖，地区的司法权由被授权的贵族或其他人来行使，由此产生了 Franchise Courts。[2]

可见，从英语词源看，特许经营最初是一种政治性授权，后来才演变出商业性授权。目前更为普遍被认同的含义是指商业领域的一种经济行为。中文语境的翻译大多为特许经营，与连锁店、自由连锁、合作社等并列，属于所有权不同的商店的范畴。[3]

（二）特许经营的产生和发展

现代意义上的特许经营被公认为产生于铁路时代的美国。南北战争结束之后，美国在全国范围内迅速建立了庞大的铁路系统，形成了四通八达的交通运输网络，极大地推动了美国国内统一市场的形成，促进了国内工商业的空前繁荣。[4] 而此时美国制造业劳动生产率不断提高，商品数量急剧增加，消费量节节攀升。这些都对美国的流通业提出了全新的要求，促使零售贸易也发生相应变化，从而出现了新型的零售商业模式。美国的特许连锁经营商

---

① ［美］James E. Clapp：《兰登书屋袖珍英汉法律词典》，王金鹤、周艳、袁宏云译，上海外语教育出版社 2002 年版，第 154—155 页。
② 北京市高级人民法院知识产权审判庭编著：《商业特许经营合同原理解读与审判实务》，中国法制出版社 2015 年版，第 2 页。
③ 陈阿兴、武云亮主编：《特许经营》，中国商务出版社 2006 年版，第 1 页。
④ 徐印州、肖怡：《特许连锁经营》，广东经济出版社 2000 年版，第 28 页。

业正是在这样的背景下应运而生。

1865 年，胜家缝纫机公司（Singer Sewing Machine Company）开始以特许经营的方式出售其缝纫机分销特许经营权，与零售商以特许经营协议的方式构成双方的特许加盟关系。通过这种方式，他们很快组织了特许经营网络，占有了美国缝纫机市场绝大部分的市场份额。胜家公司被认为是特许经营的鼻祖。19 世纪末至 20 世纪初，石油提炼公司和汽车制造商开始授权给一些人和企业，以销售他们的产品，如福特公司要求其特许经销商必须按总部规定的销售方式和服务标准销售福特汽车。至此，特许经营具有了"授权分销制造商产品"的商业含义。这一时期的特许经营被称为"第一代特许经营"，也叫"产品品牌特许经营"（现今，仍有许多制造商运用这一方式）。自此，"Franchise"应用到商业上，被赋予了新的含义。

第二次世界大战以后，英美等国家经济的快速发展带来了餐饮、旅馆等服务业的迅猛发展，以麦当劳、肯德基为代表的"第二代特许经营"时代到来。第二代特许经营商比胜家、福特汽车等第一代特许经营商更强调"商标、经营技术和店铺设计"等以知识产权为核心的特许，在内容和形式上更加丰富。在第二代特许经营的时代，特许经营作为一种明显有别于传统销售的新型营销模式，被赋予近现代商业全新的内容，它不再强调个人奋斗、自主创业，而是推崇对成功经验的克隆。这一时期，国际特许经营协会（IFA）、欧洲特许经营联合会（EFF）均从商业实践的角度，对特许经营加以定义。

IFA 的定义具有国际公认的权威性：特许经营是特许人与受许人之间的一种契约关系。根据契约，特许人向受许人提供一种独特的商业经营特许权，并给予人员训练、组织机构、经营管理、产品采购等方面的指导和帮助，受许人向特许人支付相应的费用。

EFF 从各成员国普遍遵守的行为规则的角度，规定："特许经营是具有独立的法律、经济地位的企业之间，在紧密的、不断发展的合作关系基础之上建立起来的营销产品、服务、技术的网络。在这个营销网络中，特许人和各个受许人有权利也有义务根据特许人的理念经营业务。这种权利允许和要求各个受许人，基于直接或者间接的经济互利的对价，使用特许人的商号、商标、服务标志、技术秘密、经营和技术方式、工作程序制度以及其他工业产权和知识产权，并在双方为达到上述目的而签订的特许经营合同框架内和有效期内，得到特许人持续的商业上和技术上的帮助。"强调特许经营是一个开放的系统，各个受许人的营业活动都在同一特许经营网络下进行，同时也强调，特许人对受许人有持续技术服务的义务。①

20 世纪 80 年代以来，特许经营进入全面发展时期。1982 年，美国的一些受许人和独立经销商出于平衡市场力量、与代表特许人利益的 IFA 相抗衡的目的，创立了全球第一个代表受许人利益的组织——美国受许人与经销商协会（American Association of Franchisee and Dealers，AAFD）。1994 年，在 IFA 和 EFF 的支持下，成立了世界特许经营联合会（World Franchise Council，WFC）。② 20 世纪 90 年代以后，特许经营热潮迅速席卷全球，发展模式也逐渐升级换代，数字化赋能、特许经营进入"第三代"。

亚洲的特许经营相比美国和欧洲开始较晚。日本、韩国引进特许经营都是受美国影响。日本政府在 20 世纪 60 年代推行特许经营的连锁商店，并拨出专款作为扶助特许经营业务的活动资金，成立了"日本特许经营协会"。韩国引入特许经营更晚些，乐天快餐店是韩国第一个初具规模的特许经营企业（1979年）。我国特许经营始于 20 世纪 80 年代，大致经历了起步（1987—1993 年）、飞速发展（1994—2000 年）、稳定发展（2001 年至今）三个阶段。③ 随着国家政策支持、立法的逐步推进，中国特许经营也经历了高潮后的冷静期，逐步通过法制规范市场，减少欺诈，促进特许经营依法有序健康发展。④

综上所述，从经济学角度分析，特许连锁经营（Franchise）是"一种在特许人（Franchisor）和受许人（Franchisee）⑤ 之间存在合同关系的纵向联合的营销系统。概括地说，它指一种产品、商标、流程或服务的所有人许可其他人或组织使用、购买、卖出或经营它，以换得某种形式的报酬。报酬的形式可能是特许使用费、许可费，或被特许人承诺购买卖方产品。因此，特

---

① 参见阮方民：《欧盟竞争法》，中国政法大学出版社 1998 年版，第 292—293 页。

② 胡晓松编著：《特许经营导论》，中国人民大学出版社 2011 年版，第 5 页。

③ 1987 年 11 月 12 日，肯德基在北京前门设立中国第一家餐厅——中国第一家特许经营企业的单店。

④ 北京市高级人民法院知识产权审判庭编著：《商业特许经营合同原理解读与审判实务》，中国法制出版社 2015 年版，第 9 页。

⑤ 特许经营双方当事人的称呼并不一致，如特许人、受许人，特许人、被特许人，特许权人、受特许人，特许商、被特许商，特许商、加盟商，等等，本书一般称特许人、受许人，有时候为了概念使用的便利使用加盟商。

许经营既是一种扩大市场覆盖率的分销方式，也是一种企业得以开办并成长的业务体系"①。

当然，经济学的定义突出强调的是特许双方之间完整统一的外部形象和休戚相关的经济利益，强调特许双方必须恪守各自的权利义务以在市场角逐中达到双赢的目的，间接表明特许经营的制度本质无非还是一种特许双方之间的法律关系。只不过，法律是经验的产物。

二、特许经营的可能范围

特征的分析能够表明，特许经营当事人之间既有控制与被控制的一面，又有相互独立的一面。这样的特征决定了该经营模式既不排斥在公共品的经营领域内适用，更不排斥在私人品的领域内运行。

（一）公共品领域的特许经营

1. 兴起与应用

公共品（Public Goods）是与私人品（Private Goods）相对应的概念，规范的定义首先由萨谬尔逊于 1954 年提出："每个人对这种产品的消费，都不会减少其他人对它的消费。"严格来说，公共品是指公共使用或消费的物品（含服务），一般具有三个特点：（1）消费效用的不可分割性；（2）消费的非竞争性；（3）消费的非排他性。这些基本特征的存在令我们产生疑问：公共品是否存在市场？也就是说，政府担负为社会提供公共品的义务，这种义务的履行是否排斥市场化的形式？

问题的解决取决于两方面条件的结合：其一，政府是否是社会公众通过公平的契约交易而形成的所有权共同体？其二，政府生产和供给公共品是否遵循市场原则？如果这两个条件具备，公共品的产权契约交易与私人品就没有本质上的区别，政府就像一个特殊的企业组织，代理私有产权的主人——社会公众谋取福利，以公共产权主体形式参与市场运作，生产和供给公共

---

① ［英］弗朗西斯·布拉星顿、史帝芬·佩提特：《市场营销学（教材篇）》，裴大鹰等译，广西师范大学出版社 2001 年版，第 1277 页。

品，弥补私人产权单独交易基础上的"私人品市场"所固有的缺陷。

基础设施和公共服务领域开始逐步推广特许经营制度，旨在打破城市供水、供热、供气、公交、污水处理、垃圾处理等行业的垄断，加快这个行业的发展和运行效率，使社会公众受益。实践也证明，以提高资源配置效率为目标的政府特许经营，其推广和使用使特许经营在商业中的巨大增值优势在政府的全面资源运营中得以深刻体现，使最大化开发利用资源、节约政府开支、减少浪费成为现实，使政府收入增加、政府声誉和形象提高，在提高资源运营效率和增加资源运营效益的基础上，民众需求就可以更好地得到满足。20世纪90年代，英国率先提出公私合作制（Public-Private-Partnership，PPP，国内也译作"公私伙伴关系"），作为提供公共品的一种方式。PPP模式通常是指公共部门与私人部门为提供公共品（主要是公用性基础设施建设）而通过正式的协议建立起来的一种长期合作伙伴关系，其中公共部门与私人部门互相取长补短，共担风险、共享收益。可见，PPP是对任何一种公共部门和私人部门之间达成的特许经营协议的统称，也可以看成是公共部门把服务外包给私人部门的一种形式，具体包括公用事业特许经营、设立合资企业、合同承包、管理者收购、管理合同等。① PPP的提出和应用反映了公共品提供方式的创新和发展，其中特许经营制因其具有规模化、低成本的智慧型的商业扩张方式的优势，便于充分调动一切有利的资本并实行最优化的组合，因而在公共品的提供中越来越多地被认可和利用。西方的经验证明，以特许经营的方式经营公共品，不仅有助于缩小政府规模，降低政府成本，而且能改善公共服务的质量和水平。"这场始于20世纪80年代，以政府和社会资本合作为主要内容的全球性制度革命，虽然静悄悄，但领域如此广泛，影响如此深远，正在持续、深刻地改变着我们所处的经济社会环境，不能不关注。""对正处于中华民族从未有像今天这样接近伟大复兴的历史时期，在城市化进程的关键时刻，对包括'硬的''软的'在内的基础设施全面深刻而不是浅尝辄止的理解和体会，精心细致的而不是粗枝大叶的操作和管理，是国家治理体系和治理能力现代化建设中的有机组成部分，是中国经

---

① 余晖、秦虹主编：《公私合作制的中国试验》，上海人民出版社2005年版，第36—37页。

济社会可持续发展的重要一环，因此不能不倍加关注。"①

近些年来，以提高公共品的资源配置效率为目标的特许经营的应用领域和范围扩展十分迅速，从发电、供水、高速公路等有限的基础设施项目，扩展到几乎所有的基础设施项目，从设施建设项目扩展到建设、运营与维护等项目，从基础设施项目扩展到公共服务项目，等等。公共服务中的政府和社会资本合作可以带来革命性的社会影响，达霖·格里姆赛和莫文·K.刘易斯的《PPP 革命——公共服务中的政府和社会资本合作》一书很好地诠释了这一认识，该书既有对 PPP 模式可应用领域的分析，也是对公共品供给制度变迁的经验总结。党的十八届三中全会以来，我国在基础设施和公共服务领域掀起了新一轮 PPP 热潮。作为体制机制创新的 PPP 模式有利于充分发挥市场机制作用，提升公共服务的供给质量和效率，实现公共利益最大化。公共品领域的特许经营，在新的社会环境下，已不仅仅局限于经济和社会领域的硬设施如"公路、铁路、桥梁、隧道、机场、港口等交通设施项目，供水、发电供电、气等能源项目，污水处理、垃圾收集与处理、绿化等环保设施项目，水库、粮库、大坝、电讯等公共工程与设施项目，消防、道路与公厕清扫等公共服务项目"②，还可以拓展到包括职业培训、商业金融服务、研发促进和技术转让以及社会保障系统、社区服务等经济和社会领域的软设施方面。③从实践的发展而言，迄今为止公共品领域特许经营范围已经扩展到大型信息技术系统的提供、监狱的建造和运营、学校和医院的建设和运营，甚至航天、国防等更为广泛的领域。

2. 理论基础

公共品领域特许经营的应用有其理论基础。

首先是治理理论。该理论兴起的背景是西方所谓"市场失灵"和"政府失灵"，代表人物如奥斯特罗姆等。从 20 世纪 90 年代开始，在经历了

---

① 曹远征：《PPP 模式——一场静悄悄的革命》，参见［英］达霖·格里姆赛、［澳］莫文·K.刘易斯：《PPP 革命——公共服务中的政府和社会资本合作·序言》，济邦咨询公司译，中国人民大学出版社 2016 年版。

② 刘省平：《项目融资理论与务实》，西安交通大学出版社 2002 年版，第 2 页。

③ 曹远征：《PPP 模式——一场静悄悄的革命》，参见［英］达霖·格里姆赛、［澳］莫文·K.刘易斯：《PPP 革命——公共服务中的政府和社会资本合作·序言》，济邦咨询公司译，中国人民大学出版社 2016 年版。

"市场失灵"和"政府失灵"之后，西方国家开始考虑以一种全新的模式来对公共行政活动进行改革。治理理论就是在这一背景下，基于对政府与市场、政府与社会、政府与公民这三对基本关系的反思产生的。治理是一个上下互动的管理过程，它主要通过合作、协商、伙伴关系，确立认同和共同目标等方式来实现对公共事务的管理。治理与传统管理的不同还在于，治理主体是多元的，可以是公共机构，可以是私人机构，还可以是公共机构和私人机构的合作。因此"治理理论"最突出的特征就是要求人们重新理解和认识政府，并且认为政府与社会公共机构、个人之间存在权力依赖和互动的合作伙伴关系。治理理论认为，政府与社会、政府和市场的责任界限相当模糊，政府正在把原先由它独立承担的责任移交给私营部门和第三部门，而且在多元化的治理主体之间存在权力依赖关系与合作伙伴关系，私人部门和公民自愿性团体正在承担越来越多的原先由国家承担的责任。因此，行政任务在治理理念下不再仅仅由行政机关单独完成，还可以是行政机关、社会公共机构和私人机构甚至公私合作或通过授权、委托等形式由私人完成[1]，即PPP模式。公共品领域特许经营的上位概念——PPP模式的核心即公共治理问题，涉及多方主体、长期合作关系、多元利益博弈。PPP模式的核心在于公共治理机制的有效建立及良性运行，对整体法治环境、恪守契约精神、争议解决机制的要求很高。

二是公共选择理论。该理论是在对传统市场理论和凯恩斯政府干预主义批判的过程中逐渐发展起来的，代表人物如布坎南等。公共选择即非市场的集体选择，实际就是政府选择，即通过集体行动和政治过程来决定公共物品的需求、供给和产量，是对资源配置的非市场选择。公共选择理论主张用市场的力量改造政府的功能，提高政府效率，以克服政府失败。主张将竞争机制引入政府公共服务领域，打破政府独家提供公共品的垄断地位，将政府的一些职能释放给市场和社会，建立公私之间的竞争，通过外部的政府与市场关系的重组来改革政府。在这一理论主导下，PPP模式成为公共服务市场化的一种重要形式，不仅能够提高效率，还有利于建立政府与私人间的新型的合作伙伴关系。

---

① 丁保河：《中国PPP立法模式研究》，法律出版社2016年版，第49—50页。

（二）私人品领域的特许经营

1. 产生与发展

在私人品领域，特许经营的现实发展就是商业特许经营，泛指特许人将其商标、商号、专有技术、服务标志或者经营模式等"一揽子"知识产权以协议的形式授予受许人，受许人支付使用费，从而获准在同一对外形象的体系下进行营业的商业活动。

前已述及，现代意义上的商业特许经营公认为产生于铁路时代的美国，胜家公司是鼻祖，"授权分销制造商产品"为"第一代特许经营"。二战之后，以麦当劳、肯德基为代表的"第二代特许经营"时代到来，更强调"商标、经营技术和店铺设计"等以知识产权为核心的特许，特许的内容和形式更加丰富。20世纪80年代，特许经营进入全面发展期，迅速席卷全球，发展模式也逐渐升级换代，数字化赋能、特许经营进入"第三代"。特许经营在亚洲的发展较之欧美要晚得多，至20世纪六七十年代才从日本、韩国逐渐推开并成熟起来。中国自加入WTO之后，特许经营市场逐步开放，随着国家政策的支持、立法的逐步推进，中国特许经营也经历了高潮后的冷静期，逐步通过法制规范市场，减少欺诈，促进特许经营依法有序健康发展。[①]

实践中，商业特许经营多以加盟、连锁经营、品牌专营等方式出现，相应地合同就称为加盟合同、连锁经营合同、品牌专营合同，或项目合作协议、专柜经营协议、特约经销协议等。不管名称为何，这类特许经营一般具备经营资源、特定经营模式、特许经营费用三个基本特征。

2. 法律渊源

从法规范的角度理解，特许经营第一是一种资源，即特许人必须拥有注册商标、企业标志、专利、专有技术等经营资源；第二是一种方式，即特许人和受许人之间的一种合同关系；第三是一种模式，受许人遵从合同要求、在统一的经营模式下开展经营。特许经营的核心是无形资产的有偿输出。[②]

按照学界的一般看法，世界上关于特许经营的首例立法是美国加利福尼

---

① 参见本节"概念渊源"部分。

② 涂志等：《商业特许经营法律适用》，九州出版社2010年版，第2页。

亚州的《特许投资法》(*Franchise Investment Law*),该法将特许经营定义为,"两个人或多个人之间以明示或默示、口头或书面的形式而达成的合同或协议,根据这一合同或协议,受许人被授权在特许人规定的与特许人有紧密性联系的市场计划或体系、商标、服务标记、商号、店牌字型、广告或其他的商业标志下从事经营。受许人需直接或间接地向特许人支付特许权使用费"。根据该定义,特许经营是一种合同行为,其目的在于实现"利益互换"。这里所谓"利益互换",是指在当事人各方之间存在的持续性的金融利息;在(特经营)如此的定义之下,特许经营运作的可能性相对来说是较大的。因此,以"利益互换"来对特许经营进行定义被认为是相当广泛和具有弹性的。[①]

世界知识产权组织 1994 年发布《特许经营指南》,认为特许经营是这样一种安排:开发出经营某种商业体系的一方(特许人)允许另一方(受许人)按照特许人规定的条件使用其体系,同时取得一定代价。这种关系是一种持续性关系,受许人按照特许人创立的标准和商业实践开展经营,并接受特许人的监督和持续援助和支持。[②]

根据我国《商业特许经营管理条例》第三条,"商业特许经营(以下简称特许经营),是指拥有注册商标、企业标志、专利、专有技术等经营资源的企业(以下简称"特许人"),以合同形式将其拥有的经营资源许可其他经营者(以下简称"被特许人")使用,被特许人按照合同约定在统一的经营模式下开展经营,并向特许人支付特许经营费用的经营活动。"近年来,在特许经营合同纠纷处理和司法裁判中逐步总结形成了对于特许经营及其法律性质的规范性认识,如《北京市高级人民法院关于审理商业特许经营合同纠纷案件适用法律若干问题的指导意见》第一条明确规定,商业特许经营应具有以下特征:(1)特许人拥有注册商标、企业标志、专利等经营资源;(2)被特许人根据特许人的授权在特定经营模式下使用特许人的经营资源;(3)被特许人按照约定向特许人支付特许经营费用。《上海市高级人民法院关于审理特许经营合同纠纷案件若干问题的解答》也指出,商业特许经营的

---

① Stephen C. Root, "The Meaning of 'Franchise' Under the California Franchise Investment Law: A Definition in Search of a Concept", 30. *Mc George L. Rew.*

② 何易:《特许经营法律问题研究》,中国方正出版社 2004 年版,第 2 页。

法律特征为：（1）特许人拥有注册商标、企业标志、专利、专有技术，以及在先使用并具有一定影响的未注册商标、商业秘密、字号商号等具有知识产权属性的经营资源；（2）被特许人在特许人授权的特定经营模式下使用特许人的经营资源；（3）被特许人应向特许人支付特许经营费。

可见，法学视角的研究是从合同法、知识产权法的角度来透视特许经营的本质特征和法理内涵。特许经营双方互付对价，特许人获得的是扩张资本的新资源、新的市场份额和自我促进的商品销售渠道，受许人获得的是商标、企业名称、专利技术以及整个企业经营模式的使用权。因此，特许经营即"一种发生在特许人和受许人之间的以知识产权的许可使用为核心的产权交易"①，其实质是一种将专利、商标、商号、商业秘密等知识产权的许可与经营模式的转让相结合的法律制度②，该法律制度的核心是特许经营权（特许权）。

3. 法律特征

按照西方学者的一般认识，特许经营具有如下基本特征③：一是特许经营应建立在以双方合意为基础的合同之上；二是特许人必须事先发展了成功的企业程式，成功的标志是商品的标志（既可以是商标，也可以是商业名称）已被大众所接受；三是在受许人开始营业之前，特许人应就整个系统的各个方面对受许人进行事先的训练，从而使受许人能够有效地、成功地运营营业，同时，特许人应对受许人营业提供帮助；四是在营业开始之后，特许人应与受许人保持持续的业务联系，并就营业运行的所有方面，向受许人提供帮助；五是受许人被允许在特许人的控制下，并且是以特许人发展及拥有的营业系统的标志（商标、商业名称）去运营营业，同时从与此相关的商誉中获利；六是受许人必须用自有资金进行实质性的货币投资；七是受许人必须拥有自己的营业；八是受许人为了得到授权和得到持续的支持，应该向特许人付费。

八项基本描述叠加在一起，构成对特许经营作为一种营销方式、经营模

---

① 胡晓松编著：《特许经营导论》，中国人民大学出版社 2011 年版，第 56 页。

② 为了概念使用的简洁，本书往往以"知识产权的'一揽子'许可使用"作为特许经营的核心，或者表示特许经营的基本特征。

③ Martin Mendelsohn, *The Guide To Franchising* (5th Edn.), Cassell, 1992.

式所应当具有的基本特点的描述，直观而且完整。也就是说，特许经营应该是特许人和受许人在合意基础上达成的、围绕着特许经营权的使用许可而形成的一种商业运行模式。以此为基础，笔者认为，特许经营具有以下法律特征。

第一，特许经营的实质是双务、有偿合同行为。

特许经营是特许人和受许人之间的双务、有偿合同行为。特许经营中的特许人和受许人是相互独立的法律主体，也就是说，特许人与受许人之间不是雇佣关系，也不是母公司与子公司或分支机构之间的关系，而是独立经营、自负盈亏的独立市场主体。特许经营的一个重要功能就是融资，它可以使特许人以较小的资金投入实现产品扩张或者经营模式扩张，实现品牌和声誉建设，所以，受许人加盟特许经营要进行实质性投资，要拥有自己的营业，如果受许人不进行实质性的货币投资，特许经营的融资功能就无法实现。受许人的实质性投资就是其独立法律地位的基础，受许人的投资使其成为所有者，成为自己营业的主人。

特许经营的核心是特许经营权（特许权）的有偿转让和使用。特许人让渡特许权，收取特许权使用费，发展特许经营网络和体系，受许人支付相应的对价，获准从事特许经营，赚取加盟特许的利益。所以，特许经营实质就是特许人和受许人之间的双务、有偿合同行为，特许双方的权利、义务、责任，均需要以合同的形式完成，受合同法的保护。

第二，特许经营具有统一的外部形象和品牌声誉。

在特许经营中，所有的受许人都在一个被统一了的模式下经营商品或者提供服务，也就是说，受许人与特许人在品牌、质量、商标以及经营理念上具有高度统一性，在组织制度即经营模式上整齐划一，受许人与特许人对外具有共同的外部特征。这是因为，只有特许人才是商标、商号、经营模式、生产流程等的所有人，受许人是在获得特许人的授权后从事经营，为了保证生产经营和服务的标准化、质量和品牌，他必须在特许人建立的框架体系内进行运作，并接受特许人的监督、检查和适当控制，其经营活动往往要受到特许人的直接支配，尤其表现在市场计划、经营体系、店址选择、折扣计划、经营范围、营业时间等方面。

正是在这样的意义上，有人说特许经营是特许人和受许人通过协议组成的分工合作体系，是纵向联合体企业。[1] 在特许经营模式中，特许人拥有的是知识产权和经营模式等知识性资产，其专用性非常高，而受许人拥有资金和当地信息，产权的限制和信息不对称使得交易成本很高。特许经营旨在通过特许人和受许人之间的长期合同形成控制权的合理分配，形成互利的分工协作体系，以降低交易成本从而达到效益最佳，并且实现经营模式的低成本扩张。同时，通过分工，特许人可以进行专业化的组织管理与服务支持，可以压缩自身组织规模，大大降低组织的内部管理成本。

第三，特许经营的核心是知识产权使用许可。

特许经营的核心是不同于一般的使用许可协议的知识产权使用许可。特许经营实际上也是商誉良好的企业行使其知识产权、大力提高企业无形资产价值的一种重要方式。特许权授予受许人后，特许人仍然享有企业的商誉以及各项知识产权的所有权，受许人拥有利用其商誉、分享其知识产权的权利。但是，与一般的知识产权许可使用不同，特许人在授权受许人特许经营时，必须负责传授特许经营体系的核心技术，包括运作方式、制度体系、清算流程以及产品配方、工艺流程等技术秘密，还负有对受许人的培训、广告宣传、营销企划等义务。而普通的知识产权使用许可是指平等主体之间通过合同谈判达成的一方获得许可使用另一方的知识产权的权利。

无论在商业意义上还是法律运行中，特许经营与知识产权的协议许可使用都不能等同。特许经营的最终目的并不是知识产权的许可（虽然每个特许经营关系中都包含特许经营权的许可使用），而是为了一种建立在特许经营权许可使用基础上的营销商品或服务的方法，因此在受许人获得了商标、专利等知识产权的许可使用权后，将必不可少地获得特许人的培训和服务，获得营业所必需的特许人的帮助。[2]

综上所述，从理论和实践发展看，私人品领域的特许经营是一种以销售私人产品或服务为目的，"以特许协议连结的商业模式，合同一方为特许人，他将自己所拥有的经营模式，连同知识产权和专有技术、商业秘密的一种或数种，按照协议约定授予受许人使用，受许人按协议约定在统一的业务模式

---

① 周林彬、任先行：《比较商法导论》，北京大学出版社 2000 年版，第 345 页。
② 欧阳光等：《公司特许经营法律实务》，法律出版社 2007 年版，第 5 页。

下从事经营活动，并向特许者支付相应的费用"。其中既包括两个企业之间达成的特许经营协议，也涵盖政府授予市场主体专营某种商品或服务，如盐业专卖、烟草专卖等。公共品领域的特许经营是提供公共产品或服务的特许经营。此种特许是政府及其部门将公共产品或者服务的供给权通过特定程序赋予市场主体①，是政府和社会资本合作（PPP）的一种模式，简称政府特许经营②。政府特许经营与商业特许经营并不简单等同，但对于受许人而言，两种特许权的取得依据具有同质性，即都是基于特许经营合同。

第二节 定性、争议及其处理

一、定性认识

各国立法及实务中往往有将特许经营与特许经营权混合定义的倾向。③应当说，特许经营与特许经营权在内容上确实紧密相连，但遵循严格的概念分析和学理思辨的途径，仍可清晰界分两者的定义。

在特许经营合同下，特许经营权是合同标的。特许经营合同作为一种双务、有偿合同，其主要内容无非是特许人与受许人之间的权利义务关系——特许人享有基于特许权而延展的一系列权利，受许人享有基于特许经营权而延展的一系列权利；同时双方互为义务主体，对对方承担相应的合同义务。

---

① 付大学：《PPP 模式下使用者付费公共产品定价的法律重构》，《郑州大学学报（哲学社会科学版）》2016 年第 2 期。

② 这一特许经营学界目前的认识和称谓并不统一，如：PPP 特许经营［付大学：《PPP 模式下使用者付费公共产品定价的法律重构》，《郑州大学学报（哲学社会科学版）》2016 年第 2 期］，"公共特许分配"（［英］安东尼·奥格斯：《规制——法律形式与经济学理论区》，骆梅英译，中国人民大学出版社 2008 年版，第 323—340 页），"市政特许经营"（李显冬：《市政特许经营中的双重法律关系——兼论市政特许经营权的准物权性质》，《国家行政学院学报》2004 年第 4 期），或者"公用事业特许经营"（章志远：《公用事业特许经营及其政府规制——兼论公私合作背景下行政法学研究之转变》，《法商研究》2007 年第 2 期），等等。这些研究对特许经营内涵的概括并不完全一致，本书沿袭传统，与商业特许相对应，用政府特许经营的概念。

③ 吴汉东、胡开忠：《无形财产权制度研究》，法律出版社 2005 年版，第 489—490 页。

这里，特许双方的权利义务所指向的对象——特许经营权成为对特许经营合同最为抽象、概括的界定，其与一般的合同标的存在明显的差别，即特许经营合同是以一种复合型的权利作为合同标的的。

特许经营的核心内容是以"一揽子"许可使用为内核的专有权利许可使用，所以"特许经营权"可以解释为：由于特许人赋予受许人以从事特许经营事业的资格或能力，而使其获得使用特许人的商标、服务标志、商业名称等知识产权或整个经营模式来进行商品或服务营销的权利。具体而言，受许人通过授权的方式所获得的特许经营权包括：（1）创设特许经营企业的权利；（2）使用与特许经营事业有关的特许人的商业秘密；（3）要求特许人提供信息、技术、经营建议及系统，或与特许人一致的经营方法；（4）在授权的地域范围内得以排除任何其他企业以同样的方式进行经营；（5）在享有专有销售渠道的地域范围内得以排除任何其他企业使用同一销售模式；（6）有权使用特许人的财产性标记，包括商标、服务标志、商业名称等等；（7）使用特许人的一整套经营模式来从事商品或服务的销售（又称"一揽子"授权）；（8）在获得授权的固定时间内享有更新经营的选择权；（9）要求特许人提供与特许经营有关的营运操作标准的系统和程序；（10）有权要求特许人提供广告计划、促销手段、经营设计、固定资产和流动资产的配置、现金的流程、建立会计账目的方法和程序、开展经营的各项培训，等等。①

上述权利内容明显具有"一揽子"特征。这也决定了特许经营权是一种复合型的、复杂的权利。这种权利本身具有如下特征：

第一，特许经营权的客体是一种"经营资格或能力"。

作为一种市场营销模式，特许经营中的受许人以支付必要费用为代价来获得特许人的授权，进而得以依照特许人设置的标准和规则，并受其支持而销售商品和服务。所以，特许经营权取得的关键和前提是"受许人"这一主体地位的取得。也就是说，特许经营权的取得，是使作为受许人的企业或个人获得从事特许经营事业的资格或能力，这种"资格或能力"的重要性

---

① 转引自杨明、曹明星：《特许经营权：一项独立的财产权》，《华中科技大学学报（社会科学版）》2003 年第 5 期。

就在于：准备加盟特许的受许人若没有获得特许经营权，即不具备特许经营的资格，因而不能开展特许经营事业。特许经营权的客体"资格或能力"，与商事主体的"市场准入"原则在本质上是相通的，是否能通过授权而获得经营资格或能力，正是特许经营的"市场准入"问题。①

"市场准入"的核心问题是营业能力或资格②，这种营业能力不是一般的民事能力，而是"为了一定的盈利目的，运用有组织的财产进行活动的能力，它不是偶尔的个别的进行交易的能力，而是反复不间断的，有计划的进行营业活动的商事能力"③。并且，这种经营资格或能力，包括经济状况、生产能力、产品质量、市场占有份额等④，既包含明显的财产利益因素，也有精神利益的内容。与文学艺术作品、工业技术、商业标记不同，经营资格或能力的财产价值尚未完全为人们所认识，所以有学者将此类客体统称为正在开发中的无体财产。⑤ 但将其归入财产权框架加以认识，应该没有太大分歧。特别是，当物权法已经将担保物权的种类和担保物的范围明确扩大的时候，项目融资的广泛进行，不可避免地会使特许权与物权的界限模糊起来。拘泥于传统的财产权及物权的定义，显然无法回应和解释现实的财产关系。

第二，特许经营权的权利内容具有不特定性。

特许经营权的取得，即为经营资格或能力的授予；受许人获此"身份"之后，就可在一定地域和一定期限内，以固定方式使用属于特许人的商标、商业名称、专利、技术秘密、经营方式、诀窍及工作程序等一系列知识产权及专有权利进行生产或销售一定产品或服务；受许人对其业务进行实质性投资，并直接或间接地向特许人支付相应费用。就特许人的经营模式而言，它是一个开放的体系，包括经营理念和制度安排、资金营运方式、管理手段、操作系统、经营人员的服务形式等等，而且这些内容还处于不断变动的状态。当特许人的整体经营模式或其中的部分内容发生变化时，受许人都可以

---

① 杨明、曹明星：《特许经营权：一项独立的财产权》，《华中科技大学学报（社会科学版）》2003 年第 5 期。

② ［日］上柳克郎：《商法总则・商行为法》，（日本）有斐阁 1993 年版，第 34 页。

③ ［日］龙田节：《商法略说》，谢次昌译，甘肃人民出版社 1985 年版，第 22—23 页。

④ 杨立新：《人身权法论》，中国检察出版社 1996 年版，第 638 页。

⑤ 曾世雄：《民法总则之现在与未来》，中国政法大学出版社 2001 年版，第 133 页。

根据特许协议自动取得对变更后的经营模式的使用权。所以，特许经营权的行使具体包括哪些方面的内容是不特定的。特许经营权的这一特征，也与其客体应为"经营资格或能力"而非"某种具体的使用权"是相一致的。

第三，特许经营权的行使具有不完全的排他性和绝对性。

受许人依据授权从事特许经营的同时，特许人可以将同一经营资格或能力再授予他人。因为"权利人有权要求制止不正当竞争，亦即制止第三人以不正当手段从其商店'拉走'顾客的行为；却始终无法做到对顾客这种商业经营标的的真正专有"①。特许经营权即是一种面向顾客的商业经营标的，顾客是否选择，纯属顾客的权利。也就是说，特许经营权并不具有排他性或者说仅具有有限的排他性，该排他性只体现在制止不正当竞争上，而并非是在同一客体上排除任何他人享有同种权利的真正意义的专有权。

另外，根据特许经营的一般要求，受许人必须按照特许人的质量标准出售商品或服务，使用特许人的商标从事经营或者使用特许权的商业标记出售商品或服务；特许人享有控制受许人操作方法的显著权利，或者在操作方法上给予受许人以显著帮助。由此可以看出，受许人获得经营资格或能力，其所负的义务除支付特许费之外，还包括遵从特许人在经营中的各种标准和模式。特许经营资格或能力的被授予性也就决定了受许人在行使该权利上不可能是绝对自主的。

第四，特许经营权的转让必须接受适当的限制。

一般情况下，受许人是经过特许人的认真选择之后才获得特许经营资格或能力的，授权合同中大多数都有禁止受许人单方面转让特许经营权的条款；而受许人为了争取较大的灵活性并防止被迫长期经营不利的业务，往往都力求有一定程度的转让权。通常情况下，任何转让权都会有附带条件，如购买特许经营权者须获得特许人的同意，或者特许人有优先购买权。另外，某些特许经营合同可能附有加盟分让许可权，即在合同规定的条件下，受许人可以将特许经营权分让给第三者；但由于第三者的权利源于特许人的权利，所以如果特许人与受许人的合同因任何原因终止，则第三人的权利也立

---

① 尹田：《法国物权法》，法律出版社1998年版，第58页。

即终止。[①] 所以，受许人不可能像完整意义上的专有权人那样可以自由处分自己的权利。

二、争议与理据

在权利体系内，特许经营权究竟归属于何种权利范畴，学界的认识尚不一致。概括而言大致有三种不同的观点。

一是利用垄断权说。法国学者依标的不同，将无形财产权从总体上分为两大类，即经营垄断权（又称利用垄断权）和顾客权利。[②] 特许经营权作为无形财产权的一种，被归入利用垄断权，受许人是特许人的商标、服务标志、商业名称或整体经营模式的唯一利用（当然排除处分权能）者，其权利可以对抗任何不特定之第三人。因此，作为"利用垄断权"的特许经营权是一种专有性的排他性的财产权，权利人类似于所有权人但又不同于所有权人。

二是经营权说。我国学者多从市场营销学的层面上理解特许经营权。他们认为特许经营权是经营人对特许权人授予其经营管理的商标、服务标志、商业名称或经营模式等无形财产所享有的、在授权范围内进行经营性占有、使用和收益的权利。[③] 也就是说，特许经营权是在商标、服务标志、商业名称或经营模式等无形财产的专有权人的专有权基础上派生的权利；与传统经营权相比，特许经营权并不具备权利人可以对其使用的整体经营模式、商标等无形财产进行处分的权能。

三是产权说。美国学者认为："特许经营权是一种产权，是产权主体对客体，包括有形物和无形物以及其他一切客体的权利；这种权利并不是某种单一的权利，而是一个权利束。"[④] 根据德姆塞茨的产权理论，"产权包括一

---

① 向欣、孟扬编著：《特许经营：商业发展的国际化潮流》，中国商业出版社1997年版，第132—133页。

② 尹田：《法国物权法》，法律出版社1995年版，第59页。

③ 参见李维华等编著：《特许经营概论》，机械工业出版社2003年版；朱明侠编著：《特许经营》，对外经济贸易大学出版社2001年版；何易：《特许经营法律问题研究》，中国方正出版社2004年版。

④ Lewes G. Rudnick & Joseph W. Sheyka, "General Franchising Considerations", *Oaib IL - CLE*, 9 -1.

个人或其他人受益或受损的权利：通过生产更优质的产品而使竞争者受损是被允许的，但是诋毁他就不行了。一个人可能被允许去诋毁他的入侵者而受益，但是他在一个价格下限下销售产品则会被禁止。那么很显然，产权是界定人们如何受益以及如何受损，因而谁必须向谁提供补偿以使它修正人们所采取的行动。"[1] 从法律的观点看，特许经营权作为一种财产权是"一组权利，这组权利描述一个人对其所有的资源可做什么、不可做什么，他可以占有、使用以及阻止他人侵犯其财产范围等"。[2]

应当说，"利用垄断说"和"经营权说"原则上都是立足于对特许经营作为一种营销模式、经营方式而言进行的性质界定。特许经营首先是一种经济行为，是市场主体间为获取经济收益而进行的一种营销选择。从经济形态而言，把受许人特许经营权的获取和使用看成是一种经营权，或者看成是一种利用上的垄断权，本质上并无差别。因为"经营"是取得或扩大取得财产的经济效益或社会效益的方式与过程，其法学和经济学上的意义应是"为取得或扩大取得财产的效益而围绕市场所展开的各项活动"，受许人利用特许经营权的各项经营活动，因为特许权授予的地域或者时间上的排他，自然就有了利用上的垄断。

"产权说"毋宁说是一种制度经济学的理论。按照新制度经济学的话语，产权作为一种权利，也是一种"自由"，"产权的法律概念就是一组所有者自由行使并且其行使不受他人干涉的关于资源的权利。不受他人干涉的选择权通常称为'自由'。因此我们可以把财产权定义成法律制度，它把一组关于资源的权力分配给人们，也就把资源上的自由给了人们。财产权创造了一个所有者无须告知他人就能够想怎么做就怎么做的隐私权"[3]。显然，对于这些独具其他学科特色的阐述，很难直接以纯民法的思维去对应。当然，当法律的经济分析已经被接受为法学研究的一种正常和有效的方法，且特许经营本身就离不开法律的经济分析的时候，借鉴产权说来认识特许经营权，无疑也是一种极大的方便。首先，产权意味着经济上的价值是可以交易

---

[1] Harold Demsetz, "Toward a Theory of Property Rights", *American Economic Review*, May 1967.

[2] 吴汉东、胡开忠：《无形财产权制度研究》，法律出版社 2005 年版，第 505 页。

[3] ［美］罗伯特·考特、托马斯·尤伦：《法和经济学》，张军等译，上海三联书店、上海人民出版社 1994 年版，第 125 页。

的。产权之所以具有经济上的价值，"不仅指产权客体是主体的劳动或劳动创造的结果，还意味着这些客体具有潜在的经济价值"①。特许经营权当然具有经济价值，可以为主体带来经济利益。其次，产权是一种社会关系，而且，不是指人与物之间的关系，而是指由物的存在及关于它们的使用所引起的人们之间相互认可的行为关系。按照制度经济学的观点，权利是一种制度产品，是法律为调整人与人之间的社会关系所做的制度安排。② 由此，特许经营权就是为特许人和受许人之间经营关系的安排而做的一种制度设计。

三、概括性认识

当我们借鉴制度经济学的观点，将特许经营权看成是一种具有经济价值的制度产品的时候，其与物权在一般意义上已经没有本质的区别。也就是说，当民事权利客体已由有形物扩展到无形物，权利空间被技术推进着不断扩大的时候，特许经营权已经成为一种新型的无形财产权，是一种"与一定的经营模式（Business Format）相联系的无形财产权"。这种财产权可以由受许人一定程度上独占、排他利用，与物权的权利性质具有一致性，只是，受许人的权利行使，因特许经营体系维护等内生性要求，不可避免地受到特许人的相应控制。在这个意义上，其与用益物权还存在一定差别，姑且可将其定性为一项类似于准物权的他物权。

特许经营权的他物权性质，可以从以下几点得到说明。

（一）特许经营权是物权体系下的具体权利

按照认识论的一般原理，一事物之所以成其为此事物而非彼事物，是由其本质特征所决定的，事物的本质属性决定了事物的性质，非本质特征不影响事物的性质。具体到物权而言，一般认为，对物的排他的直接支配并享有其利益，即为物权的本质特征。在特许经营中，受许人加盟特许体系、支付特许权使用费，一般都是以在一定时间、一定地域范围内获取独占的、排他

---

① 高德步：《产权与增长：论法律制度的效率》，中国人民大学出版社1999年版，第70页。
② 吴汉东、胡开忠：《无形财产权制度研究》，法律出版社2005年版，第507页。

的经营特许体系为根本目的。而且，就特许经营的现实发展看，特许经营合同中限制竞争条款的存在及其效力认定，从另一侧面也印证了特许经营权的物权性质。

一般而言，特许经营合同中的限制竞争条款包括三种：一是搭售条款，即特许人在特许经营合同中要求受许人只能从特许人处或从特许人批准或指定的供应商处采购原材料和商品，而这些原材料和商品均未附有专利因素。二是销售区域限制条款，即特许人授予受许人区域独占权，在该区域特许人不再指定其他受许人经营业务，同时受许人也被限制在合同中指明的场所进行营业活动，不得擅自往他处经营。三是固定转售价格条款，即所谓纵向的价格限制，指供货商要求零售商只能以固定的价格出售有关商品的协议及相应行为。[①] 特许人为了扩大其产品或服务项目的出售，防止受许人之间的竞争，往往会推行固定价格政策。基于公平交易的一般要求，三种限制性条款会因适用本身违法原则而被认定违法。但通常情况下，对这种合同条款的效力认定，往往以特许经营合同的特殊性要求为考量前提——特许经营的核心是特许权的授予，而特许权又是由一系列的知识产权组合而成的复合型权利。知识产权本身就是一种垄断权、独占权，知识产权人在许可他人使用自己的知识产权时必然会附加一定的限制，这是知识产权垄断性的必然反映。所以特许经营合同限制性条款的效力并不必然适用"本身违法原则"而被认定为违法。效力认定的实质等于承认了特许经营权一定程度上的独占、排他性，具有物权的权利特征。

（二）特许经营权类似但又不同于用益物权

用益物权是传统民法上所固有的一种物权。"用益物权，谓以物之使用收益为标的之他物权，即系就物之实体，利用其物，以其使用价值之取得为目的之权利。"[②] 一般而言，用益物权虽然是在一定范围内对他人之物进行使用、收益的权利，但是该权利大多与土地有关。[③] 与单纯对物的利用、收

---

① 应启明：《试论特许经营的法律问题》，《法律适用（国家法官学院学报）》2001 年第 2 期；方新军：《现代社会中的新合同研究》，中国人民大学出版社 2005 年版，第 139—140 页。

② 史尚宽：《物权法论》，中国政法大学出版社 2000 年版，第 15 页。

③ ［日］我妻荣：《日本物权法》，（台湾）五南图书出版公司 1999 年版，第 31 页。

益不同，特许经营是一种几近成熟的商业制度，该制度与现实的市场运行相结合，就是以品牌这种无形资产为纽带，把分散的社会资源整合起来，将品牌（特许权）交给他人经营，自己收取费用。它本质上是以知识产权等"一揽子"许可使用为核心的权利利用转让，与土地无关，在权能上，也不仅仅是一种对自物权之中的部分权能如使用权、收益权等的让渡。

（三）特许经营权类似但并不等同于准物权

准物权为近年来学者在应对物权体系的扩容和变异时所提出的适应性概念。有学者从对政府特许经营的性质的分析中指出，在政府特许经营当中，特许权人有权要求政府在特许的期限内提供已承诺的各项设施，要求签约方的政府部门不得再投资重复建设与之有过度竞争性的另一个项目。特许经营人对投资建设的项目不享有所有权，但享有特许的经营权及使用权，且该经营使用权在特许期限内具有垄断性；如果出于项目融资的目的，项目公司还可以通过抵押等方式转移自己在特许权协议中合法拥有的权利与义务。这些带有用益性及处分性质的权利已经超出了合同的涵摄范围，具有类似于物权的性质，已不仅是一种财产权，还是一种准物权。①需要指出的是，就民法概念而言，对准物权的理解虽然在学者之间尚有一定的差异，但其具体指向对象是相对确定的。如有学者认为准物权是指某些性质和要件相似于物权、准用物权法规定的财产权。实际上不是物权，而是由于其作为财产权与物权、债权相比较，性质和成立要件上相似于物权，因而法律上把这些权利当作物权来看待，准用民法物权法的规定。属于准物权的财产权有林木采伐权、渔业权、采矿权、狩猎权、先买权等。② 也有学者将准物权称为特别法上的物权，认为准物权是公民、法人经过行政特别许可而享有的可以从事某种国有自然资源开发或作某种特定的利用的权利，如取水权、采矿权、养殖权等。③还有学者明确地使用准物权这一概念，认其为确定的权利类型。如崔建远教授认为，准物权不是属性相同的单一权利的称谓，而是一组性质有别的权利

① 李显冬：《市政特许经营中的双重法律关系——兼论市政特许经营权的准物权性质》，《国家行政学院学报》2004 年第 4 期。
② 张俊浩：《民法学原理》，中国政法大学出版社 1997 年版，第 334 页。
③ 王利明：《物权法研究》，中国人民大学出版社 2004 年版，第 610 页。

的总称。它是由矿业权、水权、渔业权和狩猎权等组成。① 上述各种观点，其实仅在对准物权的内涵表述上存有差异，在概念外延上，学者间并不存在根本的分歧。另外，还有学者从特许物权的角度，认识和评价养殖权、捕捞权、采矿权等典型的准物权形态。②

就特许经营权而言，其与准物权存在明显的差别。如果我们认可"没有行政许可，就没有准物权"③ 的定义规则，那么，该权利所指向的对象——被特许的品牌或者经营，并不是行政许可的结果。即使在政府特许经营的情形下，行政许可也往往只能作为某些特许权的取得的前置性条件而已。在特许经营中，所有的受许人都在一个被统一了的模式下经营商品或者提供服务，只有特许人才是商标、商号、经营模式、生产流程等的所有人，受许人只是在获得特许人的授权后从事经营，为了保证生产经营和服务的标准化、质量和品牌，他必须在特许人建立的框架体系内进行运作，并接受特许人的监督、检查和适当控制，其经营活动往往要受到特许人的直接支配。由此，作为特许经营之核心的特许经营权，其实质可以被看作是在所有人之物（特许人的品牌）上所设定的权利，它不同于用益物权或者准物权，而是一种新的无形财产权，是在物权这一上位权利之下的、与自物权相对应的他物权。

另外还需要进一步探讨的是，政府特许中特许经营权有无专门定性的必要？

学界一般倾向于将政府特许经营与商业特许经营区分研究，因而对特许经营权必然倾向于专门定性。这种认识的基础法律依据在我国即《基础设施和公用事业特许经营管理办法》，按照该办法第二章、第三章、第四章，政府特许经营法律关系所指向的权利义务是根据第一章第 4 条所确定的四项原则来配置的。④

① 崔建远：《准物权研究》，法律出版社 2003 年版，第 20 页。
② 周珂等：《民法与环境法的理念碰撞和融合》，《政法论丛》2008 年第 1 期。
③ 陈华彬：《物权法原理》，国家行政学院出版社 1998 年版，第 87 页。
④ 《基础设施和公用事业特许经营管理办法》第一章第 4 条规定："基础设施和公用事业特许经营应当坚持公开、公平、公正，保护各方信赖利益，并遵循以下原则：（一）发挥社会资本融资、专业、技术和管理优势，提高公共服务质量效率；（二）转变政府职能，强化政府与社会资本协商合作；（三）保护社会资本合法权益，保证特许经营持续性和稳定性；（四）兼顾经营性和公益性平衡，维护公共利益。"

根据这四项原则，其一，特许经营法律关系双方当事人都有义务提高公共服务的质量和效率，即提高社会整体效益，否则 PPP 模式就失去了存在的意义；其二，政府一方当事人有与社会资本（实际上是指社会资本的拥有者）协商合作的义务；其三，政府一方当事人有保护社会资本（实际上是指社会资本的拥有者）合法权益的义务。此外，政府一方当事人还有保证能带来更高社会整体效益的特许经营持续稳定进行的义务；其四，双方当事人既有通过特许经营项目获取经营利益的权利，又负有维护公共利益的义务。国家对特许经营活动实行行政监管与社会监管并重的监管体制，其中，行政监管包括审计监督在内，如此方可保障社会公共利益的实现。也就是说，政府特许与商业特许在特许主体、特许的内容等方面都存在明显不同，因而权利性质应当区分而论。有人认为政府特许经营权既不宜归于行政，也不宜定于合同，在基本特性方面它与用益物权高度契合。[①] 也有人倾向于认为政府特许经营法律调整是一种促进共赢、防范共输的经济法上的合同，法律关系指向是从增量利益和在增量利益基础上私益和公益的兼顾的视角去认识政府特许经营问题，合同双方所指向的权利是经营权。[②] 还有人指出，特许经营权是来源于政府的一种新财产，是公私混合财产，特许经营权的"权利束"在受许人和政府之间混合配置是为平衡各方利益使然。[③]

不可否认，政府特许有其区别于商业特许的重要特征，法律规制特许经营的价值目标既要维护特许经营者合法的私益，也要维护政府所代表的公益，并且不仅仅只是兼顾公私利益，而是要在特许经营能够创造出更多增量利益的基础上，兼顾公私利益，或者说其所遵循的是合作共赢原则，体现的是增量利益或发展利益的公平，以及发展的自由。但正如本书前文所论及，无论公共品还是私人品领域的特许经营，特许经营权的产生依据均在于合同，因而从基础法律关系分析，以合同目的反推并不影响对新型他物权的权利定性认识（具体内容在第二章特许经营合同性质及之后合同规制的相关内容中都会谈及）。

---

① 许军：《政府特许经营权的反思与重构》，《甘肃社会科学》2015 年第 6 期。
② 陈阵香、陈乃新：《PPP 特许经营协议的法律性质》，《法学》2015 年第 11 期。
③ 付大学：《PPP 特许经营权：一种混合财产权及其保护规则》，《法学论坛》2016 年第 6 期。

第二章　特许经营合同规制的前提和基础

第一节　特许经营合同

一、概念性认识

特许经营合同（Franchising Agreement）是指特许人和受许人建立特许经营关系、据以确立相互之间权利义务的协议。一般而言，受许人通过合同约定，支付相关的费用，获得特许人在某一经营领域的品牌、技术、管理诀窍及特许人强有力的支持，从而在较短的时间内建立起富有市场竞争力的经营体系，快速有效地进入某一经营领域，从而缩短了投资周期，避免了投资风险。特许人通过许可受许人使用特许经营权，在不投资或较少投资的情况下，将自己的品牌、产品或服务打入目标市场，迅速建立起有效的销售网络，事半功倍。可见，特许经营合同是特许经营制度得以存在的前提和条件，也是特许经营体系和网络得以存在和发展的基础与关键。

但是，从合同角度认识和分析特许经营，理论和实务中都有将其与技术转让合同或商业代理合同等混为一谈，将其与独家分销合同、独家代理合同、连锁经营合同等不相区别的认识。例如，有人认为特许经营合同是专有技术转让合同的一种特殊形式，或者除具有许可证合同、商业代理合同因素之外还具有专有技术转让合同因素在内的一种合同形式；也有人认为特许经营合同是一种用益租赁合同或买卖合同；甚至还有人将其归为含有用益租赁合同、劳务合同、承揽合同及合伙合同因素在内的一种合同形式。① 所以，对特许经营合同与相关合同的比较是理论上廓清特许经营合同性质的必要前提。

（一）特许经营合同与独家分销合同

独家分销合同是指制造商或者供应商为了转售商品而向一定地域内的分销商提供特定产品的合同。特许经营合同中也有类似独家分销的特许，即分销特许经营合同（Distribution Franchise Contract）。两者形似之处表现在：两者在一定程度上都对竞争有所限制，它们限制了分销商或特许人在同一区域内委任其他的分销商、受许人或者自己在该区域内直接分销产品的权利；同时，分销商、受许人承诺不分销其他供应商、特许人的同类竞争产品，限制了分销商、受许人自由购买其他供应商、特许人同类产品的权利。正因如此，欧盟委员会认为上述两行为原则上都违反了《欧洲经济共同体条约》（1957 年）第 85 条第 1 款的规定。

但是，分销特许经营合同和独家分销合同存在实质的差别：一是分销特许经营合同的实质内容是特许经营权的授予和使用，在特许经营合同中，受许人必须按照特许人的经营模式或者商品商标的要求进行经营和销售；而独家分销合同与一般的买卖合同没有实质差别，分销商以自己的名义作为买方向供应商购买商品，然后再以自己的名义在约定地域内出售该商品，不涉及对供应商的经营模式或者知识产权的许可使用问题。二是受许人在特许经营合同中必须向特许人支付特许权使用费，以之为获得特许经营权的对价，但分销商除支付供应商的货款外，无其他付费义务。②

（二）特许经营合同与独家代理合同

独家代理合同是指供应商授权某人在约定地域内对指定商品享有独家代理权的协议。我国有学者认为，"在特许连锁（特许经营的一种表现——笔者注）中，总部（特许人）相当于本人，分部（受许人）相当于代理人，总部与分部具有共同的经营目标和宗旨，并与不特定的第三人发生各种营销

---

① 隋彭生：《合同法要义》，中国政法大学出版社 2003 年版，第 34 页。
② 方新军：《现代社会中的新合同研究》，中国人民大学出版社 2005 年版，第 125 页。

关系。"① 这种认识与特许经营的本质之间存在明显的不一致,"在特许协定中,双方都要尽力保证不会有代理关系的出现。事实上特许合同中必不可少的一点就是受许人不是特许人的代理人或伙伴,没有权利代表特许人行事。合同中要求受许人明确他的身份,以便在同消费者打交道时不致发生混淆。"② 这种认识代表了主流观点,时至今日仍然具有论证性。

(三) 特许经营合同与连锁经营合同

连锁经营是经济学上的概念,一般是指经营同类商品或服务的若干个企业,以一定的形式组成一个联合体,通过企业形象的标准化、经营活动的专业化、管理活动的规范化以及管理手段的现代化,使复杂的商业活动在职能分工的基础上实现相对的简单化,把独立的经营活动组合成整体的规模经营,从而实现规模效益的商业组织形式和经营制度。按照日本立法的划分,连锁经营通常分为正规连锁、自由连锁、特许连锁三种类型。实际上,特许经营不过是连锁经营的一种形式。

正规连锁 (Regular Chain, RC),又称直营连锁或公司连锁,即总公司直接投资开设连锁店,公司本部直接经营、投资管理各个零售点的经营形态,此连锁形态并无加盟店的存在。直营连锁的主要任务是"渠道经营",即透过经营渠道的拓展从消费者手中获取利润。因此直营连锁实际上是一种"管理产业",总公司采取纵深式的管理方式,直接控制和管理零售点,零售点经营管理的决策权,如人事权、进货权、定价权、财务权、投资权等也都高度集中在公司,总部为每个零售店提供全方位的服务,以保证公司的整体优势。其与特许经营的最大区别在于,特许经营强调受许人的独立主体地位,强调受许人的实质性投资,而正规连锁具有资产一体化的特征,总公司与其下属分店之间的关系属于企业内部的专业化分工关系,连锁分店的所有权都属于总公司,各连锁店只是一个个分设的销售机构,销售利润全部由总公司支配。

自由连锁 (Voluntary Chain, VC),即保留单个资本所有权的联合,是指

---

① 江帆:《连锁经营方式中的法律关系及立法选择》,《法商研究》1997 年第 5 期。
② 向欣、孟扬:《特许经营:商业发展的国际化潮流》,中国商业出版社 1997 年版,第 8 页。

各连锁公司的店铺均为独立法人，各自的资产所有权关系不变，各成员使用共同的店名，与总部订立采购、促销、宣传等方面的合同，并按合同开展经营活动，各成员可自由退出。根据日本通产省的定义，"分散在各地的众多的零售商，既维持各自的独立性，又相互缔结永久性的连锁关系，使商品的进货及其他商业共同化，以达到共享规模利益的目的。"自由连锁与特许经营的共同点是，两者都建立在合同关系之上，而且各零售商都维持各自独立的法律地位。但二者仍存在本质区别：自由连锁的各成员之间不存在特许权的买卖关系，它们主要是靠合同和商业信誉建立一种互助互利关系，以达到规模经营、与大资本商业企业抗衡的目的，所以它们之间的合同约束力相对松散，成员单位可以自由退出。

特许连锁（Franchise Chain，FC），即以特许经营权的转让为核心的连锁经营，也就是特许经营。日本通产省将特许连锁定义为："特许连锁商店指的是这样一种系统，即连锁系统的总部与加盟店以合同的形式规定总部给予加盟店使用其商号、商标等营业象征，以相同的企业形象从事经营活动的权利。总部负有对加盟店进行经营指导和向加盟店长期提供商品（包括服务和其他资料）的责任，作为获得上述权利和服务的价格，加盟店需向总部支付规定的加盟金、保证金和权利金。"显然，日本是把特许经营作为形成连锁店的一种组织形式，我国香港、台湾地区的做法与日本相同。

从国际连锁业发展的经验来看，特许经营是连锁经营发展到一定阶段的产物，当直营连锁发展到一定规模，形成自身的品牌和管理模式后，都转向以特许连锁为主，所以特许经营是连锁经营的高级形式。

（四）特许经营合同与合伙经营合同

受许人加盟特许经营后，其与特许人之间就有了法律上相对独立的经济实体的共生关系（Symbiotic Relationship）或共生交易（Symbiotic Agreements），[1] 这就导致实务中特许经营合同被误认为是合伙或战略联盟。[2]

合伙经营合同与特许经营合同存在根本的区别：合伙最典型的特征表现

---

① 王文宇：《民商法理论与经济分析》，中国政法大学出版社 2002 年版，第 174 页。
② 王霞：《特许经营中的若干法律问题》，《国际贸易问题》1999 年第 7 期。

为同向意思合同，合伙人以共同出资、经营共同事业为目的，其意思表示的价值取向是一致的，本质上就是合作合同。每个合伙人通常对合伙企业的管理享有相同的权利和义务，对外可以代表合伙企业进行法律行为，合伙人对合伙企业的债务承担连带责任。而在特许经营合同中，一方面，特许人与受许人之间存在着基于经营合同的管理权；另一方面，受许人对外具有独立的法律地位，原则上独立对外承担责任，尽管受许人的营业行为往往受到特许人的控制，但这不构成特许人和受许人之间必然的连带责任。

（五）特许经营合同与许可证合同

许可证合同（Agreement of Licensing）作为技术转让合同的一种形式，它是许可人允许其他人使用为其所有的工业产权及其他知识制造产品并予以销售的合同。许可证合同一般分为以下几类：（1）普通许可证合同，即供方许可受方在一定地域内、一定时期内使用其技术，同时保留自己在同一地域及同一时期使用该技术或向第三方发出许可证的权利；（2）独占许可证合同，即受方有权在指定的时间和地域内，排斥包括供方在内的一切人使用供方提供的技术，同时供方也不再有权在同一地域内向第三方发出使用该技术的许可证；（3）独家许可证合同，这种合同的授权范围基本与独占许可证合同相同，但受方无权排斥供方自己在同一地域和同一时期内使用有关技术。①

特许经营合同与许可证合同之间具有一定的相似性，受许人所享有的特许经营权类似于独占许可证合同中受许方所享有的权利。但是，特许经营权的范围比许可证合同中的技术的范围要广，其不仅包括一般意义上的工业产权，还包括著作权、店铺的统一装修外观、经营模式以及技术秘密等内容。

二、法律特征

（一）持续性合同（Continuing Contract）

首先，按照一般的商业特许经营实践，一方面特许人需要向受许人持续

---

① 郑成思：《知识产权法》，法律出版社 1997 年版，第 66—67 页。

地提供产品；另一方面特许人必须向受许人提供持续的经营指导和服务。"他们必须学会培养受许人和顾客，而不仅仅是向他们提供产品和服务"①，这是特许经营完整不可分割的组成部分，是受许人业务成功的关键。特许人提供的服务按时间的先后顺序可分为两类：一类是初始服务，包括开业前培训、选择开业地址、提供装修装潢设计、协助开业等；另一类是后续服务，包括监督检查、技术支持、广告和促销、研究和开发等。前者可以促使特许经营关系顺利建立，后者帮助受许人及时发现、解决经营中遇到的问题，充分利用特许人的成功经验，从而受益于特许经营业务。

其次，特许经营体系和网络的基本特征决定了特许人和受许人之间的合作往往是较长期的、持续的。原则上，合同期限是当事人自治的范畴，但是，签订较短期限的特许经营合同并不符合特许经营的规律和发展要求。其一，特许人发展和维护特许经营体系和网络，需要借助知识产权的不断开发和品牌维持，需要投入大量的资金甚至技术支持，这个过程本身是持续的，是需要时间支撑的。其二，受许人加盟特许经营，需要进行实质性投资，而投资回报也有一个时间过程。其三，合同对特许人和受许人的拘束力表现在，特许人签订合同以后不能仅收取加盟费和特许权使用费，而是要保证在诚信不欺诈的基础上对受许人的营业给予足够的支持，受许人要以合理的注意从事特许经营，维持特许的品牌和体系，保护特许人的商业秘密，等等。所以，对特许经营合同期限的要求，成为各国法的一般做法。1990 年被英国特许经营协会（BFA）采纳的《欧洲道德法规》就有这样的标准："协议的期限应当长到令受许人足以分期偿还他的初始特许权投资。"我国《商业特许经营管理条例》第 13 条也规定，特许经营合同约定的"特许经营期限应当不少于 3 年。但是，被特许人同意的除外"。合同期限在立法上的相对强制性规定，主要是考虑了受许人对投资回报的需求。

认定特许经营合同是持续性合同的意义在于：一是持续性合同债务不履行时，适用终止，而一时性合同则适用解除；二是持续性合同开始以后，可以适用情势变更原则；三是持续性合同的双方当事人之间一般存在着人格依

---

① ［美］Robert T. Justis、Richard J. Judd：《特许经营管理》，张志辉、王丹等译，清华大学出版社 2005 年版，第 321 页。

赖关系，如合伙、雇用等，所以双方之间的债权债务关系原则上不得任意转移。①

（二）合同主体事实上的不平等

特许经营合同主体在地位上存在事实上的不平等。首先，就特许经营的现实而言，特许人一般具有较强的经济实力，掌握特许经营的品牌和网络信息，在选择交易对象中具有主动权。其次，就特许经营的运行而言，受许人对特许人有必然的依赖。即使受许人在相对充分了解信息和谨慎选择的基础上加盟特许经营，双方的法律地位仍然不平等。在特许经营发展的初始阶段，受许人必须完全依赖特许人才能进入经营轨道，包括受许人在为特许经营的开展进行实质性融资的过程，必须接受特许人对店址选择、人员培训、开业、企划、广告宣传等的指导和帮助。随着受许人进入经营网络、获得实际经验的增加，其对特许人的依赖性逐渐减少。但是，由于合同条款的存在，他仍然得接受特许人的控制和监督，原因是特许经营体系对外形象的同一性要求和特许品牌的保护。

（三）内容和形式的法律强制

特许经营合同的内容和形式存在较大的法律强制。首先，特许经营合同中有关控制的内容是必然存在的、不可避免的，并且是得到法律承认和保护的。在一般民事合同中可以约定的内容，如经营指导、技术支持以及业务培训，产品或者服务的质量、标准要求和保证措施，产品价格和经营地域等，在特许经营合同中都是以标准条款的形式出现的，受许人希望通过与特许人协商使其"合理化"的可能性几乎不存在。诚如马丁·门德尔松在其著作《特许经营指南》中所指出的，在一个成熟的特许经营网络中有超过50个受许人，一个特许人可能必须应付来自每个受许人认为的"合理"的不同请求，不但这些请求对特许人来说是很难接受的，而且如果每个受许人都从自己的角度出发与特许人订立"合理"的特许经营合同、改变现有的程序，那么特许经营网络统一的标准就不能得到维持。这就是各国法对特许人"持

---

① 欧阳光等：《公司特许经营法律实务》，法律出版社2007年版，第106页。

续控制”条款保护的基本支撑。

其次，合同形式的法律强制已为理论、立法和实践所接受。例如我国《商业特许经营管理条例》第 11 条就规定："从事特许经营活动，特许人和被特许人应当采用书面形式订立特许经营合同。"各国法从合同规制的角度，也多规定特许经营合同应当采用书面形式。特许经营合同一般包含了商标、专利等客体，当经营活动涉及对商标使用许可或专利、商业秘密使用许可时，需要遵循有关商标、专利的法律法规，这是知识产权管理的要求。另外，特许经营的实践发展已经告诉我们，受许人无法通过协商合同内容以对抗特许人的强势，特别是在复杂的分区特许或者区域特许中，书面协议是保证特许活动正常进行的最低限度要求。

三、特许经营合同的认定

（一）认定依据

特许经营合同认定是特许经营理论和实践中的重要问题，尤其在市场实践中，常常有有关合同争议是否为特许经营合同争议的问题。特许经营合同虽未被纳入合同法，作为有名合同而存在，但本书认为它是有名合同。[①] 因为，就学理而言，规定合同内容的法律规范，除法律外，也包括行政法规，《商业特许经营管理条例》（以下简称《条例》）、《基础设施和公用事业特许经营管理办法》（以下简称《办法》）不但明确了特许经营合同之名，而且对合同内容、订立形式、解除、期限等都有较明确规定。实践中，这类合同也已经被作为一种合同形式大量存在。有名合同的认定对于合同理论和司法实践而言，都具有积极意义。（1）有利于明确法律适用。《条例》和《办法》作为对特许经营合同的特别规定，在不与合同法相违背的情况下，按照特别法优于一般法的原则予以适用。（2）有利于合同意思的补足和合同解释。例如当事人在订立商业特许经营合同时，对合同的部分内容（如经营资

[①]　也有学者认为特许经营合同因在《合同法》里无规定，因而应属无名合同。参见林晓：《特许经营商务法律解决方案〈商业特许经营管理条例〉适用指南》，法律出版社 2007 年版，第 30 页。

源、特许权使用费用等）进行了约定，但对于其他事项未约定时，《条例》规定即可作为合同解释的基准，从而使合同内容臻于完善。如根据《条例》第12条："特许人和被特许人应当在特许经营合同中约定，被特许人在特许经营合同订立后一定期限内，可以单方解除合同。"如果实践中特许双方在合同中并未约定单方解除权，被特许人在实际利用经营资源前，在特许经营合同订立后的合理期限内，仍可以单方解除合同。[①]（3）有利于合同目的的实现。当法律就某一合同类型进行特别规定时，可以设立强行性规范，在当事人的约定损害国家利益，或者使当事人之间利益失衡时，可以通过强行性规范予以矫正，从而保护国家利益、公共利益和当事人的合法权益。[②]《条例》《办法》在特许经营合同自由方面的强制，体现的都是这一价值定位。因此，在合同认定上，既需要遵循《合同法》的一般原则，也应当尊重该类合同的特殊性规定。

（二）认定原则

尽管相对于一般合同而言，特许经营合同被施加了较多的限制，但特许经营合同认定的一般原则，仍离不开合同内容、当事人意思、合同目的等基本依据。

1. 依据合同内容确定

《合同法》规定了合同成立、有效等具体问题，《条例》《办法》对特许经营合同作出的是该有名合同的具体规定。就一般合同而言，某些合同是否成立、何时成立，体现的是立法者的价值选择。在民法理论上，法律行为的成立要件存在着一般成立要件与特别成立要件之分。对同一类合同，有的立法规定为要物合同，有的立法则规定为诺成合同。（如对使用借贷，法国民法规定为要物合同，而德国民法与我国台湾地区民法则规定为诺成合同；对寄托，法国与我国台湾地区规定为要物合同，而德国则规定为诺成合同。[③]此外，消费借贷、赠与等合同也存在着类似的情况）之所以会存在着这种现

---

① 韩世远：《合同法总论》，法律出版社2008年版，第40页。
② 韩世远：《合同法总论》，法律出版社2008年版，第45页。
③ 参见《德国民法典》第598条、第688条，《法国民法典》第1875条、第1919条，《台湾地区民法》第465条、第589条。

象，主要是因为有些立法者考虑到，这些合同或为单务合同或为无偿合同，通过将本属于给付义务的交付标的物规定为合同的成立要件，从而严格设定这些合同的成立要件，使得合同成立的难度加大，以保护出借人、寄托人等债务人的利益。可见，立法者对一方当事人保护还是不保护、是通过严格成立要件还是通过其他方式来保护等，这样的价值考量依存于对合同的成立要件作出不同的规定。在不同的规定下，合同可能在双方当事人达成合意时成立，也可能于此际并不成立，而在特别条件成熟时才成立。这就说明合同的成立并非是某种不以人的意志为移转的客观事实。司法实践中法官判断合同是否成立，必然也就是判断某一具体类型的合同是否成立。"契约类型之认定，系处理契约问题之第一步，应先予以究明。"① 如甲向乙表示，甲为乙提供服务但无须给付报酬，乙同意。甲乙之间的合同是否成立？并且成立的是什么合同？两个问题不可割舍，否则判断合同是否成立的工作就不能算完成。对此，固然需要借助于合同法总则中关于合同成立要件的抽象规定，但也离不开合同法分则，或者相关特别法如《条例》关于各有名合同的具体规定。苏永钦先生就明确地指出，"成立要件的法律基础，如果是有名契约的话，在于各法律行为类型的定义规定，如果不是有名契约，就在于有关法律行为或契约的通则性规定。"在这个意义上，《条例》第11条第2款，在《合同法》一般性规定之下，构成认定特许经营合同内容的基本依据。该条款规定特许经营合同应当包括下列主要内容：（一）特许人、被特许人的基本情况；（二）特许经营的内容、期限；（三）特许经营费用的种类、金额及其支付方式；（四）经营指导、技术支持以及业务培训等服务的具体内容和提供方式；（五）产品或者服务的质量、标准要求和保证措施；（六）产品或者服务的促销与广告宣传；（七）特许经营中的消费者权益保护和赔偿责任的承担；（八）特许经营合同的变更、解除和终止；（九）违约责任；（十）争议的解决方式；（十一）特许人与被特许人约定的其他事项。

2. 探求当事人真意

合同是否成立、成立的是否是特许经营合同，当依据合同内容无法确定时，此时涉及合同解释问题。合同解释不能单纯拘泥于文字表述，而应当探

———————

① 参见王泽鉴：《民法学说与判例研究》第5册，中国政法大学出版社1998年版，第296页。

寻当事人的真实意思。"当事人为法律行为的目的，即其为法律行为所欲达成的期望，乃当事人真意所在，系决定法律行为内容之指针。若当事人意思表示之内容暧昧不明或者前后矛盾时，应使之明了调和，符合当事人之目的。"[1] 在我国，学界一般认为，合同解释是个复杂问题，如果合同解释只是探求当事人真意，合同解释应该是事实问题，是对合同当事人真实意思表示的公开确定。但是，法官在解释合同中必须依据法律的规定和一定的原则，如诚实信用、公平等原则，这样合同解释中就混杂融入了大量的法律成分，法官必然会以自己的价值判断对合同作出解释，因而合同解释必然也是法律问题。需要指出的是，合同解释过程中的法律判断、价值判断必须以确定的合同事实内容为基础。

3. 依据合同目的认定

当事人订立合同均为达到一定目的，合同的各项条款及其用语均是达到该目的的手段。因而《合同法》之中很多条文都涉及合同目的问题。特许经营合同近些年来纠纷很多，但由于立法的相对滞后，该类案件审理难度较大，在合同效力判定、特许方与加盟方的利益平衡等方面均具有一些挑战。由于特许经营的认定有其特殊性，合同目的的认定是特许经营合同纠纷处理的重要问题。从法理而言，在认定当事人所争议的合同是否为特许经营合同中，需要首先关注合同的典型交易目的，即给予所欲实现的法律效果。这种典型交易目的在每一类合同中是相同的，不因当事人订立某一具体合同的动机不同而改变。例如，在买卖合同中，买受人的典型交易目的是取得标的物的所有权，出卖人的典型交易目的是获得价款，因此该典型交易目的决定了给予的法律性质及对其所适用的法规。依据符合合同目的原则解释，首先确定被解释合同的典型交易目的，就可以锁定合同的性质、种类，进而确定出适用于被解释合同的法律规范。[2]

[案1] 赵某诉 HX 汽车俱乐部有限公司特许经营合同纠纷案[3]

HX 汽车俱乐部（甲方）与赵某（乙方）签订《合作经营合同书》（以下简称"合同"），汽车俱乐部授权赵某在 G 省 J 市承办 J 市 HX 汽车俱乐部有

---

① 杨仁寿：《法学方法论》，台湾三民书局 1995 年版，第 222 页。

② 崔建远：《论合同目的及其不能实现》，《吉林大学社会科学学报》2015 年第 3 期。

③ 来源于北大法宝 - 典型案例。

限公司，合同有限期自 2007 年 9 月 8 日起至 2012 年 9 月 7 日止。合同第二条就 HX 汽车俱乐部的义务约定："甲方授权乙方使用其注册的 'HX 汽车俱乐部' 名称，并同意乙方以 HX 汽车俱乐部有限公司体系成员名义自主地开展俱乐部经营活动；甲方以自有的大型汽车专业门户及商务网站——HX 汽车网为乙方提供信息及广告服务，并允许乙方使用甲方提供的商标等知识产权；甲方为乙方及其发展的会员提供全国 24 小时免费呼叫的总部服务电话，其电话费由甲方支付；甲方协助乙方组建项目，进行统一的企业形象设计，协助乙方培训员工，对乙方承办项目的管理和市场运营进行业务指导；甲方为乙方提供成熟的、切实可行的汽车俱乐部运作、管理模式，指导乙方组建自己的服务平台；甲方负责提供项目运营所需的宣传材料样本和广告模式；甲方负责组织实施全国性的品牌推广，并协助乙方在所承办区域进行广告宣传；甲方法务部为乙方免费提供专业的法律咨询，并依甲方培训计划对乙方进行相关法律培训。"双方还在合同中约定："乙方负责项目除第二条明确规定由甲方负担外的其他投资和项目组建、管理与运营；乙方在项目经营时，在甲方授权范围内，有权使用甲方的商标等知识产权和获得甲方网站支持；乙方承办的项目收益由甲乙双方按 1:4 的比例分配，乙方每发展一名金卡会员（或续约一名原金卡会员），其中壹佰元归甲方所有，肆佰元归乙方所有，乙方每发展一名银卡会员（或续约一名原银卡会员），其中肆拾元归甲方所有，壹佰陆拾元归乙方所有；乙方向甲方领取俱乐部统一制作使用的 'HX 通' 金卡、银卡时按约定的分成交付给甲方，双方合作（合同）结束时，乙方剩余的会员卡可按原交付给甲方的价值退还；乙方须向甲方缴纳加盟费肆万元；一方违约应承担违约责任，双方不能自行解决的，可依法向甲方所在地人民法院提起诉讼；未尽事宜由双方协商处理，双方协商一致可签订补充合同，补充合同为本合同不可分割的一部分，与本合同具同等效力；合同自双方签章之日起生效"；等等。同日，双方签订补充合同，约定"在合同期内，如乙方经营不善，不再运作本项目，甲方可退还乙方加盟费"。合同签订后，赵某向 HX 汽车俱乐部交纳加盟费 40000 元，并预购 "HX 通" 金卡 300 张、银卡 250 张，合计 40000 元。

　　赵某向法院起诉，要求 HX 汽车俱乐部返还其加盟费、退还卡费、支付逾期利息等。

被告 HX 汽车俱乐部辩称：补充协议并没有否认原来合同的效力，原告应自行承担经营风险；补充合同约定可退还加盟费，是"可"而不是"必须"。

法院审理认为，赵某与 HX 汽车俱乐部签订的合同及补充合同符合商业特许经营合同的特征，其性质应为特许经营合同。合同是双方真实意思表示，不违反国家法律法规强制性规定，属有效合同，合同双方应全面履行合同约定的义务。补充合同中约定的"甲方可退还加盟费"，结合合同的内容以及双方签订合同的目的，可以推断该约定是赵某在签订合同时对此项目的经营风险还有所顾忌，为了降低其自身风险提出的要求，HX 汽车俱乐部为了能使合同顺利签订，而作出了让步，达成了补充协议。故 HX 汽车俱乐部称其就是否退还赵某加盟费拥有选择权的诉讼主张，不符合双方的合同目的。

本案中，法院认定双方合同纠纷属特许经营合同，对于补充协议的性质认定，充分考虑了特许经营合同的内容、特点，以及双方的合同目的。

4. 需要注意的问题

特许经营合同认定中，应当注意司法实践中的几个问题：

一是不能仅以合同名称作为判断标准。实践中涉及特许经营合同案件中的涉案合同名称并不统一，经常被称为代理协议、授权经营合同书、经销合同、销售合作协议等。这既有合同当事人法律意识淡薄、认识偏差的问题，也有部分特许人为规避特许经营合同相关法律规定故意为之的因素。当合同名称与合同约定的权利义务所属的合同类型不一致时，应当以合同具体内容来确定当事人订立合同的真实意思，并以此作为判断合同性质的依据。《最高人民法院关于经济合同的名称与内容不一致时如何确定管辖权问题的批复》中，也就此问题作出了解释。故当合同名称未使用特许经营合同字样，但约定的权利义务内容符合特许经营的特征时，仍应当认定为特许经营合同。反之，即使合同名称为特许经营合同，但其内容并不符合特许经营的特征，仍应当以内容确定合同的性质。刘某诉 BJ 某国际文化交流有限公司特许经营合同纠纷案，吴某诉 BJ 某鞋业有限公司特许经营合同纠纷案，法院认定争议双方的《商标授权合同》《某时尚布鞋代理合同》都属特许经营合同，认定依据和裁判理由就是合同内容的具体约定。[①]

［案2］ 王某、李某合同纠纷再审案

再审申请人王某、李某认为与被申请人甲、乙签订的是加盟合同，应当依据《商业特许经营管理条例》进行认定。一、二审法院均认为本案双方当事人签订的合同不属于特许经营合同。当事人认为法院认定错误、适用法律错误，要求依法再审改判。HN省中级人民法院审查认为，特许经营的核心是知识产权的授予使用，特许人具备成熟的经营模式和持续指导能力，被特许人在统一模式下经营并向特许人交纳费用。企业以外的其他单位和个人不得作为特许人从事特许经营活动。王某、李某与甲、乙之间签订的合同虽然在加盟费收取、从事区域限制、加盟权归属等内容的表述上具有商业特许经营合同的某些特征，但在合同履行过程中，甲、乙开设的美容院与王某、李某开办的果蔬美颜坊在内部装修风格、员工着装、财务管理、会员发展以及产品或服务的促销和广告宣传等方面均不存在统一化或标准化的模式，虽王某、李某美容场所的外观标识中含有果蔬美颜字样，但与甲、乙开设的美容院亦缺乏明显的区分和界别。王某、李某也未提供证据证明双方在服务质量、标准要求和保证措施上存在一致。一、二审法院依据上述事实及法律规定，认为双方之间的合同关系非商业特许经营合同关系并无不当。因而依照《中华人民共和国民事诉讼法》第二百零四条第一款，《最高人民法院关于适用〈中华人民共和国民事诉讼法〉的解释》第三百九十五条第二款规定，裁定：驳回王某、李某的再审申请。[②]

二是合同的实际履行与合同中实际约定不一致时的认定情况。根据《合同法》，当事人可以协商一致，对合同内容予以变更。如果当事人并没有协议变更合同内容，但一方在实际履行中以履行行为变更了原合同内容且对方接受的，视为对合同约定的变更。实践中类似问题的出现，也应当按照该理论进行认定。

---

① 北京市高级人民法院知识产权审判庭编著：《商业特许经营合同原理解读与审判实务》，中国法制出版社2015年版，第50—54页。

② 来源于北大法宝－司法案例－案例与裁判文书。

（三）合同类型的简单概括

对于特许经营或者特许经营合同，并没有统一的分类标准，理论和实务中均倾向于依据不同的标准做不同的划分。

1. 客体标准

客体标准即以特许经营所指向的具体对象为标准。以欧盟委员会"4087/88 号规则"① 序言第 3 条为例，将特许经营分为以下几类。

工业特许（Industrial Franchise），或称生产特许（Production Franchise），即许可其他制造商按照其提供的知识产权及专有权的技术规格和标准生产产品。

分销特许（Distribution Franchise），即特许其他经销商按照其提供的知识产权销售其产品。

服务特许（Service Franchise），即特许其他服务商按照其提供的一整套知识产权提供经营性服务，例如假日酒店的服务、麦当劳快餐店的服务等。②

2. 内容标准

内容标准即以特许经营协议的具体内容为标准。国际律师协会商事法律部的国际特许经营委员会（The International Franchising Committee of the Section on Business Law of the International Bar Association）在其编撰的《国际特许经营专业用语手册》中，把特许经营分为以下几类。

特许经营协议（Franchise Agreement），即一般意义上的特许经营合同，是特许人基于直接或间接的经济利益上的对价，授权受许人使用特许权营销某种类型的产品，提供某种类型服务的协议。

总特许经营协议（Master Franchise Agreement），是特许人基于直接或间接的经济利益上的对价，授权作为总受许人的一个企业，与作为受许人的第三方企业签订特许经营协议，从而实施特许经营权的协议。

地区发展特许经营协议（Area Development Franchise Agreement），是受许人在特许人的授权下，在特定地域，依据特定的时间表开展约定数目的特

---

① 1988 年 11 月，欧盟委员会颁布了《关于对特许经营类型协议适用条款第 85 条第 3 款的4087/88 号法规》，简称"4087/88 号规则"。

② 阮方民：《欧盟竞争法》，中国政法大学出版社 1998 年版，第 319—320 页。

许经营营业的协议。①

以内容为标准还可以把特许经营分为商品商标特许经营（Product and Trade Mark Franchising）和经营模式特许经营（Business Model Franchising）两类。

前已述及，商品商标特许经营（又称产品或品牌特许经营）是传统的特许经营形态，即"第一代特许经营"，就是特许人授予受许人对特定产品或商标进行商业开发的权利，受许人使用特许人的商标、品牌和营销方法来生产、批发、销售特许人的产品。受许人仍保持其原有企业的商号，单一地或在销售其他商品的同时销售特许人生产并取得商标所有权的产品；特许人保留对商标的所有权。目前在国际上这种模式发展趋缓并逐渐向经营模式特许演化。经营模式特许经营被称为"第二代特许经营"，指受许人按特许人的全套经营模式进行经营。也就是说，特许人不仅提供给受许人商品和商标，而且还给予一套进行营销的经营系统，受许人从特许人那里得到多方面的指导和协助，完全按照特许人的模式来经营，如店址选择、人员培训、商务建立、广告、商品供应等。经营模式特许经营是较新形式的特许经营，集中体现了特许经营的优势，越来越成为当今的主导模式。

3. 主体标准

主体标准是指以特许人的身份特征为标准。特许经营既可以在公共品的提供中适用，也可以在私人品的提供中适用。以公共品、私人品特许中授权主体的不同，特许经营又可以分为以下两种。

政府特许经营（Public – Private – Partnership Franchise Agreement）是政府借助市场的优势提供公共品，根据有关法律、法规的规定，通过市场竞争机制选择公用事业投资者或者经营者，并授权其在一定期限和范围内经营某种公用事业产品或者提供某项服务的一种协议。

商业特许经营（Commercial Oriented Franchise Agreement）是特许经营的常态，是指纯粹的市场主体之间的一种协议，一般即指特许人将自己拥有的经营模式，连同知识产权和专有技术、商业秘密等授予受许人，受许人支付相应的费用，按照协议约定从事经营活动。

---

① 方新军：《现代社会中的新合同研究》，中国人民大学出版社 2005 年版，第 101 页。

原则上，政府特许和商业特许因为涉及不同的营业领域，几乎可以涵盖特许经营合同的完整范围，所以，立足于一种合同规制的研究设计，在特许经营的分类时不再考虑其他标准，而以政府特许和商业特许两分的逻辑，考虑合同项下的具体问题。

第二节　特许经营合同性质及其法律规制

一、概说

从合同视角研究特许经营，目的在于完成对特许经营法律调整的基本思考，因而并无特别区分商业特许还是政府特许的必要。但也正是因为合同视角的统一研究，特许经营合同性质的分析成为研究所必须关注的问题。因为，政府特许经营和商业特许经营，在合同主体、合同内容、法律适用等方面都存在区别。在商业特许经营中，特许人和受许人之间是民商事合同关系，法律框架下的规制和认识已经没有障碍。但是，政府特许经营合同到底具公法性质还是私法性质？究竟属行政合同还是民事合同？时至今日，我国法律仍无明确规定。国家建设部在 2002 年、2004 年分别出台《关于加快市政公用行业市场化进程的意见》《市政公用事业特许经营管理办法》，明确政府特许经营合同在特许经营活动中具有基础性地位，但对于合同性质并无明确规定。

2017 年修订实施的《中华人民共和国行政诉讼法》第 12 条明确规定，"人民法院受理公民、法人或者其他组织提起的下列诉讼：……（十一）认为行政机关不依法履行、未按照约定履行或者违法变更、解除政府特许经营协议、土地房屋征收补偿协议等协议的……"据此，政府特许经营合同纠纷被纳入了行政诉讼的受案范围。问题在于，《行政诉讼法》将争议解决纳入行政受案范围，并不能倒推出政府特许经营合同就是行政合同。而且，即使认定特许经营合同属于行政合同，则按照《行政诉讼法》的救济方式，经营者可以选择行政复议、行政诉讼等争议解决渠道，但由于我国并未建立行政合同制度，特许经营公私双方表现出的以非强制性为核心的协商、妥协和合意，公私兼备，与普通行政行为或具体行政行为更是存在明显差异。最高人民法院《关于适用〈中华人民共和国行政诉讼法〉若干问题的解释》第11条规定："行政机关为实现公共利益或者行政管理目标，在法定职责范围内，与公民、法人或者其他组织协商订立的具有行政法上权利义务内容的协议，属于行政诉讼法第12条第1款第11项规定的行政协议。"国务院法制办公室对《交通运输部关于政府特许经营协议等引起的行政协议争议是否属于行政复议受理范围的函》的复函明确规定："政府特许经营协议等协议争议不属于《中华人民共和国行政复议法》第六条规定的行政复议受案范围。"

合同性质不确定的风险是合同争议的解决途径不确定。这并非学者先知先觉的担忧，而是生活世界的案件事实向法律世界提出的现实挑战。

[案3]　2003年8月，某污水处理有限公司（中外合作企业，以下简称"合作公司"）以A市人民政府为被告向市中级人民法院提起诉讼，要求行政赔偿。案件事实是，A市政府通过颁布《污水处理专营管理办法》，授予合作公司建设和处理污水的权利，期限20年，规定了项目的污水处理指标、污水处理费优先支付和补足安排，投资者与运营者的权利义务。但市政府2003年又废止了《污水处理专营管理办法》。事实上摧毁了合作公司成立及运营的基础。在多次磋商无果的情况下，合作公司对A市政府提起了行政赔偿诉讼。一审判决合作公司败诉，合作公司提起上诉。二审过程中污水处理厂停产。该污水处理厂成为我国一个合作失败的案例。①

[案4]　2004年7月，中国国际经济贸易仲裁委员会受理了某城市桥梁有限公司（中外合作企业，以下简称"合作公司"）状告B市人民政府案。该合作公司提起仲裁缘由是B市政府与其签订了《专营权协议》，合同中市政府保证合作公司自经营之日起9年内，该市从二环路及二环路以内城市道路进出FX高速公路和00国道的机动车辆均经过X收费站，并保证在专营权有效期限内，不致产生车辆分流；合同约定了在合作经营的前9年，如因其他原因导致合作公司通行费收入严重降低或通行费停收时，合作公司有权要

---

① 摘自《中国环境报》2004年2月10日。

求市政府提前收回专营权并给予补偿；市政府还保证外方除收回本金外，按实际经营年限获取年净回报率 18% 的补偿。但当合同规定的情形真正出现时，B 市政府却称双方应共同承担经济损失。①

从上述案例看，纠纷的主体存在同质性，纠纷形式也存在同质性，但解决方式却存在相当大的差别：一个提起的是行政诉讼，合作公司诉至 A 市中级人民法院，要求 A 市人民政府进行行政赔偿；另一个寻求的则是民事仲裁，合作公司向中国国际经济贸易仲裁委提出了仲裁申请，要求终止与 B 市政府的《专营权协议》，并由 B 市政府返还总额达 9 亿多元的投资本金和投资补偿款。可见，对于政府特许的专营权纠纷，学理上行政合同、民事合同还争不出高下的时候，实务界的处理只能在公、私两端之间摇摆，最终的确定要么看当事人的选择、要么由法官进行裁量。

案 2、案 3 距今虽已有 10 余年时间，但这种争议目前仍然存在。新《行政诉讼法》实施以来，我国审判实践也并没有一概把特许经营合同作为行政合同对待，案 5 是最高人民法院新《行政诉讼法》实施以来的首个判例，实际也反映了这一倾向。

[**案 5**]　2004 年 9 月 15 日，H 市 XL 公路建设指挥部（"甲方"）与 HN 省 WT 路桥建设有限公司（"乙方"）签订《关于投建经营 HH 至 SX 省省界公路项目的协议书》（简称《协议书》）。根据该协议书，乙方出资设立的 HN 省 XL 公路建设投资有限公司（简称"XL 公司"）负责承担 XL 公路 15 公里道路项目的投融资、建设及经营管理，经营年限按省人民政府批准为准，经营期满后交于 H 市交通行政部门。甲方责任为协助乙方办理项目投资、建设、经营等相关手续等；同时约定违约方赔偿另一方的经济损失。2007 年，该项目建设完成，完成投资 12600 万元，具备通车条件，并获得 HN 省发改委批准颁发的《收费许可证》。后 XL 公司认为 H 市政府没有履行"路段两端的接线等相关问题的协调工作"，致使 XL 公司所修路桥为断头路无法通行，从而 XL 公司在协议书项下的合同目的不能实现。XL 公司遂向 HN 省高院提起民事诉讼，要求 H 市政府回购项目并支付 XL 公司就该项目的融资本息及相应罚息。H 市政府提交答辩状期间对案件管辖权提出异议，

---

①　摘自《中国青年报》2004 年 7 月 13 日。

认为涉案合同实为政府特许经营协议，根据修订后的《行政诉讼法》规定应作为行政诉讼，本案应移交 XX 市中级人民法院审理。HN 省高院裁定驳回管辖权异议。

一审法院 HN 省高院认为，协议书中对涉案项目的融资、收益及双方责任、违约责任等事项的约定系作为平等民事主体的当事人之间权利义务关系的约定，XL 公司因履行该合同产生纠纷向该院提起诉讼，该院作为民事案件受理并不违反法律规定。

H 市政府不服一审判决，上诉至最高人民法院。二审法院最高人民法院认为，涉案协议书系典型 BOT 模式政府特许经营协议，该项目具有营利性，协议书系 H 市政府作为合同主体与 XL 公司的意思自治及平等协商一致的合意表达，协议书未仅就行政审批或行政许可事项本身进行约定，涉及相关行政审批和行政许可等其他内容为合同履行行为之一，属于合同的组成部分，不能决定涉案合同的性质。从协议书的目的、职责、主体、行为、内容等方面看，其具有明显的民商事法律关系性质，应当定性为民商事合同，不属于《行政诉讼法》修订及司法解释中的行政协议范畴。裁定驳回上诉，维持原判。

该案中，HN 省高级人民法院以及最高人民法院均从民商事合同主体平等性以及意思自治角度，对涉案政府特许经营协议予以分析，从而将涉案合同界定为民商事合同。在"北京北方电联电力工程有限责任公司诉乌鲁木齐交通局 BOT 纠纷案"中，一审法院认为 BOT 协议中涉及工程回购款的争议属于行政争议，二审法院认为属于民事争议。[①]

从威科先行·法律信息库（Wolters Kluwer）收录的裁判案例看（截至 2018 年上半年），其中民事案由的案件有 24301 件，行政案由的有 4503 件，另外还有少量的刑事、国家赔偿类案件。

二、讨论合同性质的基本问题

厘清政府特许经营合同究竟属何种性质，还是应当回到合同法理论本身。

---

① 参见王碧波、黎小露：《也谈政府特许经营协议的性质：从行诉法修订后最高院首个判例说起》，阳光时代法律观察网，2016 年 3 月 22 日。

（一）政府特许经营与商业特许经营

现代意义上的政府特许经营是指在某些社会公用产品或服务领域（统称公共品），由政府根据有关法律、法规的规定，通过市场竞争机制选择公用事业投资者或者经营者，并授权其在一定期限和范围内经营某种公用事业产品或者提供某项服务的制度。[①] 政府通过颁发授权书的形式，授予企业特许权，由企业开采国家所有的资源或者建设政府监管的公共基础设施项目。企业在获得政府许可的经营权后，承担有关设施的修建、更新改造及经营责任，全部费用均由企业承担，从开发、利用资源中回收成本并赢得利润。在特许合同期满后，企业应当将所有设施交还政府有关部门。

商业特许经营则纯粹是平等主体的社会经济组织之间通过特许权的授予而建立起来的合同关系、商业关系。根据国务院 2007 年《商业特许经营管理条例》第 3 条，商业特许经营（一般称"特许经营"，简称 FC）是指拥有注册商标、企业标志、专利、专有技术等经营资源的企业（特许人），以合同形式将其拥有的经营资源许可其他经营者（被特许人）使用，被特许人按照合同约定在统一的经营模式下开展经营，并向特许人支付特许经营费用的经营活动。

政府特许经营与商业特许经营的区别在于：（1）主体不同。政府特许经营存在于政府与社会经济组织之间，而商业特许经营存在于平等主体的经济组织之间。（2）授权领域不同。政府特许经营主要适用于关系社会公共利益和公共资源的行业，如石油和天然气、水资源、矿产资源、动物资源、电力项目、高速公路、铁路、港口等实物资源以及政府的物资采购权、大型活动冠名权、国际汇兑业务专营权、特殊产品的生产和销售权、海陆空线路经营权等无形资源领域，而商业特许经营原则上适用于所有行业。（3）授权方式不同。政府特许经营主要通过招投标的方式选择合适的企业经营授权项目，而商业特许经营是建立在双方协商一致互相选择的基础上。（4）适用法律不同。政府特许经营要受到专门的政府特许经营法律、法规和政策的调整，而

---

① 孙连会：《特许经营法律精要》，机械工业出版社 2006 年版，第 10 页。

商业特许经营主要受《商业特许经营管理条例》、办法以及商事法律的调整。[①]

上述不同可否构成将两种特许经营从性质上明确界分开来的因素？问题的解决在于，政府特许下的特许权的权利性质是什么。

（二）特许权与政府特许

政府借助市场的优势提供公共品，这是20世纪80年代以来在世界人口增长、经济产业结构调整步伐加快以及各国对交通、电力、供水、环保等基础设施的需求急剧膨胀等情形下，政府应对资金紧缺、对公共基础设施投资能力减弱的困境而作出的选择。这种选择的代表性模式即BOT（Build - Operate - Transfer）[②]。BOT是基础设施建设的一类方式，它有时被称为"公共工程特许权"，通常是指承建者或发起人（非国有部门，可以是本国的、外国的或联合的企业财团）通过契约从委托人（通常为政府）手中获得某些基础设施的建设特许权，成为项目特许专营者，由私人专营者或某国际财团自己融资、建设某项基础设施，并在一段时期内经营该设施，在特许期满时，将该设施无偿转让给政府部门或其他公共机构。

BOT模式涉及政府、投资者、项目公司、建设单位、融资机构等多方当事人，组合了特许经营协议、贷款协议、投资合同、建设合同、经营管理合同、回购合同等一系列协议与合同，而其中特许经营协议是核心。因为项目发起人获得政府授予的特许权是项目公司对外签订其他合同的前提条件和根据，且政府通过签订特许协议，给予项目公司以政府保证，从而为项目提供了必需的特殊的政策环境，保证了项目参与人顺利签订和履行其他协议。所以特许权协议是BOT项目中其他协议存在的前提，是运用BOT模式的先决条件和核心问题。只不过，这种特许协议的签订、这种特许权的获得，是以行政许可这样一种政府行为作为必要的前置程序。问题是，这样的行政行为前置，是否影响特许权的权利性质？

这个问题涉及对权利客体的基本认识，因为权利客体是权利性质的决定

---

① 欧阳光等：《公司特许经营法律实务》，法律出版社2007年版，第13页。

② 现代意义上的BOT是作为公共基础设施民营化趋势下的一种投资方式出现的，由土耳其总理奥扎尔率先在1984年正式提出。参见S. C. M. Menheere & S. N. Pollalis, *Case Studies on Build - Operate - Transfer*, The Netherlands, TU Delft, 1996, p. 6。

性因素。作为政府特许经营合同标的的特许权，是不是民法上的财产权利？通过对特许经营、特许经营权历史流变的梳理，可以得出如下结论：首先，特许经营权是专属于某特定权力/权利主体的，通过一定条件让渡给受许人，让渡的权力/权利是一种行政授权或合同债权；其次，尽管特许权已经被应用到经济生活中，但该权利的独占性并不因特许经营权协议的约定而改变，特许权的受让方——受许人在权能上受到较大限制；第三，特许权的内容既可以包含属于国家权力范畴的行政授权，也可以纯粹是在私权利主体意思表示基础上取得的民事权利。所以，当需要对特许权的权利性质作出判断时，应该立足于权利内容以及权利的取得方式。私权利主体的权利让渡永远不会转化为行政权，而行政主体转授的特许权却既可能是权力也可能是权利。就BOT中的政府特许经营而言，承建者或者发起人（受许人，或者称企业）实质上是通过"授权——取得特许经营人资格——行使特许经营权的具体内容"这样的过程，从而获得在特定条件下从事特殊商品或服务的"经营资格或能力"。前已述及，这种"经营资格或能力"，相当于民商事主体的"市场准入"，既包含明显的财产利益因素，也有精神利益的内容。

在政府特许经营中，特许权由政府以许可的方式授予一定的企业。一般而言，许可包括民事许可和政府许可。民事许可指的是拥有某种民事权利的人授权他人在特定时间、地点以一定条件使用某财产或行使某种权利，纯粹是私权利主体之间的一种合同约定。行政许可（政府许可）是指在法律一般禁止的情况下，行政主体根据行政相对人的申请，通过颁发许可证或执照等形式，依法赋予特定的行政相对人从事某种活动或实施某种行为的权利或资格。这一概念包含三层含义：一是存在法律一般禁止；二是行政主体对相对人予以一般禁止的解除；三是行政相对人因此获得了从事某种活动或实施某种行为的资格或权利。

行政许可作为行政机关对国家事务、社会公共事务进行事前监管的一种手段，是行政机关最基本和最重要的行政行为之一，学理上可以分为两类：第一类是资源利用许可，即政府将由国家所有的资源许可他人使用，它是集中的国有资产得以分散利用的途径。这类许可本质上属于民事许可范畴（因为它是国家以资源所有权人身份进行的许可）。第二类是行为许可，即政府对自然人、法人或其他组织从事某种活动的权利的准许，或者是普通许可，或者是特殊许可。普通许可一般指行政机关准予符合法定条件的自然人、法人或其他组织从事特定活动的许可。其中，认可（行政机关对申请人是否具备特定技能的认定）、核准（行政机关对某些事项是否达到特定技术标准、经济技术规范的判断）和登记（行政机关确立相对人的特定主体资格的行为）原则上可以涵盖在内。特别许可是指行政机关代表国家依法向相对人转让某种特定权利的行为。政府特许中的许可即属此类。

在国外，行政许可长期被视为一种特权，不论是授予权利还是解除禁止，都是政府的某种单方面决定或恩赐。随着社会的发展，尤其是政府职能的快速扩张和对财富再分配能力的增强，国际社会开始广泛地将行政许可也视为财产权的一部分。在西方发达国家如美国和德国，许可证已被纳入宪法保护的"新财产"范围。根据美国法院的判例，属于美国宪法第5修正案正当法律程序所保护的财产，不仅包括财产法所定义的不动产、动产和金钱或证券，而且也包括社会福利、公共机构的职位、经营许可等具有财产价值的权利。[①] 自从国家产生以后，国家就担负着管理社会、维护社会秩序的职能。其中最主要的一项职能便是确认、分配和维护权利。权利既赋予社会主体行为的自由，也界定了合法与非法的界限，因而使社会既充满活力又有一定秩序。所以，从行为性质分析，行政许可是行政主体根据相对人的申请，通过颁发许可证、执照等形式，依法赋予相对人从事为法律一般禁止的行为的权利和资格的法律行为。[②] 从该法律行为的目的和结果分析，行政许可又是一种赋权的行政行为。通过赋权，该行为与财产权续上了关系并被看成一种财产权利。

可见，当许可本身随着社会的发展渐进被当作一种权利的时候，其作为特许权取得的必要前提更不可能影响特许权的民事权利性质。因为，我们生存的社会已经不是一个完全自由的社会，不是赋予个人完全自主地支配财产的权利即可以实现自治的社会，那种自治的市民社会只能停留在法学家的理想的制度设计之中。相反，我们生活在政府管制之下的"市民社会"，民法上的私权利不再是权利主体可以自由支配和行使的私权；政府的公权的行使

---

① 王智斌：《行政许可法的制度创新与私权潜能》，《政法论坛》2006年第6期。
② 皮纯协、张成福：《行政法学》，中国人民大学出版社2002年版，第171页。

也不完全在所有场合下都是公权力。一些政府许可便是在这里创造着大量不属于民法上的财产权，但又具有一定的财产属性的权利。①

（三）对行政合同的简单回应

行政合同与民事合同之间并不总是界限模糊。世界上行政合同制度和理论发达的国家是法国。在法国，行政合同虽然依双方当事人的意思表示一致而成立，但其法律关系不受私法调整，而是适用行政法的规则，其诉讼关系由行政法院管辖。行政合同是法国行政法上富有特色的一种制度。关于行政合同与私法合同的区别，法国行政法院坚持以下标准：合同的当事人中必须有一方是行政主体；直接执行公务（或者是当事人直接参加公务的执行，或者是合同本身是执行公务的一种方式）；合同超越私法规则。甚至那些只与执行公务有关但并未直接执行公务的合同，如供应合同、运输合同等，乃至私产管理合同等与公务无关的合同，只要其中含有私法以外的规则也成为行政合同。②

在法国，行政合同是类型化了的，包括公共工程承包合同、公共工程捐助合同、公共工程特许合同、公务特许合同、独占使用共用公产合同、出卖国有不动产合同等。我国有学者认为，在法国，上述这些种类的合同相互之间尽管存在着这样或那样的差别，但同我国的中央财政与地方财政之间的财政包干合同、行政机关与财政机关之间关于罚没款上缴合同相比，行政色彩仍要淡化。③

抛开类型化的界分而回到概念本身，行政合同有其相对固定的特征：（1）行政合同的主体一方是行政机关，即具有法定行政职权、可以签订行政合同的行政机关或者法律、法规授权的组织，另一方是行政相对人，即公民、法人和其他组织。（2）行政合同的内容是法律、法规规定可以使用合同手段或者不排除使用合同手段进行行政管理的公共事务，具有公益性。（3）行政主体在行政合同中居于主导地位，在合同的履行过程中依法享有监

---

① 高富平：《浅议行政许可的财产属性》，《法学》2000年第8期。
② 王名扬：《法国行政法》，中国政法大学出版社1988年版，第185—189页。
③ 梁慧星：《民法学说判例与立法研究（二）》，国家行政学院出版社1999年版，第190—191页。

督控制权、指挥权,在合同的变更、解除上依法享有行政优益权,对违约的行政相对人依法享有制裁权。(4)行政合同是双方协商一致的产物,行政相对人对合同是否签订、合同内容有一定的选择权。(5)行政合同内容具有可妥协性,行政相对人有权提出修正合同内容的建议,行政主体可以根据具体情况做出适当让步。以上五方面特点的组合即是判断某合同是否属于行政合同的标准。当然,前三点是行政合同的行政属性,后两点则是行政合同的民事属性。但毋庸讳言的是,我们的判断标准本身就是复合的,公、私法属性兼具的。

行政法学者认为,行政合同是行政主体以其特殊身份与行政主体或私法主体所订立的合同。行政主体的法律地位具有双重性,它既可以是私法主体,也可以是行政主体。当其以私法身份缔结合同时,该合同为普通民事合同;而当其非以私法主体之身份出现时,无论其与一般私法主体或者其他行政主体缔结合同,都为行政合同,受公法调整。也正因此,有行政法学者曾提出在合同法中对行政合同应作出规定。[①] 但梁慧星先生认为,行政合同双方当事人都必须是行政机关或被授予行政权的团体(如中介机构、行业协会),合同内容必须属于行政权力的行使行为。[②] 这其中体现出,民法学者与行政法学者在概念认识上不可能达到一致,其分歧不可避免。

但是,即使我们笼统地确定行政合同与民事合同的界分标准,把但凡有政府或其授权的部门参与的合同一概定性为行政合同,现行的法律仍无法覆盖该类合同纠纷的解决——行政合同与一般行政行为存在明显的差异:一是它具有非强制性,"不带绝对的命令性或强制性";二是它具有合意性,需要相对方同意方能成立,即相对方的最后同意是行政合同有效成立的必备条件。这显然与可以通过行政复议或行政诉讼救济的一般具体行政行为存在差异。也就是说,这样的行政合同大都透露出这样的信息:我们没法否定其兼具公、私法的双重属性,没法忽视它是行政与合同的有机结合。这就表明,一定程度而言,行政合同是援用民事合同合理内核的产物。

当然,援用民法规范解决行政合同纠纷是很多国家的做法。有的国家是

---

① 应松年:《行政合同不容忽视》,《法制日报》1997年6月9日。
② 梁慧星主编:《民商法论丛》第9卷,法律出版社1998年版,第31页。

在法律中直接规定可以适用合同法的有关规定，如德国；有的国家则是通过判例确定适用原则，如法国。我国目前尚无这样的规定。2003年最高人民法院行政审判工作会议报告指出，审理行政合同案件，法律有特别规定的，适用法律的规定，没有规定的可以适用《合同法》的规定。该报告虽不具有司法解释的效力，但不失其作为审判意见的指导功能。在没有法律或司法解释明确规定的时候，人民法院在审理有关案件时，可以参照《合同法》的规定，但不必直接援引《合同法》的有关条款，可以作为合同的一般原则来适用。

问题是，当认识进到该层面时，我们不妨更直接一些：在行政法未作特别规定、与行政性相容，且处理行政合同关系所依据的原理与民法原理有着共同性的情况下，就树立援引民事合同的一般认识。因为，将行政合同界分在合同法规范对象的范围之外，是为强调合同法的私法属性，离开了当事人平等这一基本原则，公、私法的区分基础就不再存在。合同法规范的是平等主体之间的交易行为，"本质上属于市场交易的行为，即使一方当事人为行政机关（如政府采购合同），即使法律规定强制签约（如粮食定购），也仍然属于民事合同，而与所谓行政合同有本质区别……国家通过行政机关对某些市场交易行为进行适度干预，并不改变这些市场交易行为的性质，当然不可能使这些市场交易关系变成所谓行政合同。"[1]

三、结论性认识：民事合同的合理性论证及其法律适用

超越抽象的理论争论，将目光锁定在 BOT 中的政府特许经营时，民事合同的认识应该具有更大的合理性。

第一，更符合双方当事人对合同利益的现实追求和保护的需要。

主张政府特许经营属于行政合同的一个主要理由就是，政府和对方当事人签订契约的目的在于实现公共利益，标的是自然资源和项目的开发经营权。行政主体实施行政管理职能，实现公共利益的目的在合同中占主导地位。政府特许经营合同形式多种多样，它们在具体结构及成分上虽有差异，

---

[1] 梁慧星：《民法学说判例与立法研究（二）》，国家行政学院出版社1999年版，第191页。

但它们"利用非公共机构实现公共职能的基本目标和遵循的基本原则是统一的，没有实质上的差别"。① 但是，实现公共利益的合同目的并不是区分行政合同与民事合同的正当标准。在政府特许经营合同中政府和对方当事人签订契约的目的在于实现公共利益，但合同标的是自然资源和项目的开发经营权，并不能必然否定作为私权利主体的合同相对人可以部分甚至全部地追求私人利益的满足。

在财产权利观念扩张的现实社会，行政许可已经具有了财产属性。许可能够与财产权利联系在一起，使行政许可从恩赐变成了权利，实现了实质意义上的跨越。这种变化是革命性的，势必深刻影响政府与公众的关系，使双方从不平等的控制命令关系在某种程度上倾向于平等主体之间的关系。这一方面能够加强对政府行为的控制，约束政府职能的扩张；另一方面能够加强对个人权利的保护，防止政府管制措施给个人权利带来实际损害，同时还能提高资源配置的有效性，提高社会效益。② 政府特许经营合同不同于一般的民事合同，政府有更多的权利。但是，权利的多占多享是政府角色内生的、与生俱来的，而不是因为其特许合同的订立事后获得的。在政府特许经营合同中，合同双方的诚实信用、信守约定依然是合同建立的基础。而且更为重要的是经济规律主导着特许经营，企业的利益是特许经营得以实现的根本。在商事主体的本质属性之一——营利性的要求下，政府也必须习惯于遵守合同，习惯于平等协商、互惠互利。国家颁布法律法规，根本目的是保护国家利益、公共利益以及一切合法的私人利益。如果政府弃特许权、弃行政许可的本质属性不顾而惯于采用行政命令的手段对待政府特许，甚至不惜朝令夕改，对特许经营的发展无疑是致命的。

在前述投资路桥纠纷中，B市政府承诺："在合作经营的前9年，如因其他原因导致合作公司通行费收入严重降低或通行费停收时，合作公司有权要求市政府提前收回专营权并给予补偿。"市政府还承诺，保证外方除收回本金外，按实际经营年限获取年净回报率18%的补偿。当然，这里的18%的补偿是不是固定回报，确属政府是否可以解除合同的理由。因为，为了制

---

① 于安：《外商投资特许权项目协议（BOT）与行政合同法》，法律出版社1998年版，第3—4页。

② 王智斌：《行政许可法的制度创新与私权潜能》，《政法论坛》2006年第6期。

止盲目吸引外资的行为，在 2002 年 9 月 10 日，国务院办公厅下发了《关于妥善处理现有保证外方投资固定回报项目有关问题的通知》，明确指出：保证外方投资固定回报，不符合中外投资者的利益共享、风险共担的原则，违反了中外合资、合作经营有关法律和法规的规定。今后任何单位不得违反国家规定保证外方投资固定回报，并提出必须在年内整改完毕的要求，要求各地政府对固定回报投资项目进行清理和妥善处理。问题是，案件中如试图利用这点来证明该协议无效，明显属混淆固定回报率的概念。于安教授认为，"固定回报实质上是合作经营各方对经营过程中利益分配方式的一种约定，即不管企业的经营效益是盈是亏，都必须按照事先约定给予一方股东固定收益。《专营权协议》中关于净回报率的条款并非是对经营利益分配的约定，而是属于合同变更或终止后对受到损失的一方进行补偿的计算方式及补偿数额确定方式的约定。这一约定是合作公司与 B 市政府经过平等协商一致达成的，而且没有违反法律、法规的禁止性规定。"① 所以，在政府特许项目下，只有坚持政府以与企业平等的身份履行和对待合同，才能准确认定合同效力，才能保证企业利益的真正被尊重。

第二，更符合合同主体地位矫正的需要。

随着我国社会主义市场经济的发展，社会公共资源的综合开发利用越来越重要。把国家当成一个大型企业来经营，把社会公共资源市场化、货币化，从而实现效益最大化不但是市场经济发展的必然要求，也是我们追求建构相对独立自主的市民社会的基本要求。

不可否认，政府特许经营合同主体地位存在事实上的不平等。政府特许经营合同是在行政主体实施行政管理活动的过程中形成的，作为合同当事人一方的行政主体相对于另一方的私人投资者来说，具有一定程度的特权，双方法律地位并不对等。政府出于维护公共利益的需要，享有对合同的监督权、指挥权、强制履行权或制裁权，可以单方面变更合同标的或终止合同。在我国，这种监督、指挥、单方面变更合同标的或终止合同等权利的行使发挥到极致的情形更是常见。在前述污水处理厂项目纠纷中，A 市政府就是以合作公司与该市排水公司的 BOT 合作合同中固定了污水处理的保底数量、

---

① 参见《港中旅特许经营风波》，找法网，2011 年 8 月 17 日。

保底价格，固定了汇率和定价条件等为由，废止由其在合作之初颁布的《污水专营管理办法》，事实上单方解除了特许权合同。同样，B市政府与合作公司的《专营权协议》，合同双方一无主体资格的限制，二无缔约瑕疵，合同签订前，B市政府曾以《B市政府承诺书》和《招商项目册》发出要约邀请，后双方协商、签订《专营权协议》，而且该协议与《B市政府承诺书》和《招商项目册》内容一致，据此可以看出该协议是在双方协商一致的基础上签订的，已经依法成立。同时，该协议既没有违反法律和行政法规，没有采取欺诈、胁迫等手段，也没有损害国家利益或社会公共利益，不具备法律规定的认定合同无效的要件。因此，《专营权协议》合法有效，对双方均有法律约束力。所以B市二环路三期路段在特许经营期届满前正式通车的事实，是政府单方违约的典型例子。

当然，在上述两起纠纷中，政府与作为私主体的企业在订立特许权协议之时，确实有项目定价不合理（如污水一级处理费达0.6元/吨）等事实，但这不是政府单方面违约或解约的充分和正当理由。如果政府的强硬毁约行为最终得到法律认可，不但会对目前我国正在积极推进的公用事业市场化产生极大的负面影响，而且也将损毁政府的形象。以上述两案为例，外商或港商之所以在合作项目中注入巨资，一个很重要的原因就是相信政府，因为项目经过各级政府和主管部门同意，手续齐全、程序合法。市政府还专门制定了《专营办法》等，外商或港商对政府文件和当事人之间签署的合作合同的合法性深信不疑。即使政府有权基于政府职能有效发挥、公共利益等具体考量，可以撤销、废止其所制定、颁布的办法、规章，但必须看到，废止文件可能会给相对人带来不利影响，因而必须遵照信赖利益保护原则，谨慎决策。

应当说，公用事业民营化是市民社会的基本特征，也是市场经济的现实需求。适应这种需求，BOT作为一种新型投融资方式，在我国基础项目建设中已经得到了广泛应用。近几年来成功的例子亦不少见，如咸阳渭河三桥、京承高速公路二期、遂渝高速公路和南京过江隧道等。但出现纷争并带来较大影响的也不乏其例。为保证政府特许发挥其应有的作用，通过将专营权合同定位于民事合同的方式，以对政府在合同履行中行政权力的行使予以适当限制，不但可以推动公用事业建设的顺利展开，也有利于诚信政府的建设，对塑造政府公信力会起到一种制度上的推进作用。

第三，有利于有限政府理念的形成和建构。

行政许可作为政府对公共管理事项实行监管的一种重要方式，从某种意义上说是一种重要的政府管制方式。政府管制（规制）制度是一种面对市场经济和社会生活微观主体的行政法律制度，即政府行政机构通过法律授权，对市场经济和社会生活主体的某些特殊行为进行限制和监督，以确定个人自由和权利的适当范围（私权）与政府权力（公权）的界限。当然，这条界限不是固定不变的，而是随着市场经济及社会发展的状况不断调整和变化的。2004 年我国《行政许可法》出台，该法的立法宗旨和意义，不仅在于规范政府治理社会的行政行为，建设有限、理性、负责的政府，更在于扩大市民社会自由、自主的空间。也就是说，在诸多公法法治观念凸显的气象之下，《行政许可法》还保留有一股私法精神——这种精神在"听证"程序的规定（第46条）、"招标拍卖"等公平竞争机制的引入（第52条）、"信赖利益补偿"制度的建立（第8、9条）等方面获得了充分的体现，同时也构成了该法特别闪耀的三大"亮点"。①

应当说，行政许可作为现代政府管制社会的一种基本手段，起着调节行政权力与公民权利之间关系的作用。与具有惩罚性的行政处罚以及"减益性"的行政收费相比，行政许可具有授益性，给政府以"善"的面孔，因此更容易为公民接受，它更能调动行政权力与公民权利之间的良性互动关系。所以，《行政许可法》被认为是行政法领域的一部重要的"控权法"，包含和体现着放松政府管制的精神和要求，也成为构建有限政府和实行政府职能转变在法律制度上的要求。

随着改革开放的深入和市场经济的发展，我国正朝着"小政府，大社会"的目标迈进。对于社会公共事务，政府需要的不仅仅是事务处理本身，更重要的是调整管理方式，由过去那种近乎垄断性的社会公共管理状况转变到多中心治理社会公共事务的轨道上来。所以，有限政府的基本要求，就是政府的权力要限缩到适当的领域。行政许可范围的界定可能还有技术上的问题，但行政许可并不否认公用事业领域"市场化"的选择，只不过政府应

---

① 王智斌：《行政许可法的制度创新与私权潜能》，《政法论坛》2006 年第 6 期。

通过提高谈判能力、加强监督、管理等方式，对特许的私主体"追求利益最大化"的本性适当限制和引导。

就如前述案例，污水处理是公益事业，需要政府担当规范市场、监督行业的角色。所以，合作企业投资污水处理，需要政府介入。在尚无相关立法规定的时候，介入的方式就是颁布《污水处理专营管理办法》，这是其职责所需，也是保证其依法行政的规范要求。

第四，符合合同纠纷解决方式的体系化要求。

就我国目前的立法实践而言，政府特许经营合同纠纷并没有足够的法律保障。在专项立法上，对外贸易经济合作部1994年发布的《关于以 BOT 方式吸收外商投资有关问题的通知》和国家计委、电力部、交通部1995年联合发布的《关于试办外商投资特许权项目审批管理有关问题的通知》，都没有涉及有关争议的解决。

我国行政法学界一致主张行政合同的独立存在，但是，如果将政府特许经营合同定性为行政合同，在现行法的框架下，协商、调解、仲裁等常用方式就没有适用的空间。《行政诉讼法》第60条规定："人民法院审理行政案件，不适用调解。"《仲裁法》第3条则规定："下列纠纷不能仲裁：（一）婚姻、收养、监护、扶养、继承纠纷；（二）依法应当由行政机关处理的行政争议。"同时，根据我国《合同法》第128条第2款，涉外合同的当事人可以根据仲裁协议向中国仲裁机构或者其他仲裁机构申请仲裁。但政府特许协议如归于行政合同，就被排除在《合同法》之外，不能适用仲裁。

其实，如果我们参考法律经济学的分析方法，借鉴交易成本理论，重新考虑合同法与行政法的关系，可能更有利于本书对政府特许经营合同的性质认识。倘若以交易成本为依据来确定侵权法、合同法以及行政法的法域（即法的适用范围），则它们三者之间的关系大致是：如果当事人之间交易成本较大，那么侵权法和行政法的法域将会扩大，而合同法的法域将缩小；如果当事人之间的交易成本较小，那么侵权法和行政法的法域将会缩小，而合同法的法域将扩大。这里，社会对交易成本的考量，不仅影响了各部门法作用的范围，同时也深刻地影响了人们的行为方式。[1] 在这样的理论支配下，行

---

① 黄文平：《论侵权与契约的替代——一个法律经济学的视角》，《经济评论》2004年第6期。

政合同的出现与政府职能、管理方式改革的趋向具有一致性。当政府在可能的范围内选择以行政合同而非行政命令的方式实现政府职能时，已经表明这种选择符合了交易成本理论的一般要求。而 BOT 越来越具有生命力的现实，更凸显政府将特定的基础设施或公用事业交由私的社会主体去投资、一定期限之内经营与交易成本理论并不违拗。既然承认以合同形式安排该公用事业的经营，已然承认当事人可以通过合同形式安排其权利义务关系。有鉴于此，在不影响对公共利益的实现和实施的情形下，把政府特许经营认定为民事合同，赋予私的社会主体以最大的谈判能力与政府或其授权部门进行谈判，安排当事人之间的权利义务，由当事人选择协商、调解、仲裁、诉讼等方式解决合同履行中的纠纷，既有利于公用事业的发展，又有利于政府信用的塑造，更有利于政府投融资模式的创新以及资源的整合和有效利用。

所以，在污水处理、路桥建设等市政公用设施建设中，选择了 BOT（或与其相关）模式，特许权授予合同本身就确定了政府特许合同的法律属性。也就是说，基础设施、公用事业在确定了市场化运营的同时，也就确定了运营方式的民法属性。只不过，这实质上是一种被施加了更多限制的民事合同。处理该合同问题，援用的应当是民法规范，包括要约与承诺、合同自由、行为能力、代理、合同无效的原因等规范。

这样的认识，具有理论和实证上的优越性，它能够尊重特许权的财产权属性，能够廓清行政许可不过是特许权取得、特许合同签订的前置性条件，能够保证同类纠纷的相似裁判结果。

四、特许经营合同调整的一般思路

从市场的角度而言，经过近一个半世纪以来的发展，特许经营在各国已成规模相对完善的经营模式，由此，在特许经营发展早、规模效应成熟的国家和地区，法律规制也由萌芽状态的需求到渐趋成熟，如美国的《特许权投资法》（Franchise Investment Act）、《统一特许经营要约通告》，美国伊利诺伊州 1987 年的《特许经营信息义务告知法》修正案；英国的《公平交易法》；澳大利亚《特许经营行为法》《信息义务告知法》；《欧盟条约》以及欧盟"4087/88 号规则"；等等。这些对特许经营合同内容都有规范，尽管这些规范的立法模式有所不同——即有些国家是通过专门性立法模式，针对特许经营行为予以调整，如美国、韩国等；有些国家并无专门性立法，而是在普通商事、经济、知识产权类法律中通过关于规范特许经营市场的规范予以调整，如德国、丹麦；或者在相关性法律中就特许经营专门作出规定，如澳大利亚。

上述立法对特许经营的定义多是从合同、知识产权的角度出发的。例如，根据1987年美国伊利诺伊州《特许经营信息义务告知法》修正案，特许经营是"一种存在于双方或多方当事人之间的、明示或暗示的、口头或书面的合同（协议），具体内容包括：（a）受许人按照很大程度上是由特许人所策划或建议的市场计划或体制，被授权从事商品和服务的分销的经营活动；（b）受许人的经营运作是依据由特许人所有或与其有关的商标、服务标识、商业名称以及其他商业性标记相关联的经营计划或体制来运行；（c）根据本法案第三章的规定，特许人在经营模式上的授权需要受许人直接或间接地向其支付特许费"①。

根据澳大利亚《信息义务告知法》，特许经营是指两人或两人以上的多数人之间的合同：（a）一方授权或许可另一方在澳大利亚依照特许人制定的市场计划或体系来从事经营、促销或分销商品或服务；（b）社会公众能够通过辨别标识而识别经营企业，此标识与特许人相关或由其所有；（c）特许人行使或有权行使控制经营的权利，包括对经营组织和促进经营活动、管理、市场计划或其他与经营有关的事情的控制权；（d）有理由相信，在经营过程中，受许人是或将会是——在本质上依赖于特许人所提供的商品或服务的经营主体。

欧盟委员会"4087/88号规则"第1条第3款（a）项规定，特许经营是特许人以取得直接或间接经济上的报酬为条件，授权受许人使用其一系列工业或知识产权，包括商标、商店招牌、设计、版权、商业秘密或专利以经营特定商品或服务。这一定义与该法规对特许经营协议、特许经营范围的规定结合在一起，对欧盟成员国的特许经营具有现实性的指导意义。

---

① David Gumick，"Intellectual Property in Franchising: A Survey of Today's Domestic Issues"，*Oklahoma City University Law Review*，Vol. 20，1995.

其实，考察各国或地区对特许经营的具体法律规制可见，各国或地区立法均致力于解决特许经营发展中的具体问题，如对特许人的信息披露要求，特许人在开展特许业务前的登记注册制度，针对特许人与受许人的不平等地位而作的对特许人滥用权利的行为的规制，如不正当地终止特许经营、受许人缺乏延期权、限制自由联合、对不同受许人实行歧视、对受许人施加不合理的标准等。当然，我们不能霸道地断定，各国法的基本设置完全是一种合同层面的规制，但不可否认的是，上述各国法对特许经营的规制，立足于特许经营合同双方的权利保护是一个主要出发点或者说基本支撑。所以，笔者认为，特许经营的合同规制可以成为解决特许经营实际问题的最有效途径。

综上所述，特许经营是特许人和受许人之间的合同关系，该合同关系以知识产权的"一揽子"许可使用为核心，但特许经营合同却不等同于一般的知识产权使用许可协议。因为在知识产权的许可使用之外，特许人还承担维护特许经营体系所必需的培训等其他义务。特许经营合同具有不同于普通合同的基本特征，包括：双方当事人法律地位实质上的不平等，合同内容和形式的法律强制，合同存续的持续性，等等。这些特征使得受许人和特许人在对外形象上具有高度的同一性，但同一性的事实不能改变合同主体的独立法律地位。

在长期的发展过程中，特许经营已经涵盖了公共品的提供和私人品的提供两大领域。当我们以古罗马法上公法、私法两分的逻辑思路认识公与私的问题时，必须注意到一个存在且被大量重复的事实："在过去的十几年中，美国所发生的最重要的变化就是，政府已成为财富的最主要的来源，政府就像一个巨大的吸管聚敛着财税和权力，然后吐出财富。"[1] 政府吐出财富的事实，不只存在于美国，而是在漂洋过海，渗透于现实世界的各个地域，那就是，即使是政府特许，特许也已经成为一种财富，特许权本身就是一种财产权。所以，本书立论的基础就是，以特许权授予的主体为分类标准，将特许经营界分为政府特许经营和商业特许经营，政府特许经营中虽然特许权的授予与商业特许经营中的授予存在差异，但这种差异不是决定合同性质的基本要素。也就是说，行政许可作为政府特许中特许权授予的程序性限制，并

---

① Charles A. Reich, "The New Property", *The Yale Law Journal*, Vol. 73, 1964.

不能改变特许权的财产属性，特别是在市场经济条件下。当政府借助市场的优势，通过特许权的授予提供某些公共品时，政府特许经营就和商业特许经营一样，都属于民事合同，对特许经营合同的规制，适用民法、合同法的一般制度规范。

第三章　特许经营合同主体及其法律地位

按照传统契约法的一般理论，当事人资格及其缔约能力在合同中的价值在于：保证合同效力与当事人能力的一致，保护当事人不因缔约能力瑕疵受到不利影响。合同既然是当事人就双方权利义务达成一致的意思表示，这就要求表意人具有相应的意思表示能力和为自己行为负责的能力。如果一个人尚不能或不能完全预见自己行为的后果并为之负责，而法律承认根据其意思成立的合同的效力，就有可能给其带来不利，甚至会成为恶意者谋取利益的牺牲品。

除此之外，在合同领域，原则上不存在对合同主体资格的限制，除非该合同已因其特殊性而陷于国家管制的状态——特许经营合同即在此类。

按照特许经营实践发展的逻辑，特许经营合同的当事人分别是特许人与受许人。与一般的合同关系不同，特许人和受许人的关系，或者说双方的权利义务，是特许经营的重要法律问题。

从各国立法对特许经营的规制历史看，以澳大利亚为例，起初立法者认为，特许合同双方的权利义务交由当事人用特许经营合同来协商确定即可，无须立法干涉。然而，实践证明这种认识有一定的偏差。因为，一方面，特许人与受许人之间的关系具有不同于普通商业关系的特殊性，这种关系的建立以"双赢"作为基础，即受许人的成功会给特许人带来利益，特许人的成功也同样会给受许人带来利益。特许人、受许人的付出具有互补性、固定性、长期性，双赢的目的实现有赖于建立一种长期的建设性伙伴关系，相互依存，彼此尊重。另一方面，特许经营又是一种天生的不平等关系。特许人处于支配地位，从市场营销到产品质量，甚至产品定价等方面，特许人有决策权。相反，受许人却要尊重和遵守这种决策。交易能力的差异本身并不是一件坏事，但却极易导致权利的滥用。在一个特许体系中，受许人虽拥有特许门店及其财产，但特许人对经营和投资的决策享有决定权，这可能会产生如下问题：作为个体的受许人希望回应当地市场状况，投资和发展他们的经营，以便得到收益，这种意愿可能与特许人着眼于整个特许体系的决定或计划（并不与当地市场状况同步）发生冲突。此时，受许人发现自己签了一个长期的含有巨大沉淀成本的协议，而他对成本构成和经营策略却没有真正的决策权。由此可以看出，若特许权被滥用，受许人就被特许人置于一个经济上的不利地位。①

意识到上述问题的存在之后，立法者决定干预特许关系。干预的具体制度设计，就是通过对特许人与受许人的权利义务设置以矫正双方事实上的不平等。所以，本章内容的安排，以特许合同主体义务设置为基础，考量对受许人予以保护的具体制度安排。

第一节　合同主体资格限制

一、特许人资格

（一）资格限制的一般规定

从法律规制的角度看，各国立法对特许人都有一定的资格要求。以商业特许经营为例，《俄罗斯联邦民法典》第 1027 条第 3 款规定："商业特许经营合同的当事人可以是商业组织和经过登记的作为个体经营者的公民。"根据该法第 50 条第 2 款的规定，"作为商业组织的法人，可以以商合伙和商业公司、生产合作社、国有和自治地方所有单一制企业的形式成立"。

《澳门商法典》虽然在有关特许经营合同的内容中并没有对合同主体加以限制，但从特许经营被规定在法典第三卷"外部活动中"来看，根据体

---

① 汪传才：《论澳大利亚特许经营立法及其借鉴价值》，《暨南学报（哲学社会科学版）》2006年第 2 期。

系解释的一般规制，很明显特许人应当具有企业身份。

英国特许经营协会则采用排除法，明确将控股公司与其子公司以及各个子公司之间，或者个人与其控制的公司之间的交易排除在特许经营规制的调整范围之外。

欧盟委员会"4087/88号规则"规定特许经营的主体是企业。欧盟委员会认为，"企业必须从最广义上理解，它是指从事诸如生产、销售产品、提供服务等经济或商业活动的一切实体，包括由一个人经营的小店直到大型的工厂、商店"。欧盟成员国与欧洲自由贸易成员国在《欧洲经济区协定》第22议定书第1条规定，企业是指"从事商业活动或者具有经济性质的任何实体"。由上可见，欧盟在决定何谓企业时，最为强调的是企业必须是具有自主决策功能的经济实体。①

（二）特许人资格限制的国内实践

在我国，2007年5月1日国务院《商业特许经营管理条例》正式付诸实施，与2004年商务部《商业特许经营管理办法》相比，在法律位阶提高的同时，该条例还从特许人的资格、法定义务承担等角度为特许经营的有序发展打下了良好的基础，根据该条例第3条、第7条的规定，可以从事特许经营活动的特许人必须同时具备三个条件：其一，只有企业才能作为特许人从事特许经营活动，除了企业，其他单位和个人都不得作为特许人从事特许经营活动。也就是说，在企业办理了工商登记的前提下，才能发展特许经营。"企业以外的其他单位和个人作为特许人从事特许经营活动的，由商务主管部门责令停止非法经营活动，没收违法所得，并处10万元以上50万元以下的罚款"（《商业特许经营管理条例》第24条第2款）。其二，特许人从事特许经营活动应当拥有成熟的经营模式，并具备为被特许人持续提供经营指导、技术支持和业务培训等服务的能力。其三，从事特许经营的企业要有注册商标，至少要有两家经营一年以上的直营连锁门店，有可被复制的成熟的经营模式。上述规定实质上将个人、不合要求的其他组织拦在了特许经营的门外，目的是让最终进入特许经营的都是名正言顺的正规特许企业和品

---

① 方新军：《现代社会中的新合同研究》，中国人民大学出版社2005年版，第130—131页。

牌，为特许经营的发展正本清源。

（三）资格限制的必要性问题

各国对商业特许经营中特许人资格的限制，立足点与所追求的目的并无二致，即从源头上为特许经营欺诈等问题的解决提供制度依据。在欧美特许商业的发展史上，曾出现过为追求数量盲目开办连锁店的现象，结果使各连锁店不能得到预期效果，甚至出现借开办连锁店之名，大行招摇撞骗之举的现象，严重损害了特许经营的声誉及吸引力。所以，美国自20世纪中后期开始通过立法，限制特许人的资格，保护特许经营的发展。目前，特许经营在我国发展势头迅猛，然而，在发展过程中因为一些特许权人不具备特许资格或资信低下，给被特许人带来损失的问题也不少见，特许人虚假宣传招摇撞骗的例子已经出现，且为数不少。

政府特许经营中，由特许的一般特征而决定了只有政府或政府授权的部门，才可以作为特许人授权一定的企业从事基础设施或公用事业建设。除此之外其他任何主体都无权进行特许权的授予。政府特许中的特许人资格限制，与商业特许的考量有所不同。政府或其授权的部门作为特许经营合同的一方当事人，其掌握的公权力是特许项目启动以及建立特许经营模式的基础。因为特许经营实际上就是政府将其掌握的部分公权力（如对于城市公共基础设施的建设和运营的权利）通过特许经营的方式（如颁发许可或者签署特许经营协议），让渡于企业，以此获得企业对于项目的投资、建设和运营。根据联合国国际贸易法委员会签订的《私人融资基础设施项目示范立法条文》，法律应确定有权授予特许权和签订协议以实施私人融资基础设施项目所在国当局（视情况，包括国家、省及地方各级当局）。关于相关部门是否必须经由法律授权授予资格，各国情况有所不同。但实际上通过特别立法授权和政府直接签订合同，在法律效力上并无本质不同。我国的情况有所不同。目前我国基础设施特许经营权的授予和实施机关，基本由部门和地方政府规章设定，仅有新疆、北京、贵州、湖南、山西、青海、深圳等地制定了地方性法规。从法治建设的要求考虑，特别是为了鼓励和支持非公经济发展，国家有必要通过较高位阶的法律、行政法规，明确政府特许及其实施机关的法律地位，以更好地解决民间投资等各类市场主体的后顾之忧。①

二、特许人资格限制的途径

特许人资格限制的实现一般是与各国对特许经营的监督和管理联系在一起的。

诚如哈耶克的"有限理性"论，"每个人对于大多数决定着各个社会成员的行动的特征事实，都处于一种必然的且无从救济的无知状态之中"②。人的理性的有限性决定了，缔约人即使出于充分的注意而进入契约，因信息不对称而造成的不完全契约仍然存在。经济学家就认为，在价格磋商中公众信息是当事人都知道的，而私人信息只为一方所知晓，另一方不知道。通常情况下，法律并不能强制缔约一方揭露其私人信息，但是，安全性信息例外。安全性信息是指在缔约过程中帮助当事人规避危害的相关信息。例如，电器设备上的安全性信息可以帮助人们防范火灾。相反，不透露安全性信息就会大大增加意外事故的发生概率和严重程度。③特许经营的"品牌"效力，一个重要的保障是特许人资质以及特许人的信息宣传。而这种保障的形式要件，就是受许人可以通过正当的程序能够获知。所以，各国对特许人的资格限制，原则上是立足于避免受许人蒙受特许经营"陷阱"的事前防范。

第一，通过特许人登记备案制度，严格对特许人的资格审查。

通过登记备案制度，把特许权人纳入工商管理的体系中，工商部门可以对拟从事特许权使用许可的企业进行资格审查，并办理批准登记手续。特许

---

① 参见李亢：《PPP 的法律规制》，法律出版社 2017 年版，第 48—53 页。
② ［英］弗里德利希·冯·哈耶克：《法律、立法与自由》第一卷，邓正来等译，中国大百科全书出版社 2000 年版，第 8 页。
③ 安全性信息的披露义务是普通法通过"奥夫诉施莱迈耶案"设立的一项规则，掌握信息者必须向不掌握信息者透露安全性信息，否则出现意外事故时就要承担责任。该案中，房屋卖主明知道房屋白蚁成灾，但卖主在出卖房屋时故意对买主隐瞒。卖主对白蚁一事没有说谎，他从来没有被问及此事。房屋卖出去不久，买主就发现了房屋里有白蚁，起诉了卖主。法院认为，隐瞒蚁害信息就有可能导致白蚁造成重大的破坏，强制卖主承担透露责任。法院通过推行透露责任，避免了安全性信息透露失败所导致的危害，减少了未来的购买者提防卖主隐瞒信息的必要性。这个判例实质上也确定了这样的规则：信息对契约的履行产生不同的影响。参见柴振国：《契约法律制度的经济学考察》，中国检察出版社 2006 年版，第 138—139 页。

人除具有一般企业的法定注册条件外，还应具备：（1）具有良好的资信；（2）具有一定影响的商业信誉；（3）有完善的经营管理体系；（4）自身从事拟特许的业务且必须有一家以上标准店（总店）。

我国《商业特许经营管理条例》已经就特许人备案制度明确规定：特许人应当自首次订立特许合同之日起15日内，向商务主管部门备案，并规定了备案的程序以及备案时应当提交的文件、资料。商务主管部门收到特许人提交的符合规定的文件、资料后，应当予以备案，通知特许人，并将备案的特许人名单在政府网站上公布和及时更新。

第二，通过特许人知识产权、无形资产特许前评估制度，事前对特许权使用费进行适当控制。评估部门对特许权人的知识产权等无形资产进行评估，并报工商行政管理部门备案后，受许人可以凭借特许权的价值评估结果，适当控制加盟特许的风险。

第三，通过加强对特许人广告宣传的监督检查，减少特许人欺诈的发生。在特许经营实践中，特许人往往通过广告宣传的形式吸引受许人，有些广告宣传除了明显属于虚假广告夸大其词外，还往往提及具体收益保证，如"开业一年，收回多少投资""一年回报多少"等。收益保证实际上是通过对事实的陈述，用该事实表明或暗示受许人能获取的收入，其对潜在受许人加盟特许往往具有决定性作用。所以，收益保证宣传必须符合一定的标准，并加以规范。原则上，特许人应掌握足够资料以保证收益预测的准确性，计算必须要有合理的基础，并考虑受许人所在的地域可能会带来的不确定性。不符合上述标准的收益保证应属虚假广告。

需要指出的是，特许人登记备案、对特许经营权的无形资产评估以及对特许人广告宣传的监督检查，实质上是以对特许人信誉或者信用的公示，实现对特许经营的国家管制。从市场和管理的角度，特许经营是一种特殊的行业，国家是以对企业信用的控制实现行业的市场准入，这与企业信用的一般原理是一致的。市场经济秩序，无论是部分秩序还是作为竞争秩序基础的主体秩序，其发育和完善都需要一定的社会人格前提。这一人格前提的根本便是与市场经济相适应的道德秩序，而市场经济道德秩序的要义是"守信"。

时至今日，市场经济的本质是交易经济、信用经济，其运行效率取决于社会中人与人之间的信任度和信用环节，这已经成为学界的共识，这时，我们对信用的认识，已经突破一般的伦理道德而上升为对参与市场活动的民事主体的一种资格和能力要求，是其能够进入市场的入场券。因为，依据交易运行的规律可知，交易双方必然表现为信用的授和受的过程：卖方（授信人）以非即时交易的方式售出标的物，以对买方的授信为前提，接受"信用本身的风险"作为售出标的物的对价；买方以非即时交易的方式买入标的物，以通过卖方的授信而获得受信方（受信人）的资格为前提，以信用暂时替代卖方对价的支付。理论上，所有的民事主体都可以进入市场，但在具体的交易环境下，并非任何人都可以随便进入任何市场——达到一定的信用等级就拥有一定的法律资格，没有信用也就没有或失去一定的法律资格。罗马法上已有此规定。现代意义上信用的资格性特征更为明显和具体，比如银行系统规定从事金融业务的资格，失去了信用，就意味着被永远剥夺了再从事金融业的资格；证券、保险业也越来越多地规定一系列的市场准入条件，包括公司法、投资基金法等在内。破产被视为一种无信用的标志；公司制造虚假财务报表，信用卡有不良记录，不仅会损害其信用，而且会导致其相应的法律资格受到限制。同时，信用意味着在市场交易和竞争中所处的社会优势地位。信用高，就处于优势地位，反之，则处于劣势地位。法律对特许人备案所要求的，无非是一种信用的保证。达到相应的信用标准，可以作为特许人开展特许经营，达不到相应的信用标准，在国家工商管理的层面上，其已经失去了作为特许商的一般资格。

以我国为例，《商业特许经营管理条例》是在举国一致呼吁企业信用体系建设、企业信用体系建设如火如荼进行的社会环境下出台和实施的，其中明确要求特许人必须向商务主管部门备案，并规定了备案的程序以及备案时应当提交的文件、资料。商务主管部门收到特许人提交的符合规定的文件、资料后，应当予以备案，通知特许人，并将备案的特许人名单在政府网站上公布和及时更新。这种管理，与对企业信用管理是同样的系统要求。无形资产的评估、虚假广告宣传的禁止，本身也是信用管理的一般要素。

三、受许人及其资格限制

受许人作为特许经营合同的相对人，原则上只要求具备从事所经营行业必需的行为能力。各国法上的规定大致如此。例如，我国的《商业特许经营管理条例》在明确特许人资质的同时，并没有对受许人设置法律上的资格限制。原因在于，在商业特许经营中，作为企业一方的特许人在信息、经济能力、缔约能力上均处于优势地位，其可以通过对特许权的掌控实现对受许人的充分选择，法律没有必要为特许人充当"善良家父"。

政府特许经营中受许人资格限制各国情况有所不同。我国台湾地区《促进民间参与公共建设法》规定受许人可为依法设立之公司或其他经主办机关核定之私法人。英国、澳大利亚、日本、韩国等有关公私合作、特许经营的法令和政策指南，对于受许人条件均无具体要求。在我国，具体而言，作为公权力的被授权方或者受让方，政府特许中的受许人范围较广，目前法律上并无统一界定，原则上应当包括具备法律上的独立地位的、除公共部门和其他公共机构之外的任何组织、实体。建设部《市政公用事业特许经营管理办法》第7条规定，参与特许经营权竞标者应当具备以下条件：（一）依法注册的企业法人；（二）有相应的设施、设备；（三）有良好的银行资信、财务状况及相应的偿债能力；（四）有相应的从业经历和良好的业绩；（五）有相应数量的技术、财务、经营等关键岗位人员；（六）有切实可行的经营方案；（七）地方性法规、规章规定的其他条件。各地方性法规、政府规章对受许人的资格限制，要么没有具体规定，要么与此类似。但新疆维吾尔自治区《市政公用事业特许经营条例》规定，除企业法人外，自然人或者其他经济组织也可以成为特许经营者，条件十分宽泛。[①] 原则上可以认为，政府特许经营中政府一方选择受许人的程序性要求，已经实现了对受许人的资格控制。

第二节　合同主体的义务限定

特许经营合同是一种双务、有偿合同，与一般的权利义务关系一样，该合同项下特许人和受许人的权利义务是对应的，一方的权利就是相对方的义

---

① 参见李苅：《PPP 的法律规制》，法律出版社 2017 年版，第 56—57 页。

务，反之亦然。但就合同主体而言，义务限定在特许经营合同中有其特殊性。

一、特许人的合同义务

通常认为，特许人的合同义务原则上包括信息披露义务，特许经营权的完整和无瑕疵授予义务，保障特许经营体系运行所必需的相关条件的提供义务，等等。

（一）信息披露义务

信息披露是特许人的一项基本合同义务，这在已有立法规制的国家或地区已成为一般性规定。

美国学者首先提出，在特许经营中应借鉴证券法中的强制信息公开制度。证券市场信息披露制度源于 1844 年的英国公司法，为美国 1933 年证券法和 1934 年证券交易法所确立并日臻完善，成为美国证券法律的核心与基石，是美国联邦证券管理的"金字招牌"。该制度的一个重要功能是有利于投资判断。在证券经营中，投资者只有公平地取得有价证券发行公司的资信财力及运营状况等信息后，才会择优作出投资判断，以达到最大收益、最小风险之功效。信息披露制度是在提供充足的信息、使投资者能够作出理性的决策的前提下保护各方利益，是公开原则的法律体现。所以，信息披露制度本质上是现代资本市场监管的核心内容。而在特许经营中，也只有通过强制特许人披露对评价潜在投资风险和利益至关重要的信息，披露对同其他投资进行有意义比较的重要信息，披露对进一步调查特许经营机会至关重要的信息，才会使潜在的受许人获得充分自我保护，在知情的情况下作出投资判断。可见，防范特许经营风险的核心在于设立信息披露制度。[①]

信息披露作为特许人的合同义务，还可以从以下几点寻求法律依据。

第一，合同效力规则和违约损害赔偿的一般要求。

合同自由原则保证当事人双方可以自由地订立合同，并且在订立合同的

---

① 韩强：《特许经营的责任分担和风险防范》，《法学》2002 年第 6 期。

过程中根据自己的知识作出最好的抉择，而只有获得了相应重要的信息，才可以作出最好的判断和抉择。这就意味着，在合同订立过程中，合同当事人需要获得所有重要的相关信息从而实现他的合同自由权利，所以合同当事人一方要将重要信息完全告知对方。这个推理看似合理，但推理的另一面是，对方当事人也是合同自由的受惠方，为了实现他的合同利益，他会尽可能控制对己方有利的信息。这就意味着，即使从双方的自由而言，一方对另一方做到信息的完全披露是不可能的。虽然立法者规定了合同自由，但他并没有对合同自由提出这么高的要求。而且，按照经济学的观点，合同交易尤其是商业交易必然带有某种投机成分。在合同讨价还价的过程中，谋略动机始终控制当事人的心理。制度经济学理论告诉我们，只有在完全竞争的条件下，自愿交易才会为资源的有效配置提供保证。而在非竞争的相互关系中，人们在谋略上的相互争斗会成为资源潜在浪费的一种根源，因为交易的各方出于战略原因会掩饰自己的偏好。如果没有一种从外面施加的规则遏制这种谋略斗争，那么合同交易不能保证经济朝向帕累托最优状态发展。合同一方当事人为了扩大自己一方从合同收益中所得的份额（即蛋糕的份额）可能谋略性地隐瞒某些可能增加合同总收益（即蛋糕的规模）的信息。[①] 这也是合同出现漏洞的原因之一。德国的雷盖伯·瑞姆（Gehard Rehm）教授就认为，在合同签订过程中，对信息的披露可能会造成当事人的损失，也可能增加合同成立的成本。瑞姆教授的解决方法是：根据契约自由原则将合同分为两类，如果是具有忠诚义务或信赖义务的合同，或者对方支付了定金则应当负有相应的信息披露义务；如果是竞争性或对抗性合同，又没有法律的明确规定，则应由合同双方对自己的行为各担风险，不存在信息披露的义务。但在对抗性合同中，如果合同一方要求了比较高的价格或者以一种比较专业化的方式去进行交易，也会产生信赖或者忠诚的义务，从而隐含信息披露义务的可能性。这一方法一方面反映了信息的价值，另一方面也充分体现了当事人双方的利益。[②] 特许经营合同之合同经营的方式决定了特许双方应当具有忠诚或者信赖义务，并且，这种合同也是一种支付了较高对价的合同，特许人

---

① 闫仁河：《合同法中的信息揭示义务理论研究——兼谈合理预见规则》，载《民商法论丛》第34卷，法律出版社2006年版，第62—65页。

② ［德］雷盖伯·瑞姆：《先契约中的信息披露义务》，中国民商法律网，2008年1月17日。

对受许人的信息披露，法律上多有明确要求。

当然，各国民法并没有对合同当事人信息披露义务作出统一的规定。结合合同法的原则及相关立法例，就合同成立、生效而言，一方不得隐瞒可能使合同不能成立、生效的事实；就合同权利义务的范围而言，一方不得隐匿有关信息使双方的权利义务不对等；就损害赔偿请求而言，债权人至少应揭示下列事项：依已定之计划、设备或其他特别情事，可以预期的利益（《台湾民法典》第216条第2项，《德国民法典》第252条第2项）。因为按照完全赔偿原则，债务人不仅要赔偿债权人所受损害，还要赔偿其所失利益（我国《合同法》第113条第2款）。而所失利益的预见与否，与债权人的告知义务有重大关系。[1] 也就是说，当事人告知义务的履行是违约损害赔偿中合理预见规则的必要前提。或者说，合理预见规则反映的信息告知义务理论的意义在于，促使当事人揭示信息，明确合同条款，减少谋略行为，知情方"被迫"揭示的信息可使对方有机会采取最佳的、充分的预防措施，这完全符合效率原则。[2]

第二，特许经营合同本身的特点。

特许经营是一种合同关系，但是，受许人加盟特许必须以实质性投资为条件。特许经营的实践逻辑表明，特许人的合同相对方是潜在的投资者，具有公众性；特许经营的主要交易对象（合同标的）具有复合型和复杂性。对于准备加盟特许经营的潜在受许人而言，要对特许经营的投资可行性即交易对象作出准确判断，不仅难度大，而且难以确定一个具体的评价标准。对特许经营的投资结果即合同履行情况，同样没有标准可以衡量。受许人也很难提供证据加以证明。也就是说，特许人提供的特殊"商品"——可以赚钱的经营模式或者其他知识产权许可，无法凭直观去感觉和认知，因而在特

---

① 以 Hadley v. Baxendale 一案为例。该案发生在1854年。原告 Hadley 所经营磨坊的关键机器机轴断了，请被告承运人 Baxendale 把机轴运给制造商。因为机轴是运行的中心，整个磨坊处于闲置状态。但是承运人并不知情。承运人由于自身的疏忽，没有及时运送机轴。原告起诉承运人，请求判令承运人赔偿没有送货期间工厂的利润损失。裁判机关认为在绝大多数情况下，磨坊委托承运人把机轴运给第三人，正常条件下，磨坊关闭的结果是不会出现的，而且磨坊的特别情况也没有由原告告知被告。最后该案因损失过于间接被判决不予赔偿。参见范在峰、张斌：《英美法违约损害赔偿可预见性规则运用研究》，《法律适用》2003年第3期。

② 闫仁河：《合同法中的信息揭示义务理论研究——兼谈合理预见规则》，载《民商法论丛》第34卷，法律出版社2006年版，第65页。

许经营合同签订之前，特许人与意欲加盟特许的受许人之间处于信息不对称的状态。特许人在其所经营的特许经营业务方面应被看作是具有特殊的知识或技能，他向潜在受许人作出的任何说明、建议或信息的目的就是吸引潜在受许人同他订立合同，所以他有义务保证此信息是正确的或是可以信赖的。投资者只有对特许经营体系财务、经营等状况有全面真实的了解，才能据以作出理性的投资决策，实现预期投资收益。

第三，各国已有成功的制度实践。

就特许经营发展的轨迹可知，即使在该制度发展较早的国家，因特许人的不实告知而致受许人蒙受损失的例子也屡见不鲜。由此，各国在立法中一致规定，特许人应负诚实告知相关信息的义务，包括初始信息和后续信息，其中主要是初始信息。初始信息是特许经营合同签订之前，特许人应当告知的、对准受许人是否决定加盟特许经营有决定性影响的信息；后续信息则是在特许经营合同签订以后，特许人定期向受许人提供的有关特许经营网络发生的事件、系统的发展以及系统改进等方面的信息。[①]

从各国法的实践看，美国特许经营信息披露主要有两种规则，即 FTC（Federal Trade Commission）和 UFOC（Uniform Franchise Offing Circular）规则。FTC 规则是美国联邦贸易委员会制定颁布的特许经营信息披露规则，UFOC 则是为美国很多州所采纳的统一的特许经营信息披露规则。特许人要按照上述两套规则制作信息披露法律文件。如 FTC 规则规定特许方在特许权转让前 10 日必须要向受许人提供一份特许转让统一通知，详细说明特许人的有关情况，包括特许方公司及负责人的基本情况、特许方诉讼史、专利、商标等知识产权的法律状态等。如有任何一项失实，政府可对特许人最高处以每日 1 万美元的罚金，对主要责任人还可以进行刑事处罚。作为特许经营信息披露最为重要的两套规则，UFOC 的适用范围比 FTC 更为广泛，而且UFOC 的内容比 FTC 更为详尽合理。

澳大利亚 1998 年《贸易行为（行业准则——特许经营）条例》（即《特许经营行业准则》）对特许经营信息披露的规定也较为完整，该条例是在信息披露的自律性规则（Franchising Code of Practice）失效后制定的，行业自律机

---

① 方新军：《现代社会中的新合同研究》，中国人民大学出版社 2005 年版，第 145 页。

制的失败促使澳大利亚于 1998 年制定强制性的《特许经营行业准则》，从披露的主体、时间、内容、形式等方面，对信息披露做了较为详细的规定。

该条例第 10 条规定，特许人至少应当在下列行为发生的 14 日前，向准受许人或受许人提供披露文件，即准受许人订立特许经营合同或者达成有关双方缔结特许经营合同的协议；向特许人或其关联方就拟议中的特许经营合同进行不得退还的支付（不管是金钱还是其他形式的对价）；在特许经营合同予以续约或延期时。缔约后是持续的信息披露。对于缔约后发生的重要事实，在披露文件中没有披露的，也应当向受许人披露。该条例第 17（1）条、第 18（2）条、第 19 条规定，在下列情况下应进行缔约后信息披露：有关特许体系的重要事实；受许人书面向特许人要求最新披露文件时；特许人要求受许人分摊市场或其他合作费用时。信息披露一般以书面形式，但为适应形势发展的需要，该条例也允许特许人采用电子方式披露信息。披露文件应当按照法定的格式，包括简式披露文件和普通披露文件。该条例第 7 条规定，披露文件应当采用法定的编排格式，即披露文件的格式、次序、号码和内容，应根据采用附件 1 格式或附件 2 格式的具体情况确定；披露文件的标题必须是向受许人/准受许人的披露文件或向受许人/准受许人的简式披露文件。披露文件应当根据相关附件的规定编制目录，标明所在页码。该条例第 6A（b）条规定，特许人应当向受许人提供最新的、对于特许门店的经营将是至关重要的信息。这些信息的载体包括：一份含有附件 1 或附件 2 规定的内容的披露文件；一份特许经营行业准则的复印件；如果涉及营业场所租赁的，还需一份租赁合同或租约的复印件，未经租赁使用的，则需使用营业场所条件的书面文件或授权使用营业场所的所有文件。持续披露的文件，包括有关市场和其他合作费用的收入和支出的年度财务报表的复印件、最新的披露文件、有关特许体系的重要事实的披露文件等。①

英国对特许经营的监管方式主要是行业自律。其行业组织为英国特许经营协会（British Franchise Association，BFA）。特许经营业主要通过特许人与加盟商签订特许合约的形式来约定双方的权利义务。BFA 负责认定特许人资

---

① 参见汪传才：《论澳大利亚特许经营立法及其借鉴价值》，《暨南学报（哲学社会科学版）》2006 年第 2 期。

格，监督指导并改进特许合约的主要内容。BFA 从下述四个方面衡量会员：（1）业务可行性（Viable），用以证实特许经营业务是可持续的。基本会员需要出具由注册会计师签署意见的过去 12 个月的会计报表。（2）可特许性（Franchiseable），用以证实特许经营业务是可以成功特许的。基本会员的加盟商应提供其经营业绩的商务计划书等资料。（3）职业精神（Ethnical），用以证实特许合同已经遵循了协会职业准则条款。基本会员需要提供最近的特许合同书副本及随后可能出现的修订副本。这些特许合同同时能够得到特定加盟商的验证。（4）业务透明化（Disclosure），用以证实特许经营网络已经逐步发展。基本会员需要提供特许经营历史资料、加盟商的退出条件、外部居间调停的争议资料以及过去 24 个月以来加盟商和特许经营网络盈利的资料等。会员需要申明，所有有关特许经营的信息和注意事项已经在特许合同中充分披露，并且特许商与加盟商的特许合同已在 BFA 备案。BFA 有权推荐特许经营合同条款的主要内容。BFA 认为特许经营合同应达到三个目标：（1）特许经营合同应契约型地约束（Contractually Bind）特许商与加盟商的关系，并做到合同条款的明晰化；（2）特许经营合同应保护特许商和加盟商双方的利益，同时保护特许商的知识产权；（3）特许经营合同应完整地得到执行，并遵从双方认可的规则。

我国《商业特许经营管理条例》专设"信息披露"一章，明确规定特许人应当建立完备的信息披露制度，在订立特许合同前至少 30 日内，以书面形式向受许人提供有关信息和特许经营合同文本，并明确特许人应当提供的信息内容。问题是，信息披露并不仅仅是行政法规可以解决的问题，而是与一国信用体系的建设和完善密切相关的。只有在社会信用状况不断发展和完善、社会信用体系渐趋健全的情形下，信息披露制度才可能有效地发挥保证受许人缔约前得到充分的信息的作用，以便其评估加盟的风险程度，减少作出蹩脚的商业决策的可能，避免不公平交易行为的发生。

（二）特许经营权的无瑕疵授予义务

合同履行是实现合同目的的最重要和关键的环节，特许经营合同履行的常态要求是，受许人以支付使用费为代价，要求特许人根据合同的安排，提供从事经营所必需的知识产权、技术手段、管理方法、经营模式等，从而在维护特许体系的外部同一性和声誉的前提下，从事特许经营，获取预期利益。上述特许人提供的从事经营所必需的知识产权、技术手段、管理方法、经营模式等的复合或者组合，即特许经营合同的标的——特许经营权，该项权利的完整和无瑕疵授予，是特许经营得以进行的基础条件。特许经营权的内容可以用诀窍和识别性标志涵盖。据 TRIPs 协议第 39 条第 2 款，诀窍是指："自然人和法人应当有可能防止属于其合法控制的信息，在没有征得其同意的情况下，以违反诚信商业行为的方式泄露、获取或使用，只要这类信息符合以下条件：（a）在一定意义上其是秘密的，即其作为一个整体或其内容的组合和精确排列，不是处理此类信息的领域内的人公知的或容易获取的；（b）因其是秘密而具有商业价值；（c）合法掌握该信息的人已根据情况采取了合理保密措施。"诀窍通常包括营销方法、产品配方、产品配备和配送技巧、购买程序、卫生维持方法、产品标准及控制、培训、库存管理、记录的保存、设备设计等，具体取决于特许经营的性质和种类。[①] 识别性标志原则上指特许人合法拥有的产品商标或服务商标。

前已述及，特许经营权是一种复合型的、复杂的权利，特许人承担该权利的完整和无瑕疵授予义务，在合同项下相当于瑕疵担保义务。这是与我们对特许经营权的权利认识相一致的。

首先，特许经营权是民事主体因政府或合同的授权而获得的从事特殊商品或服务的营销的专营优势或特权，它本质上是一种民事权利，这已为学界所认同。这种民事权利的客体，是一种综合了特许人的商标、服务标记、技术手段、商业秘密以及经营模式等无形财产的财产性组合，因此可以说，受许人所获得的特许经营权本身就成为一项重要的财产，能够以一定的经济价值进行评估，是一种无形财产权。

无形财产权的发展与社会经济和科技的发展是一个相并列的历史过程：与人类生产力发展的两次重大飞跃相伴随的，是无形财产权法律制度的产生和不断成熟；经济和科技的进步，使财产权的客体范围大大扩张。在人格权还未受到重视，特别是一般人格权还未确立时，非财产权也仅限于亲权、夫

---

① 张玉卿、庞正中主编：《国际统一私法协会：国际特许经营指南》，法律出版社 2002 年版，第 97—98 页。

权、继承权等，"后来才将人格权列入非财产权或人身权；后来又出现了新的权利，如无形财产权，将之纳入财产权的范畴"。① 在经由农业社会、工业社会、信息社会的发展历程中，作为民法主要调整对象的商品经济业已发生了急剧变化，市场已突破传统的消费品、生产资料、房地产等有形商品市场，股票、债券、商誉、商业标记到智力创造性成果，与有体物一样成了自由交换的标的，技术、信息、产权等无形商品市场，其触角延伸到一切可以作为财产看待的物质与非物质的对象，由此，无形财产权制度得以确立并不断发展和丰富，财产权的内容也因此而丰富多彩。

其次，受许人通过特许经营合同获取特许经营权，需要支付特许权使用费，这种以费用的支付为对价而取得的权利使用，与买卖合同中买受人支付价款而获取对特定物或权利的物权一样，是一种一定时间、地域范围内对该无形财产权的专有使用，具有一定的排他性，有"准物权"的特征。

再次，准物权的合同让渡，出让人应当负有瑕疵担保义务。瑕疵在买卖法中有广义与狭义两种含义。狭义的瑕疵单指物的瑕疵，意思是所买卖之物价值灭失、减少，或不具备买卖合同当事人约定的或该物应有的品质；广义的瑕疵除物的瑕疵之外，还包括权利瑕疵。实际上，对于瑕疵并不存在一个通行的概念，界定本身不过是为了使用上的便利。根据传统民法理论，瑕疵担保包括权利瑕疵和物的瑕疵两种担保。物的瑕疵担保责任制度起源于罗马法上的大法官告示，明定仅于买卖之物欠缺出卖人所保证之品质，尤其是出卖人故意不告知瑕疵时，出卖人始负债务不履行之损害赔偿责任。② 该制度而后为各国民法所继受③，但限制已不及当时罗马法。例如我国台湾地区的民法，对买卖契约，民法对于出卖人之物的瑕疵担保责任详加规定，明定如有瑕疵，买受人得解除契约、请求减少价金或请求交付无瑕疵之物（限于种类买卖）。④ 权利瑕疵担保即出卖人所负担的保证其对该标的物具有处分权，任何第三人不会因为该出卖行为侵犯其合法权益而向买受人主张权利的义务。瑕疵担保责任就是出卖人违反该义务时所应该承担的不利后果。我国

---

① 谢怀栻：《论民事权利体系》，《法学研究》1996 年第 2 期。
② 王泽鉴：《民法学说与判例研究》第六册，中国政法大学出版社 2005 年版，第 123 页。
③ 梁慧星：《民法学说判例与立法研究》，中国政法大学出版社 1993 年版，第 147 页。
④ 王泽鉴：《民法学说与判例研究》第六册，中国政法大学出版社 2005 年版，第 118 页。

《合同法》第 150 条规定了权利瑕疵担保责任："出卖人就交付的标的物，负有保证第三人不向买受人主张任何权利的义务，但法律另有规定的除外。"

特许经营的开展，其一，特许人必须有可供出让的特许经营权，该权利具备类似于"物"的通常的品质或特别约定的品质要求，符合受许人的投资选择。其二，特许人必须保障受许人能够利用特许经营权，任何第三人不会因该权利让渡侵犯其合法权益而向受许人主张权利。这种认识与物的瑕疵和权利瑕疵担保具有同质性。

最后，从商业发展的实践看，特许经营已成为有效开办新企业以及创立驰名商标的重要法律途径。从某种意义上说，特许经营能否成功主要取决于特许经营合同。由于特许经营合同不仅仅包含商标、商号、商业秘密和专利等知识产权性质的内容，而且包含了产品的进货渠道、销售网络、管理经验和管理方法等专属于特许人的财产。尽管该项权利来源于特许经营合同，但是，由于转让的对象往往是为市场已经证明为良好的商标（含商品商标和服务商标）和有效的经营方式，而这些正是一个企业往往要花费较长的时间才能建立起来的无形资产。受许人加盟特许体系后，其营业成功和财富增加的原因就在于特许人授予受许人的特许经营权的权利价值。如果没有特许人被证明为成功的商标、商号、商业秘密、良好信誉、经营模式和管理经验，受许人就无法在激烈的市场竞争中处于有利地位，遑论通过加盟特许创业。这种特许经营权的使用虽然是在受许人那里获得区域性的经营成功，但对于特许人所有的商标、商号等无形资产来说，也带来了价值增值，而且这些无形资产每被利用一次，其价值就增加一次，特许人企业由此可以扩大规模和增加市场竞争力，从而实现低成本的扩张。[①] 所以，无论是特许人低成本扩张的需求，还是受许人加盟特许获取经营利益的愿望，都以特许经营权具备经济价值和可被让渡为基本条件。

综上所述，在商业特许经营中，作为特许人的企业负有在一定期限内授予受许人使用其专利权、商标权、商号、技术秘密等权利的义务；在政府特许经营中，政府负有授予企业专营某种事业或某种商品的权利的义务。合同关系的目的即在于将合同债权转变成物权或与物权相等同价值的权利，在于

---

① 吴汉东、胡开忠：《无形财产权制度研究》，法律出版社 2005 年版，第 502—503 页。

通过债务人为约定给付从而使债权人获得满足、获得给付结果。从合同履行的角度，合同法的作用就在于以法律所具有的特殊强制力，保证合同当事人正确履行合同，使合同关系归于消灭。通过合同关系的不断产生、不断履行和不断消灭，实现交易的正常进行、社会财富的正常流转、社会经济关系的正常运转。特许经营权的完整和无瑕疵授予，既是特许经营合同效力的主要内容，又是合同关系消灭的主要原因。

（三）保障特许经营权实施的其他义务

特许经营权的授予，是特许人和受许人之间关系的里程碑。但是，特许经营的基本特征决定了特许权的授予只是特许经营开展的前提和基础，受许人能够利用特许经营权从事营业，还必须有特许人培训、广告宣传、供货等一系列辅助义务的实施。

第一，培训的义务。

特许经营的特征之一就是受许人要遵循特许经营网络统一性的要求从事经营。但是，在以知识产权"一揽子"许可使用为核心的合同经营中，特许人需要对该知识产权涉及的商业秘密、专有技术等进行培训，以保证受许人能够达到维持特许经营网络整体形象统一性的要求。关于特许人的培训义务，各国法律中一般均有规定。我国《商业特许经营管理条例》第 14 条也明确规定："特许人应当向被特许人提供特许经营操作手册，并按照约定的内容和方式为被特许人持续提供经营指导、技术支持、业务培训等服务。"该法条中的培训义务，包括初始培训和后续培训。初始培训的目的是使受许人掌握特许经营的要素，从而能够正常进行特许经营；后续培训的目的在于使受许人能够与特许经营系统的发展和改进保持一致，维护特许经营体系的整体形象。

第二，组织广告宣传的义务。

原则上，特许经营中特许人要向受许人收取一定的推广、宣传费用。特许经营的对外广告宣传是立足于特许经营对外整体形象的统一性的，所以，广告宣传的内容、广告宣传的地域范围，特许人往往通过合同约定实施统一控制。这就要求，特许人在推广活动中不得欺骗误导，特许人应当按照合同约定的用途使用向受许人收取推广、宣传费用，并将使用情况及时向受许人披露。特许人的推广、宣传活动中不得有欺骗、误导的行为，其发布的广告中不得含有宣传受许人从事特许经营活动收益的内容等。我国《商业特许经营管理条例》第 14 条至第 17 条对上述义务有明确的规定。

第三，供货的义务。

供货义务原则上存在于商品特许经营而非经营模式的特许经营。在商品特许经营中，产品只能由特许人生产或提供，特许人和受许人之间类似于买卖合同的关系，供货是地位相当于出卖人的特许人的必要义务。

（四）特许人合同转让的适当限制

合同转让，特别是债权转让，其主旨在于维护债权人对债权的自由处分，促进债权的自由流通。所以，从债权财产性以及债权人法律地位等因素考察，特许经营合同中特许人的合同转让，法律上不仅不存在制度障碍，而且有促进财产流通的优越性。

基于以上原理，各国实践以及法律规范的设置，往往对特许人特许经营合同转让很少设置限制。特许人一般都在合同中约定，特许人有不受限制的合同转让权。美国 UFOC 的推荐条款也规定："对我们（特许人——笔者注）的转让权没有限制。"之所以如此规定，国际统一私法协会认为：第一，特许经营系统中一般有很多受许人，要使特许人的转让行为得到所有受许人的同意，至少在程序上很麻烦，这实际上可能限制特许人的转让行为；第二，如果特许人希望转让其特许经营系统，限制其转让将会削弱特许人自身及特许经营系统的市场能力；第三，这样的条款很少引起争议，因为大家以为特许人不大可能转让权利。[①]

国际统一私法协会对特许人债权转让的不加限制，一方面尊重了债权转让的法律逻辑，另一方面也照顾了如果特许人债权转让时的实际操作逻辑。

就债权转让本身而言，在法律的发展史上，债权在近代法中逐渐取得完全的流通性，逐步实现了非人格化而具有了独立的财产属性，承认债权转让的可能性和必要性对推动债权的财产化起到了不可替代的作用。"可以令人

---

① 张玉卿、庞正中主编：《国际统一私法协会：国际特许经营指南》，法律出版社 2002 年版，第142—143 页。

信服地说：从对有效事实和由此导致的法律关系的明确和详尽中获得的收益，没有一个法律领域能与让与法相比。"① 债权转让是合同转让中最先得到认可，在商业实践中最为活跃，在制度规则上也是发展最为充分、完备的合同转让类型。以特许人为债权人的制度设计，自然应当尊重债权转让的理论诉求。从现实的情形而言，如果特许人转让合同要征得受许人的同意，无异于否定特许人对合同的转让权利。

但是，从债法的一般原理出发，债权让与必须保证对债务人利益的合理保护，也应当是法律的一般逻辑。原则上，债权让与是债权人权利行使的一种选择，并且让与仅使得债务人履行债务的对象发生了改变，因此，各国合同法一般规定，债权让与只需要通知债务人而无须取得债务人的同意。债权让与越过债务人进行这一设计，必然使债务人在债权让与中处于被动接受的弱势地位。通常而言，在债权让与中，债务人的利益不免会或多或少有所牺牲，其一般应当承受因债权人变更给自己带来的不适，如债务人需要在账簿中进行变更，或者新债权人可能比原债权人更苛刻、更难于打交道，等等。这是为了债权让与的自由和安全而需要由债务人承受的必要负担。在债权让与制度发展和演变过程中，为照顾贸易和商业利益的需要，受让人的权利不断得到强化，而此时，作为原合同相对方的债务人是在被动的状态下面对一个新的债权人，对其进行妥当的保护就成为法律关注的重点。②

大陆法系国家，出于对债务人利益保护的要求至少从两个方面对受让人的地位进行了限制：一是债务人的地位在债权转让后不能比让与前遭到削弱，例如，让与一定不能限制他可以对抗让与人的一切抗辩；二是如果债务人对让与不知情，向让与人的给付必将免除其债务。在英美法系国家，债务人不应由于合同权利的转让而受到损害是一项重要的原则，由此派生出两个重要规则：一是债务人不受他没有得到通知的债权让与的影响；二是凡债务人在过去可以向让与人提出的任何抗辩现在都可以向受让人提出。③

我国合同法也承认和遵循上述规则。但需要注意的是，对于债权部分让

---

　　① ［美］A. L. 科宾：《科宾论合同》（下），王卫国等译，中国大百科全书出版社 1998 年版，第257 页。

　　② 杨明刚：《合同转让论》，中国人民大学出版社 2006 年版，第 168—169 页。

　　③ ［英］P. S. 阿蒂亚：《合同法概论》，程正康等译，法律出版社 1982 年版，第 267 页。

与的情形，因让与人仅将对债务人的部分债权让与一个或多个受让人，自己保有剩余部分债权，就会使得债务人的地位和利益受到实质性削弱或损害，"相较单纯的债权人变更而言，这种债权人地位的分裂甚至可能会使债务人付出更大的努力"[1]。债务人原本只需要面对一个债权人，因债权的部分让与，则需面对多个债权人，债务人必然徒增履约的成本。所以，从公平的基本原则出发，制度设计和安排上必须给债务人以特别的保护。我国合同法仅简单地规定了债权人可以将合同债权全部或者部分地让与第三人，没有对部分让与确定特别的规则。对债务人保护明显不利。借鉴英美法的一般规则，一是实体法上概括规定因部分让与致使债务人履行费用增加的，增加的费用应当由让与人承担或者按照让与合同的约定由受让人承担；二是程序法上可以对部分让与中受让人的诉权进行适当的限制，通过必要共同诉讼的程序设计来减少或避免部分让与给债务人带来的不当损害。[2]

有鉴于以上认识，笔者认为，对特许人合同转让一概不加限制的规定，有违法律的形式和实质公平。我们可以设计不以受许人同意为特许人合同转让的条件，但应当附加一定的限制，那就是，特许人的合同转让，不能增加受许人的履约成本；对于特许人部分转让的情形，应从程序法的角度设置损害债务人的预防措施。

二、受许人的合同义务

各国法律对受许人的规范，一般是强调其支付特许经营权使用费、维护特许经营的整体对外形象、保护商业秘密、合理使用特许经营权等义务。

（一）缴费义务

特许经营合同是一种有偿合同。特许经营合同签订后，受许人有权使用特许人的商标、服务标志、专有技术、商业秘密或者经营模式等"一揽子"知识产权，使用特许人所开发的生产、加工、销售、服务及其他经营方面的

---

① ［德］迪特尔·梅迪库斯：《德国债法总论》，杜景林、卢谌译，法律出版社2004年版，第557页。

② 杨明刚：《合同转让论》，中国人民大学出版社2006年版，第173页。

技术，特许人在合同有效期内应当持续提供各种指导和帮助，使受许人尽快取得经济效益，而受许人在取得上述权利——特许经营权时，必须履行支付相应对价的义务。

当我们把特许经营权看成是一种无形财产权的时候，该权利所指向的客体便是一种"与一定的经营模式相联系的无形财产"，是一种非物质性的"经营资格或能力"，是一种经营性资信利益，受许人获得该"经营资格或能力"必须支付相应对价，即特许经营权使用费。或者说，受许人特许经营权使用费就是其获得特许经营权应当支付的对价。另外，根据特许经营的基本特征，特许经营是建立在特许人的商标、商号、商业秘密、技术、专利、经营模式等一整套知识产权之上的，特许人确立和维护其知识产权，往往以巨额的投资为代价，特许经营权使用费的收取，可以看成是知识产权创立和维护的正常回报，也是其发展特许经营网络的主要目的。

一般而言，受许人支付的使用费包括初始特许费和后续特许费，具体数额或支付方式通过合同约定。受许人应当向特许人支付特许经营权使用费，这一般是特许经营合同的主要条款。在特许经营立法规制比较完善的国家或地区，这一义务也往往被纳入法条。例如，《俄罗斯联邦民法典》第1030条就规定："商业特许合同的使用费可由使用人（受许人）向权利人（特许人）以固定的一次付款或者分期付款的方式、从所得中扣款的方式、在权利人（特许人）交付转卖商品的批发价上加价的方式，或以合同规定的其他方式给付。"

需要指出的是，也有人从受许人实际交付费用形式的角度，把受许人缴费义务的内容区分为加盟费（入门费）、特许权使用费和广告费。[①] 加盟费是受许人获得的在特许经营合同的全部期间内使用特许人的系统进行经营的权利的对价。按照这样的认识，如果特许经营合同被提前终止，则加盟费的价值并未用尽，特许人应根据比例予以返还。而特许维持费是指特许人在特许经营期间因对受许人提供帮助和服务为基础确定收取的费用，包括受许人经营利润一定比例的提成费。

应当说这样的区分对特许经营本身而言具有积极意义，也可以将合同履

---

① 何易：《特许经营法律问题研究》，中国方正出版社2004年版，第7页。

行中费用收取、支付、使用等情况界定清楚。但从合同义务的角度，笔者以为，特许经营权使用费可以概括说明受许人缴费义务的具体内容，至于该费用的具体形式和内容则没有必要细化。

（二）合理行使特许经营权的义务

受许人按照特许经营合同的约定，在一定的地域范围内，按照约定的标准，独立进行排他或非排他性的特许经营，未经特许人同意或者合同中未有约定，受许人不得转让特许经营权，不得实施分特许。这是由特许经营权的基本特征——非绝对的排他性和权利行使的非自主性所决定的。

特许经营权并不是一种完全排他的、自主性的权利。特许人负有完整和无瑕疵地授权受许人从事特许经营的义务，但对一个受许人的授权，不排斥其对其他受许人的授权，只要该另一授权不影响前一授权中受许人的正常经营。基于这样的权利特征，各国法以及特许经营的实践中，受许人在使用特许经营权时往往负有以下义务。

第一，按照合同约定的地域开展特许经营。

特许经营往往是一个跨国或者跨地区的经营网络，为了保障网络运行的有序和避免恶性竞争，特许经营合同中一般约定，受许人只能获得在特定区域内进行特许经营的权利。欧盟"4087/88号规则"第3条第2款i项规定，"没有特许人的同意，受许人不得改变合同确定的地点。"

第二，按照特许人的同一形象外观开展特许经营。

特许经营合同一般约定，受许人应遵从特许人的指示，对其营业场所采用统一的店铺装修外观，以便消费者辨识。例如北京奥林匹克特许经营，经营店面的外部标识必须遵循北京奥组委特许计划，统一标识"同一个世界同一个梦想"（One World One Dream）、中国印、Beijing 2008以及奥运五环标志。

欧盟"4087/88号规则"第3条第2款g项规定："受许人使用的设备、经营场所装修和运输工具必须符合特许人规定的要求。"《俄罗斯联邦民法典》第1032条、第1033条规定："受许人有义务……遵守特许人旨在保障专有权综合体的使用性质、方法和条件与特许人的使用相一致的细则和指示，其中包括遵守关于受许人在按照合同行使向其提供的权利时对所使用的商业场所内外装修的指示。""受许人有义务在行使依照合同提供的专有权时，就所使用商业场所的位置以及内外部装修，同特许人进行协商。"《澳门商法典》第695条c项也有相同的规定。

第三，按照特许人要求的质量标准进行特许经营。

无论是商业经营模式的特许经营，还是单纯的商品特许经营，特许人有权对受许人的经营作出质量要求。特许经营网络的现实发展要求就是，每一个受许人的经营，都必须遵循特许经营网络整体对外形象的同一和特许的声誉，这就决定了特许人在授权给受许人时，必然保留适当的权利控制。特许人对受许人的控制是与特许经营权的非自主性相联系的。美国联邦商业委员会FTC就有这样的商业规则："受许人必须按照特许人的质量标准出售商品或者服务，使用特许人的商标从事经营或者使用特许人的商业标记出售商品或者服务；特许人享有控制受许人操作方法的显著的权利，或者在操作方法上给予受许人显著的帮助。"[1] 也就是说，受许人获取特许经营的资格或能力，在支付特许经营权使用费以外，还必须遵从特许人设定的从事特许经营的各种标准和模式。

（三）竞业禁止的义务

特许经营合同往往规定，禁止受许人在合同期限内，或在合同终结后一定区域和一定时间内从事与特许人相同或相类似的商业活动。这就是受许人的竞业禁止义务。

根据我国《公司法》第148条的相关规定，竞业禁止是指董事、高级管理人员不得自营或者为他人经营与其所任职公司同类的营业或者从事损害本公司利益的活动。这主要是针对在职的雇佣职员，但是，特许双方不存在雇佣关系，是否允许存在竞业禁止规定？

原则上，竞业禁止对于保护商业秘密具有独特的作用。在特许经营过程中，存在技术秘密、经营秘诀、营销资讯等商业秘密和特许人特有的经营管理经验，从保护特许权，减少特许人被侵害的风险考虑，应当认定在合同期

---

[1]　David Gumick, "Intellectual Property in Franchising: A Survey of Today's Domestic Issues", *Oklahoma City University Law Review*, Vol. 20, 1995.

内的竞业禁止是合理的，是正当的竞业限制。合同期届满后的竞业禁止，则应从保护特许权的合适程度，保障受许人的合法经营权，从合理的原则来考察竞业禁止的效力。

欧盟"4087/88 号规则"第 2 条 e 项规定："受许人有义务在经营特许经营业务的过程中，不制造、销售或使用与特许人产品相竞争的产品，但是零配件和附属产品除外。"该规则第 3 条 d 项也规定："受许人不得在与特许经营业务相竞争的企业中占有股份，因为这将使受许人可以影响该企业的经济行为。"该条的规定对特许人的保护非常有利。因为受许人在与特许经营业务相竞争的企业占有股份，就很可能导致特许经营系统的诀窍被竞争对手掌握，而要证明这些诀窍不是其自己开发的将会非常困难，正应了"举证责任之所在，就是败诉之所在"，欧盟的这一规定可以防患于未然。①《俄罗斯联邦民法典》第 1033 条第 1 款也有规定："受许人有义务在特许经营合同效力所及的地域内，在使用属于特许人的专有权进行经营活动方面不与特许人竞争；受许人应拒绝从特许人的竞争者（潜在的竞争者）那里按照特许经营合同取得类似的权利。"但是，《澳门商法典》对合同期内的受许人竞业禁止义务并没有规定。

欧盟"4087/88 号规则"第 3 条 c 项规定："受许人在约定的地域内不得直接或间接地从事与特许经营网络的成员包括特许人相竞争的业务。在特许经营协议结束以后受许人仍然负有此项义务，当然合理的期限应不超过 1 年。"《澳门商法典》是通过准用代办商的第 630 条，规定了受许人合同终止后的竞业禁止义务，即"受许人于合同终止后不从事与特许人竞业之活动，但应以书面约定。不竞业义务之期限最多约定为 2 年，且限于受许人受委托之区域或组别之顾客。"《俄罗斯联邦民法典》对此无规定。

竞业禁止义务的法定或约定，实质上都是在特许人和受许人之间利益平衡之维持。特许经营合同终止后，特许人和受许人之间利益存在根本的对立。特许人要维护特许经营网络的统一及其知识产权价值，不愿意自己为自己培养竞争者；受许人作为理性经纪人加盟特许经营的目的，也有学习技术和经营经验、经营资源的特定需求，不愿放弃从业和学习带来的利益。所

---

① 方新军：《现代社会中的新合同研究》，中国人民大学出版社 2005 年版，第 163 页。

以，理性的选择只能是通过立法规定或者当事人约定，承认竞业禁止，但又把竞业禁止限制在合理的地域、时间、对象范围内。例如美国 UFOC 推荐的条款是："合同终止后两年内，不在距其他特许经营店或子公司或你的原有运营场所方圆 10 英里内，从事竞争性业务。"①

（四）保护特许人商业秘密的义务

根据特许经营合同获得了特许经营权的受许人，同时获得了从事该特许经营活动所需要的技术秘密和经营信息。因此，受许人的保密义务是维护特许经营网络的必要条件，是特许经营健康发展的基本保障。

根据我国《反不正当竞争法》的规定，商业秘密是指不为公众所知悉、具有商业价值并经权利人采取相应保密措施的技术信息、经营信息等商业信息。特许经营立法中一般也会含商业秘密的保护规定。我国《商业特许经营管理条例》第 18 条就规定，受许人"不得向他人泄露或者允许他人使用其所掌握的特许人的商业秘密"。

特许经营中受许人的保密义务主要包括以下内容：受许人必须按照特许经营合同的约定使用技术秘密，即只限于在特许经营业务中使用技术秘密；受许人不得擅自许可他人使用该技术秘密或者向其他人非法转让该技术秘密；受许人有义务向特许人报告其所知的第三人的侵权行为，并支持、配合特许人采取法律诉讼行为；受许人的保密义务涵盖合同缔约前、合同履行以及合同终止后的保密义务。前合同义务和后合同义务的设置，与合同法的规定完全一致。

（五）遵守特许经营权转让限制的义务

受许人按照特许经营合同的约定获得特许经营权，就要为实施特许经营进行实质性投资，创设进行特许经营的基本物质性基础，包括经营场所的设施、设备、人员雇用以及正常经营所需的其他相关条件，这既是保证受许人独立主体地位的实质性要求，也是特许经营融资性功能的要求。特许经营合同一般约定，受许人完成了进行特许经营的实质性融资后，应当独立行使特

---

① ［美］欧文·J. 柯普：《特许经营宝典（原书第 4 版）》，窦莹译，机械工业出版社 2003 年版，第 152 页。

许经营权，未经特许人同意，不得转让。

特许经营权转让的非自由性也是由特许经营的基本特征所决定的。应当说，不管是合同期限内还是合同届满时，特许人或受许人都有可能将其权利转让于第三人，这是特许经营中常有的情形。但是，与一般的合同关系不同，特许合同是建立在相互信任的基础上，特许人对受许人的选择和授权，一般是出于对受许人品质、信用、能力的信任，相信其能成功经营，相信其能维护特许体系的形象和声誉，相信与其合作能够实现低成本扩张。所以，特许人授权合同中大多都有禁止受许人单方面转让特许经营权的条款。

受许人虽然是出于相信特许人会给其带来成功，以加盟特许避免创业的风险，但是，为了争取较大的灵活性，并防止被迫长期经营不利的业务，受许人也往往都力求一定程度的转让权。

法律层面上对待特许经营权的转让，一般是不鼓励或者设置转让条件。例如我国《商业特许经营管理条例》第18条就规定，受许人未经特许人同意，不得向他人转让特许经营权。这种规定，等于把特许经营合同双方的信赖和特许经营体系的维护放在相对优势地位。

但是，考虑到特许经营权作为一种财产权的权利性质，我们可以设置转让的限制，但不应否定转让的可能性。特别是，在特许人已经处于优势地位的现实中，不应当允许特许人滥用其优势地位不当限制受许人的转让权。受许人转让特许经营权，一般以取得特许人的同意为限制条件，这种规定并无疑义。问题是，特许人往往以对准受让特许经营权的受许人资信不能确信等原因，拒绝同意受许人合同转让，即使合同受让人提供能够证明其履约能力的证明文件。那么，这种不同意能否得到法律的尊重？换言之，法律对此应当设置怎样的约束机制？根据《澳门商法典》第703条的规定，"在下列情况下，特许人得反对受许人做出导致受许人企业转让之生前移转：a. 取得人不符合对新受许人要求之标准；b. 取得人不提供履行义务之足够担保"。上述规定的反面解释就意味着，在满足a、b条件时，特许人就不能拒绝同意转让，这实际构成对特许人同意权的限制。

不妨尝试列举一下特许人拒绝转让的正当理由：准受让人不能承担特许经营合同规定的经济义务；准受让人不能满足特许经营合同对转让特许门店的合同要求；准受让人不能满足特许人的选择受许人的标准；特许门店转让

合同将对特许体系造成重大影响；准受让人不愿书面承诺履行特许经营合同规定的受许人的义务；受许人该付给特许人的金额没有支付或者没有为支付作必要的准备；受许人已构成违约，但未对违约承担责任。

如果说商业特许经营合同中特许经营权的转让，更多是遵循合同的一般原则的话，政府特许经营中的特许权转让，就不仅仅是合同问题。因为，政府特许经营，因为特许权的授予往往是在经过了严格的程序（如招投标、行政许可）后的赋权行为，政府对从事公共品特许经营的企业，往往有严格的条件限制，所以，即使我们已经承认许可本身已具有财产性，特许权本身也是一种财产性权利，按照财产性权利运行的逻辑，原则上不能通过行政手段限制其转让。但考虑到政府特许经营的特殊性，考虑到公共品的特许经营牵涉面大，一般影响到公共利益的实现，在特许权的转让中，政府的许可是必要条件限制。当然，既然政府是特许经营合同的特许人，特许权的转让要征得特许人的同意，又成了与商业特许经营在表面上一致的规定。

第三节　受许人的特别保护

为什么在特许经营合同中提及受许人的特别保护？前已述及，民事合同主体原本法律地位上应然的平等，却因为特许经营本身所固有的属性导致了双方当事人事实上的不平等和利益上的不平衡，受许人处于弱势地位，往往不得不屈从于特许人的意愿，权利极易受到损害。

一、受许人特别保护的依据

受许人特别保护源于特许经营中特许双方事实上的不平等。具体体现在以下方面。

第一，特许人对受许人的"持续控制"。

特许经营的一个重要特征就是，为了保证特许经营品牌、声誉、体系的完整性，受许人必须接受特许人的"必要"的控制。因为，商标、服务标志、商品名称、专利、经营模式以及持续的支持体系都是特许人拥有的，受许人只能在被许可的某个确定的区域的市场内有权为特许经营体系开发市场份额。例如，特许人为确保特许体系的统一和产品、服务质量的一致性，要求对受许人的经营活动进行监督。也就是说，在特许经营中，特许人对受许人的"控制"是一种"自然性事实"——一种在人的意识支配下的实然的、有意的控制，缺少了便影响事物本身的存在。

问题在于，特许人对受许人进行控制的必要性界限是模糊的。法律要求控制是必要的，不能影响到受许人的独立地位，但何为"必要的"控制在法律又并没有明确的标准。事实上，特许人往往利用其优势地位造成对受许人的过度控制。例如，在特许经营合同中规定受许人有遵循经营手册的义务，同时规定经营手册由特许人提供，并且可以随时更新。特许人制定的经营手册几乎规定了营业的每个细节，并且在特许经营合同中受许人必须事先同意允许特许人修改经营手册。这就意味着，特许人可以随时修改和制定经营手册，而无须事先征求受许人的任何意见或者获得受许人的批准。

从所有权和控制权的关系角度分析，特许人与受许人之间的关系介于雇佣关系和一般合同关系之间。在典型的雇佣关系中，雇主不仅拥有企业的所有权，同时对雇员实施绝对的控制。在一般合同关系中，合同当事人分别拥有自己财产的所有权和控制权。但是，特许人与受许人之间的关系却因特许经营权的授予使用而有点接近于雇佣关系。特别是，尽管各国法律一般有特许期的最低限度要求，在特许期内，除非受许人同意，原则上特许人不能随意终止特许经营合同，但无论国内还是国外，特许人往往可以较为容易地终止合同，这一点也使得雇佣关系的特征更加明显。[①]

以北京奥林匹克特许生产商为例，特许生产商向北京奥组委承担如下义务：一是支付特许权费。特许生产商按照北京奥组委确定的特许权费率支付特许权费。二是支付最低保证金。特许生产商须缴纳最低保证金。一般为每合同年度预期特许权费总额的30%，可冲抵特许权费。三是提供履约保函。特许生产商在签署特许合同时，按照预测年销售额的一定比例向北京奥组委提供银行或金融机构出具的履约保函。四是投入市场营销费。特许生产商应保证投入一定比例的市场营销费进行特许商品的市场推广和宣传，北京奥组

---

① 参见柏勇：《从特许经营的特征看受许人的法律保护》，《政治与法律》2007年第2期。

委有权力对市场营销费的使用情况进行审计。仅仅从义务设置的角度，就可见特许人对受许人控制的程度之严苛。当然，奥林匹克特许不过是该特许的宗旨性要求。

第二，格式合同或格式条款的运用。

特许经营合同一般采取格式合同（或主要是格式条款）。特许人单方拟定合同条款必然倾向于保护特许人的利益。一个不争的事实是，在特许经营合同中，几乎所有的条款都涉及受许人的义务，特许人与受许人权利义务不平衡，而且存在大量的限制性条款，严重损害受许人的利益。例如，特许人可能规定双方在特许经营总部所在地进行仲裁或者诉讼；可能拟定竞业禁止条款对受许人的竞业禁止义务施加不合理的时间限制或者地域限制；可能拟定不合理的搭售条款、固定转售价格条款或者销售地区限制条款；等等。

但是，特许经营合同一般有约定的期限，而特许人保留任意终止合同的权利，使得受许人时刻面临被迫退出特许经营体系的威胁。例如，特许人可能列举几十种终止特许经营合同的"正当理由"；可能规定较短的特许经营合同存续期间，而单方决定是否可以续约。不仅如此，特许人在解除特许经营合同时，还可能没收加盟费，并要求受许人支付高额违约金。

第三，特许人与受许人之间信息不对称。

以我国为例，《商业特许经营管理条例》的实施，虽然把特许人信息公开制度在法律层面上作出了明确的规定，但需要注意的是，在社会信用体系尚不健全的情况下，法律的强制性规定在可操作性上的缺失仍然有可能架空该制度。并且，在特许经营关系中，特许人在其所经营的特许经营业务方面，可以被看作一个具有特殊的专业知识或技能的人。而典型的特许经营关系是指向那些没有产品或能力来开办自己企业的人，大部分受许人都缺乏商业经验。特许人垄断相关信息，受许人总是处于相对劣势的地位，不管事先作出的调查如何周密，受许人事实上不可能获取完全的信息，因此很难了解特许人的真实状况，仍然存在被欺骗的风险。另外，特许人的机会主义行为也直接或间接导致信息不对称。特许人垄断相关信息，可能迟延提供、隐瞒或者篡改对受许人有利的信息，受许人处于相对劣势的地位，存在被欺骗的风险。

上述事实和属性业已表明，特许经营合同关系，对于作为弱者的受许人来说，已不是单纯的合同自由问题，特许者往往利用其优势地位，凌驾于受许人之上。自 20 世纪后半叶，各国均已意识到受许人保护问题的重要性，并付诸立法实践。1979 年美国联邦贸易委员会颁布实施《防范特许经营和商业机会风险的信息披露规定》，同时制定了《特许经营信息披露统一格式》。20 世纪 90 年代，澳大利亚制定《特许经营行为准则》，根据特许经营活动中特许人与受许人信息不对称和力量不对称的客观现实，针对特许人信息披露不全面、合同中的苛刻条款等问题，规定了强制性信息披露制度、冷静期制度和强制性调解制度。德国虽然没有关于特许经营的特别立法，但是德国法院就特许经营合同创设了许多规则保护受许人的利益，其中包括受许人独立商人地位的确认、不公正合同条款的规制、特许人信息披露的义务。

梳理国外立法例可见，法律上保护受许人的方法主要有两种：一是通过立法、司法以及行政手段直接介入特许经营合同关系，亦即通过将特许经营合同中的不当条款认定为无效或予以纠正的方法保护受许人；二是通过信息披露制度、冷静期制度、解约权保护等使受许人能够了解特许经营的真实状况，能够对抗特许人的控制。

二、特别保护的制度设计

（一）信息披露制度

信息披露是特许人的合同义务，但从另一个角度来看，它又是对受许人保护的一种制度设置。信息披露制度通过对披露主体信息披露的时间、内容、方式的规定，保护受许人能够充分了解特许经营的信息，以保障投资决策的准确和加盟特许后的合同权利维护。

（二）犹豫期（冷静期）和专家咨询制度

根据信息披露的有关要求，各国一般规定，特许人向受许人或准受许人提供披露文件的时间，必须与正式缔约有一定的时间间隔，如澳大利亚规定至少在缔约前的 14 日前，即特许经营合同订立或双方就订立特许经营合同达成协议的 14 日前，或向特许人进行支付的 14 日前，或特许经营合同续约的 14 日前。我国法上的规定是 30 日。该时间间隔即准受许人的缔约犹豫期（冷静期）。

冷静期（Cooling Off）制度起源于美国对直销企业的销售行为进行规范，是指在直销企业的直销活动中，由于销售活动是在一对一或者多对一的情况下完成的，因此消费者在购买产品的过程中有时候是在感性冲动之下作出的决定，而没有在购物活动的过程中启动理性思考的程序或者理性思考不足，在这种情况下，当消费者购买产品回到家中后，自己经过深度理性思考或者经过其他外力作用后，对自己的消费行为产生后悔，想要进行退货处理。这时候，一旦消费者向直销企业提出退换货意见之后，直销企业应及时作出反应，并在规定的时间之内作出退换货处理。美国 50 个州几乎都制定了各自的冷静法规，美国联邦贸易委员会还制定了全国性的冷静法规，冷静法规的重要内容是：在 3 天之内，消费者可以退货，而不受任何补偿性罚款。在欧洲，很多国家的冷静期制度适用于更广泛的消费领域。

冷静期制度主要是在除斥期间内赋予消费者单方退货权，直接目的是保护消费者利益，间接还防止了高压销售。各国法律在特许经营规制中设置冷静期制度，把准受许人置于与消费者等同的地位保护，目的在于追求特许经营网络的健康发展。各国法律一般都规定有相当长的犹豫期，以便准受许人可以从容、仔细地阅读披露文件及特许经营行业准则。但是，考虑到准受许人的缔约能力，如商业经验不足，缺乏特许经营方面的知识以及相关法律知识，不了解披露文件的专业名词、法律条文、格式规范等，澳大利亚还规定了缔约前专家咨询制度，以保证准受许人能真正理解披露文件及特许经营行业准则，《特许经营行为准则》第 11 条的（1）规定，除非法律另有规定，准受许人没有进行咨询的，特许人不得：a）订立特许经营合同，或者对特许经营合同予以续约、延期；b）达成有关双方缔结特许经营合同或者对特许经营合同予以续约、延期的协议；c）根据特许经营合同或达成的缔结特许经营合同的协议接受受许人的不予退还的支付（不管是金钱还是其他形式的对价）。

冷静期保护一般延伸至受许人订立特许经营合同后的一定期限，该期限内受许人有解除合同的权利，无须承担任何法律责任。澳大利亚《特许经营行为准则》第 13 条的（1）（2）（4）规定，受许人在缔约后，或按照合同进行任何支付（不管是金钱，还是其他形式的对价）后的 7 日内，可以解除特许经营合同（或达成双方缔结特许经营合同的协议），受许人解除合同后，特许人必须在 14 日内退还按照合同向特许人进行的任何支付。但对于特许人按照合同规定产生的合理费用，可以从受许人的支付中扣除。

我国《商业特许经营管理条例》第 12 条规定："特许人和被特许人应当在特许经营合同中约定，被特许人在特许经营合同订立后一定期限内，可以单方解除合同。"该条等于是赋予受许人一方不遵守承诺的权利，即单方解约权。

本质而言，单方解约权的规定是对合同法中"禁反言"原则的突破，也就是说，冷静期内受许人可以单方解约是以一定程度上牺牲特许人的交易安全为代价的。单方解约权为受许人在特许人虚假或者夸大宣传、受许人决策错误等原因退出特许经营、"止损"解约提供了法律依据，是立法者基于特许经营双方信息不对称、地位不平等等情形的权衡而作出的立法选择。需要指出的是，我国《商业特许经营管理条例》第 12 条并没有明确受许人单方解约权行使的时间界限，"合同订立后一定期限内"需要当事人具体约定，当特许双方没有约定或约定不明时，根据法条"应当"约定的表述，法律承认单方解约权的存在，但对权利行使的除斥期间，需要进一步解释。

（三）对合同内容的适当控制

与一般合同有所不同，特许经营法律规制中往往通过立法或者法律授权的形式界定特许经营合同限制性条款的种类，界定特许经营合同限制性条款正当性的构成要件，规定不当特许经营合同限制性条款的处理原则和规则，明确特许经营合同的最低期限，规定特许人终止特许经营合同的构成要件，规定受许人"重大违约"行为的认定标准，规定特许经营合同期满后特许人回购受许人投资或者给予补偿的标准，实质上是国家法对合同内容的适当强制。（详见第四章）

（四）承认"商圈保护"约定的效力

1. "商圈保护"

对于特许经营双方来说，商圈保护和授权区域是关系到双方切身重大利益的问题，也是特许经营合同的重要条款。严格而言，商圈是经济学术语，是指以店铺座落点为核心向外延伸一定距离而形成的一个方圆范围，是店铺吸引顾客的地理区域，或者是店铺顾客所在的地理范围。从法律角度认识，这个地理范围是指受许人在指定地域和时间内，享有使用特许人的商标、商号及经营模式出售或提供指定的商品或服务的排他性权利，即所谓"独占特许经营权"（或"独家代理权"）。

商业特许经营中，商圈保护一般是指在单店加盟商经营地点的一定地域范围内，特许人不能同时开设另一家使用相同品牌、经营同类产品并与加盟商相竞争的另一家加盟店或直营店，以防止一定地域内体系成员间的恶性竞争，充分保护单店加盟商的经济利益。商圈保护的设定通常有两种方式：圆心加半径或者按行政区划分。一般而言，商圈越大，即代表受许人承受其他受许人在同一小区竞争的风险越小；相反，商圈越小，受许人承受的竞争风险越大。

商圈的范围一般根据当事人之间的协议划定。在美国，商圈保护一般按照限制不公平竞争或反垄断的法律处理，许多州法院就认为，特许人或商品生产商不应开设自营店来不公平地与受许人或经销商竞争。此外，在某些州的特许经营法中，明确限制特许人的自营店不能与受许人的加盟店竞争，同时亦禁止特许人在已授予受许人独家经营特许业务的地区内，直接或通过其他受许人经营类似业务，以防止对受许人的不正当竞争。再者，各州的特许投资法中，均直接要求或通过采纳 UFOC 的规定，间接要求特许人在发给准受许人的信息披露文件中，明确披露特许人除了以特许经营方式分销商品或提供服务，是否可同时直接以直营店销售相同商品或提供服务。[1]

我国《商业特许经营管理条例》以及其他相关的法律法规，并没有关于受许人商圈保护的直接规定，没有法律规定特许经营合同中必须说明受许人是否享有"独家代理权"，也没有法律制定受许人应该享有商圈保护的最低要求。但是，司法实践却并未因法律规定的实际缺失而否认商圈保护的正当性，在"北京便宜坊烤鸭集团有限公司哈德门便宜坊烤鸭店诉北京龙成科

---

[1]　Mendelsohn, *Chapter on United States*：*International Encyclopaedia of Franchising Law*, Richmond Limited, 2004.

工贸公司、北京金都顺天餐饮有限公司特许经营合同纠纷上诉案"[1]和"王洪永与被告中科科联（北京）影像科学研究院特许经营合同纠纷案"[2]中，法院均以当事人约定的真实有效，承认了受许人商圈保护的权利。

2."商圈保护"纠纷及其解决

商圈保护纠纷在合同救济中一般存在如下问题：一是合同中描述的独家经营地理范围不明确，导致受许人难以主张其商圈保护。二是特许人违反合同规定授权其他受许人在商圈范围内发展第二家加盟店，是否构成根本性或严重违约，使受许人有权解除合同并要求赔偿。三是受许人商圈内有第三人开设的另一家加盟店，受许人可否同时或单独要求该第三人赔偿损失。

首先，在我国，商圈保护一般是以合同约定的形式出现。当合同约定不明，又无法根据我国《合同法》第 61 条、第 62 条的规定作出解释时，可以根据合同解释和合同漏洞填补的规则，决定特许人应否承担"合同附随义务"，[3]即在合同中明文规定的主义务以外的附随着合同关系的发展而逐渐产生的从义务。

特许经营合同中，特许人的合同附随义务可以包括其自我限制开设自营店或授权其他第三人开设加盟店以避免与受许人恶性竞争的义务。然而，在决定特许人应否承担这种合同附随义务时，应注意严格遵从"根据合同的性质、目的和交易习惯"的原则，不可随意将是否对某方有害或有利等主观因素列入考虑的范围，否则将严重破坏合同自由。如能证明特许人在签订合同前，明确知道准受许人不会接受在同一区域内存在另一家非由他经营的加盟店，但特许人却蓄意隐瞒区内已有其他加盟店的事实，这些虽是合同性质、目的和交易习惯以外的因素，但法院仍应该仔细考虑，不是为了判断特许人应否承担合同附随义务，而是判断特许人的行为是否不诚实，根本违反了诚实信用原则。

其次，如果是特许人违反合同规定授权其他受许人在商圈范围内发展第

---

① 孙连会：《特许经营的诉讼之道——不可不知的 27 个特许经营诉讼指南》，法律出版社 2006 年版，第 1—16 页。

② 孙连会：《特许经营的诉讼之道——不可不知的 27 个特许经营诉讼指南》，法律出版社 2006 年版，第 93—98 页。

③ 《国际统一私法协会 UNIDROIT 国际商事合同通则 2004》（Principles of International Commercial Contracts）第 5.1.1 条，称为"默示义务"。

二家加盟店，是否构成根本性或严重违约？根据我国《合同法》第94条（4）项的规定，当事人一方迟延履行债务或者有其他违约行为致使不能实现合同目的，当事人可以解除合同。明显地，该条款旨在概括地规范严重违约时当事人一方解除合同的权利，并不是针对处理特许经营中关于商圈保护的纠纷。其实，特许人违反合同规定在受特许人享有独占特许经营权的地理范围内再次授权第三人发展加盟店，是否严重到足以构成根本性违约或不能实现合同目的，最终还是看每个案件的具体情况，不可以一概而论。所以，尽管特许人违约，也不代表享有独占特许经营权的受许人一定能解除合同。

再次，当特许人违反商圈保护义务，在受许人商圈内开设其他加盟店，受害的受许人可否要求该加盟店赔偿？根据合同相对性原则，受害的受许人不能要求其他加盟店赔偿损失，因为受许人与该第三人没有合同关系，也没有法律依据支持该第三人应该承担全部或部分特许人对受许人的合同责任，但第三人恶意的除外。我国《反不正当竞争法》第2条规定，"经营者在生产经营活动中，应当遵循自愿、平等、公平、诚信的原则，遵守法律和商业道德"。倘若第三人在知悉特许人已经授予受许人在某指定地理范围独占特许经营权的情况下，仍执意与特许人签订特许经营合同，恶意与受许人竞争，第三人和特许人的行为既违反《反不正当竞争法》第2条诚信的原则，也不遵守公认的商业道德，而根据《反不正当竞争法》第17条，第三人应向受许人承担损害赔偿责任。

综上所述，人们为什么需要合同？方流芳先生给了我们一个思路：合同的原动力来自人类社会对信用的需求。无论在政治、经济、宗教或社交活动中，人都需要授信于人，也需要取信于人，这种信誉的授予和取得即为信用关系。信用就是人在许多方面建立双边或多边关系的基础，合同就是表现信用的方式之一。特许经营体系的建立和发展，是特许人和受许人之间信用的授和受的结合。但是，特许经营合同的订立和履行，却不可能仅是特许人和受许人之间简单的授信和受信的结合，因为特许人天然的优势地位会影响授信的过程和结果，对公平造成实质的损害。所以，法律需要对特许双方的权利义务设置施以必要的约束。

特许经营合同双方的法律地位和权利义务设置已经远远超出了传统民事合同的一般内容。也就是说，特许经营合同中，合同双方的权利义务已不纯粹是当事人的意思自治，法律公然通过强制性义务的设置对当事人的法律地位予以矫正，如特许人的信息披露义务、受许人的竞业禁止义务等。这种强制性的矫正符合学界关于合同义务基础及其变革的一般认识。① 也就是说，在现代社会，合同义务有时候也被笼罩在国家干预主义之下，特许经营即是。

特许经营合同中的义务强制，其主要目的是对受许人利益的特别保护，当然，受许人利益的特别保护并不仅仅局限于合同义务的强制，还包括冷静期和专家咨询制度、对商圈保护承认和救济，以及对合同内容的适当强制等。

---

① 在近代社会向现代社会转换的过程中，随着社会伦理和社会义务方面观念的转变，社会的价值观从个人本位转向社会本位，合同自由的原则受到极大冲击。人们意识到，合同自由所给予人们的只是机会的平等，其不受限制的发展却可能导致结果的不平等、贫富的急剧分化和社会的动荡。因而法学家们认为合同义务来源于个人意志不科学，而提倡国家干预的合同义务理论。法国学者从人的生理心理学角度分析"人"，认为人不是总按照理性决定的人，也不由恒常的意志来指导，而只是由他的兴趣和感觉支配的"动物"。他受制于"偏好"和"激情"，因而得出意思（Will）不是合同义务产生的决定性力量，而是来自人们必须遵守的社会理念——法律规则。参见汪跃平、陈小君：《论合同义务的基础及其变革》，《广西社会科学》2006 年第 6 期。

第四章　特许经营合同的内容强制和形式强制

自由是合同的灵魂和生命。合同最基本的特征是约定性，所以，任何在约定之外的法定、任何对合同自由的干涉，都必须有足够充分且正当的理由。而理由的足够充分且正当并不仅仅是简单的逻辑分析。因为，对合同的任何强制，都包含了一定的价值判断标准。也就是说，合同强制的最根本理由在于没有否定合同效力，没有否定我们在合同效力上坚持的价值判断标准，并且是遵循了合同效力判断上的价值排序。

第一节　特许经营合同效力的价值判断标准

根据合同法的一般原理，合同效力的判断标准是：当事人有相应的行为能力，意思表示真实，不违背法律、行政法规的强行性规定。这是法律世界的一种标准设计。但不可否认的是，生活世界的真实远非法律世界的规范这么简单和清楚明白。很多时候你并不能清楚明白地让他人信服，只此三个条件的设置就可以完成对合同效力的充分说明，因为合同效力的认定，离不开判断者所坚持的价值标准。或者退一步言，判断合同效力的三个法律要件本身就已经包含了立法者的价值判断。当我们去追寻交易的发展史，追寻合同法对交易予以规范和调整的历史，我们还是不能不说，民法是从不讳言一己之私的，当私法规范被设计出来而渗透于市民生活并在市民生活中张扬其个性时，私法与道德间的关系永远还是"理还乱"，而遵循这种"剪不断"的逻辑对合同效力予以评判，结果必然是一种包容了自由、正义、公平、效率这样一些基本价值诉求在内的综合判定。

一、合同自由

法律上的自由是与责任相对应的，法律责任本身是对人们行为自由的约束，它一方面限制着自由者不能滥用其权利；另一方面，它又保障着社会成员获得最大限度的自由。

（一）合同自由是合同效力的基本判定依据

合同自由产生的经济基础是自由经济、市场经济，尊重合同自由，实际上是相信市场的选择；保障合同自由，则是遵从市场经济的基本价值理念。市场经济的自由反过来又为合同自由提供了三个途径：其一，民事主体可以平等地参与民事活动，不受诸如经济地位、文化背景等差异的影响；其二，合同当事人具有可选择性，即法律赋予民事主体根据市场规则去追求最大程度上的合理的利益；其三，合同自由同时体现着当事人经济利益交换的公平与合理。

坚持合同自由原则对当事人缔结的合同进行法律评价时，该合同是否有效的基础性标准就是，它是否属当事人的相互同意？是否属当事人的自由选择？因为，合同自由原则是合同关系有效的本质性要求，违背合同自由原则，平等基础上的交易关系根本不可能存在。违背合同自由原则，法律必须加以救济，对自由违反的行为人施以必要的法律制裁，从而维护正常的法律秩序、正常的交易秩序。

（二）合同自由要承受必要的限制

合同自由从来就是"某种由限制性规则划定的保留地"①，所谓"绝对契约自由"的时代在历史上从未出现过，真相是"任何时代的自由都无不以限制为基础"②。合同自由的演进，并非是一个从不限制走向限制的过程，而是一个从较少限制走向较多限制的过程。

---

① Horn, Kotz & Leser, *German Private and Commercial Law*, Clarendon Press, Oxford, 1982, p. 87.
② ［英］霍布毫斯：《自由主义》，朱曾汶译，商务印书馆1996年版，第45页。

对合同自由限制大致的趋势是 19 世纪古典契约法对合同自由的管制有限，进入 20 世纪，国家对合同的干预则大幅增加了。首先，对当事人是否订约、如何订约的行为自由的限制有一定的扩充，例如，禁止"经济胁迫"和"滥用支配力"；强制缔约义务成为现实经济生活中并不鲜见的现象，如机动车主投保意外事故责任险已经普遍成了一项法律义务；以及随着诚信原则的发展，合同当事人缔约的附随义务有所增加。其次，对缔约内容和形式的自由的限制大幅加强，在内容方面强行性合同条款增多，例如在消费者保护以及劳动法领域等，在形式方面某些特定类型契约被要求必须符合法定形式要件，如书面、公证、登记、审批等形式要求。由于现代社会在许多传统的合同关系中更加重视的是公平观念和习惯做法，而非当事人的意愿，因此有学者甚至将其描述为"从契约到身份的回归"。[1]

（三）对合同自由的限制本质上并不是对合同自由的否定

合同自由从较少限制走向较多限制的趋势，可否给出这样的推论：合同自由正在走向衰落？合同自由已在相当大程度上被人为地否定？问题并没有如学者所慨叹的"从契约到身份的回归"这样严重。

首先，尽管从具体形态上看，合同自由的限制的确有所增多，但原则本身并没有太大变化。例如，法律对当事人缔约行为的限制——诚实信用原则，以及反欺诈、胁迫、乘人之危等一直保持相对稳定；对合同形式方面的要求或者大多只具有证据上的意义，或者只是作为例外情况由法律特别规定；对合同内容的"禁区"尽管从表面上看似乎大幅扩张了，但在原则上，"不违反公序良俗和不损害国家、社会及第三人利益"却一以贯之，变化的只是将这些原则适用到特定社会条件所产生的具体限制类型。

其次，合同自由的核心理念并非是"完全不要限制"，而是说要"尽量减少干预"，这里的"尽量"，当然是在具体社会条件下的"尽量"。法律对合同所施加的每一种具体限制都必须是建立在某种更重大的社会需要之上时才可被证明为是正当的。市场经济所信奉的是：当没有必要限制自由时，就有必要不限制自由。

---

[1]　张礼洪：《美国合同法的当前发展趋势》，《外国法译评》1995 年第 1 期。

最后，"经济活动的自由，原本就是指法治下的自由，而并非不要任何政府的行动"。国家干预，哪怕是表面上越来越多的国家干预，其出发点是国家对"看不见的手"的合理规制，合同自由所要的是摒弃国家意志的"肆意"干预，而并不排斥国家运用法律手段对合同进行一般规制。如果把"依法成立的合同，在缔约当事人之间有相当于法律的效力"作为合同自由的标准注脚的话，那么数百年来，契约自由又何曾动摇过呢？[①]

总之，对"合同自由衰落"之哀，不过忽视了合同正义对合同自由的合理矫治，因为，合同自由理论必须回答这样的问题：哪些合意是有价值的？而"有价值与否"的判定不可能借助合同自由本身而必须遵循着合同正义的理念才可以给出答案。所以说，在现代合同法中，"契约自由仍然是一个最基本的出发点"[②]。特许经营也不能例外，潜在受许人是否选择加盟特许，那是他的自由。

二、合同正义

法律层面上的正义，英国法学家戴维·M. 沃克的解释代表了较为一致的看法，他说正义是指"通常被认为是法律应努力达到的目的的道德价值。正义要求人们认识到自己的行为受法律约束。正义是法律上的善良和行为标准尺度或准则，可以根据正义对行为进行评论或评价"。由此，正义是具有道德性的法律价值，是评价人们行为的准则。

"正义的要求优于任何社会实践的规则和目的。问题是，在合同法中，正义所要求的是什么？"[③] 对于合同正义的一些基本认识，学者间仍存在一定的差异。王泽鉴教授指出，契约正义系属平均主义，以双务契约为其主要对象，一方给付与他方给付之间具有等值性。这种认识着意于经济意义上的对价，如发生违约情形，违约方应给予非违约方以等价补偿。王利明教授则指出：合同正义是一种道德意义上的正义。"言必信，行必果"，违反合同

---

① 彭亚楠：《解析"契约自由"》，《人大法律评论》2000 年第 2 期。
② 傅静坤：《二十世纪契约法》，法律出版社 1997 年版，第 254 页。
③ ［美］亨利·马瑟：《合同法与道德》，戴孟勇、贾林娟译，中国政法大学出版社 2005 年版，第 19 页。

即违背伦理道德的要求，必须对之进行严厉的制裁，否则，随意违约将会对诚实信用原则构成巨大的破坏，使得交易秩序不仅仅被中断，而且最终会对整个经济秩序产生难以弥补的损害，尤其是在市场秩序和法治尚不健全的我国现阶段，如果在立法上赞同西方的"效益违约"理论（即认为如果有效率的违约能使资源转移到最有能力利用它的人手中，当事人、社会都能从违约中获益，从而实现了利益最大化的时候，此种违约是合乎理性、合乎规律的），则会导致违约成本过低，从而导致各种违约行为滋生，诚信原则受到破坏，并最终为市场秩序的健全构成极大的障碍，因而主张在立法上应加强对违约行为进行道德上的制裁。

就基本内容而言，两种对正义的认识实质上存在一种对立，即：该如何追究违约者的违约责任以达到合同正义？王泽鉴先生主张的是违约方应给予非违约方以等价补偿，包括间接损失和直接损失；王利明教授则主张，对违约者所造成的损失不仅要给予非违约者以经济补偿，更重要的是，应对违约行为进行道德上的非难和制裁，即违约者对非违约者的赔偿额应大于非违约者所遭受的损失。

不难看出，国内学者对合同正义的理解似乎限定于违约的救济，当然，违约救济本属合同正义的应有之义，但合同正义不只体现在违约救济一隅。按照亨利·马瑟教授的观点，合同自由、财富最大化、分配正义是合同法中的三种正义理论。但是，亨利·马瑟教授分析指出，所有这些理论都无法提供一个适当的正义概念。第一，我们的世界包含着应当受到法律承认的许多其他价值：公共福利、平等、道德德性、保护对允诺的信赖以及对司法资源的有效利用。如果不借助于此类价值，有些合同争议就无法得到解决。这些其他价值有时候要求对合同自由进行法律干预。单靠合同自由理论本身，并不能确定正义何时需要以及何时不需要这种干预。尽管合同自由理论提供了一些应当得到维护的道德观念，但它并不能充当缔约正义的一个综合性指南。第二，经济分析法学派的财富最大化理论也是一种狭隘的正义观。它假定经济效率是唯一值得关注的事情，这种方法常常不能确定什么是最有效率的行为，并且无法确定从长远来看可以最有效地促进效率的法律原则。第三，合同法并非要关注财富的再分配，而是要关注如何阻止人们不正当地利用优势财富，或者说仅仅关注通过实施公平竞争的观念并考虑每个当事人行为的道德性质来达到公正的结果。总之，合同法必须首先关注矫正正义。[1]

按照传统的合同法原理，合同正义一方面意味着合同当事人之间的自愿、平等、公平与诚实信用；另一方面也意味着合同当事人对第三人利益的尊重。因为商品社会"要求人们在市场活动中讲究信用、恪守诺言、诚实不欺，在不损害他人利益和社会利益的前提下追求自己的利益"[2]。换个角度，从合同效力评价标准的层面上看，合同正义所指应该是合同法应保障订约当事人在平等、自愿的基础上订约和履行，并使合同的内容体现公平、公正和诚实信用的要求，合同当事人一方不能滥用其经济实力或权利而损害另一方利益。由此，作为合同效力判断依据，合同正义应体现以下基本要求：第一，订约当事人在法律上地位平等，任何一方不得把自己的意志强加给对方，同时法律也对合同双方提供平等的法律保护。第二，双方当事人应自由地达成合意，当事人在正义所允许的范围内，自由地、对等地表达自己的意思。第三，公平与诚实信用。合同双方当事人必须公平合理地确定合同的内容，兼顾合同双方的利益平衡，法院有权在合同违背公平的情况下，通过变更、撤销或确认合同无效等方式以维护合同的正义。第四，社会公共利益的兼顾，合同中的任何一方均不得有悖于社会公共利益。[3]

社会公共利益（或称为公共利益、社会利益、社会整体利益）是否是一种独立的利益形态？学者间曾有过不同的认识。英国功利主义学派创始人边沁就否认社会利益是一种独立的利益，而认为"共同体的利益（即社会利益）是组成共同体的若干成员的利益总和"，"不理解什么是个体利益，谈论共同体的利益便毫无意义"。但随着人类文明发展进程的不断深化，社会利益客观上作为一种普遍性的利益形态在社会生活中日益凸显，越来越多

---

① ［美］亨利·马瑟：《合同法与道德》，戴孟勇、贾林娟译，中国政法大学出版社 2005 年版，第 19—61 页。

② 陈自强：《民法讲义Ⅰ：契约之成立与生效》，法律出版社 2002 年版，第 127 页。

③ 基于社会公正的考虑，各国法基本上都对当事人行使私权的自由作了必要的限制。一般而言，对合同自由的限制，主要表现为对社会重大利益及公共政策方面的考虑，正如李永军教授所言："任何一种私法制度都是建立在私人利益和社会利益的基础上的，如果个人利益的膨胀打破了这种平衡，法律就要进行纠正而恢复之。"德国巴伐利亚州高等法院院长彼得·古尔莫也认为，"在债法中，国家的法律制度也必须保证，单个人的个人行为自由要以同公共利益相协和的方式来实现"，"对自由的强调不应当遮蔽人们的眼光，使之看不到一个自由的市场恰恰更需要有效的法律保护，而只有国家的强制力才能担当起这种法律保护。"当然关于社会重大利益及公共政策，各国在认定范围上因国情而不同。

的思想家承认社会利益的独立性，并把社会利益与个体利益统一起来考察。如 18 世纪法国唯物主义者霍尔巴赫就认为："一个真正自由的国度里，每一个公民都在法律的保护下享有为自己福利或个体利益而劳动的权利，不容许任何人违反共同利益。"美国法社会学大师庞德把利益划分为个体利益、公共利益和社会利益三种。在他的利益结构理论中，社会利益处于最重要的位置，是存在于社会生活中并为了维护社会的正常秩序和活动而提出的普遍性的主张、要求和愿望。[1]

合同自由与合同正义都是合同效力的价值判断标准，二者之间天然地存在不可分割的关系，但学者们对其间关系在看法上存有一定的分歧。有学者认为，合同正义与合同自由都是合同法上的两大原则，二者互相补充，彼此协力，共同实践合同法的机能。[2] 也有学者认为，合同自由是合同法的基本理念，而合同正义则是为了克服合同自由的流弊才产生的，所以合同正义则是对合同自由的补充和发展，它所提供的价值仍然属于合同自由这一基本理念所体现的价值内容。[3] 两种学说其实都有偏颇，依前者，合同正义需要用合同自由去补充，即合同正义也存在着不足，这就与正义是一种法律上的"善"或者"美德"的含义相违背。依后者，既然合同自由是作为合同法的基本原则而确立，其本身就不应该"容易产生流弊"，既然"容易产生流弊"，它就不应当成为合同法的基本理念，同时，它所体现的价值范围也不应当将合同正义所体现的价值包含进去。

其实，当我们把合同正义作为合同效力的价值判断标准时，合同正义已然被认定为合同法的基本价值，而合同自由作为合同法上的一项原则仅仅是合同正义的基本要求之一，它必须受到合同正义的限制和约束。概而言之，合同正义是合同法的基本价值，合同自由是合同正义的基本要求之一，合同自由必须受到合同正义的限制和约束。

---

① 参见［英］边沁：《道德与立法原理导论》，时殷弘译，商务印书馆 2000 年版，第 58 页；黄楠森、沈宗灵：《西方人权学说》，四川人民出版社 1994 年版，第 142 页；［美］罗·庞德：《通过法律的社会控制——法律的任务》，沈宗灵等译，商务印书馆 1984 年版，第 37 页。

② 王泽鉴：《民法债编总论》第一册，台湾三民书局 1993 年版，第 71 页。

③ 张俊浩：《民法学原理》，中国政法大学出版社 2000 年版，第 660 页。

三、效率与安全

在合同法上，效率与安全永远是一对既相辅相成又存在矛盾的概念。市场经济的发展，人们呼唤交易的快捷，也寻求经济关系的稳定，因而，效率、公平、安全等基本价值理念被提到相当重要的地位。而从立法本身而言，效率与安全并不能被法律条文所完全涵盖。在这样的条件下，原先对合同主体提出的法律性要求显然已不适合时代的要求。相反，道德性亦被提到了并行的高度。因为无论是用何种法律条文来规范社会关系，撇开法律规范本身的内容不谈，单就成文法所固有的缺陷而言，法院的裁判总会或违背法律内涵或违背当事人的善良愿望。正因为如此，才有合同正义性的提出，也才有效率与安全同时作为合同效力的价值评判标准的提出。这不仅反映出我国的立法特色与传统继承，而且也在事实上符合我国的社会性质及经济发展的要求，同时也符合法理上的成文法理念要求。

但是，从传统法的理念出发，效率与安全作为价值取向，在民商法中一般只居于从属和派生地位。因为，在漫长的法律进化历程中，正义（或公正）一直是立法和司法的理性取向，传统的法学研究甚至拒绝把效益纳入法律的价值范畴之中。效益被引入法学领域不过源于 20 世纪经济法学的兴起，由此，效益开始作为一种价值目标进入法律意识、法学理论和法律制度中。并且，在传统的交易条件下，包括信息安全、交付方式安全和信用安全三方面内容的交易安全的获取和保障并不需要多大的成本。所有这些都导致了这样一种认识：即使言及效率和安全，也不过为私法附加一种"不拒绝一己之私"的标签而已。但是，互联网的发展、知识经济时代的到来，为民商事立法和法理念的发展带来了不可回避的冲击：互联网的开放性、虚拟性和技术性使网络信息安全面临挑战，互联网的开放性、交互性等特征及其海量的信息为民商事活动高效益的实现提供了更好的环境条件。在民商事活动的高效益与网络安全性问题的交互冲击下，我们不得不考虑：效率和安全应当是高科技时代民商法的基础性价值。

合同法对效率的追求和增进集中体现在意思自治原则和约定优先原则上，具体化于合同从成立、生效到履行以及违约责任与其他救济措施的设计等制度。同时，法所规定的东西，应当摆脱随心所欲，应当是持久而可靠的，遵从理性，合同法安全价值的实现主要借助对合同效力的赋予以及违约救济的强制性设置等一些法律措施。

效率与安全作为合同效力的价值判断标准要求应当尊重其与合同自由的平衡。

第一，效率存在的要素是自由。

自由是合同的应然之义，在合同自由的原则下，可调动缔约当事人参与交易的积极性，保障其自由地交易、自由地寻求法律救济途径，以此，才可以有效地节约交易成本、社会成本，才有效率实现的可能性。合同法大量任意性规范的设置，一定程度上将效率体现得淋漓尽致。

第二，秩序与和谐——安全的最终保障。

尽管我们将民法上的人设想为"理性人"，但作为私的主体，其于追求利益最大化的过程中不可避免地出现利益冲突问题。为了去私，实现民无争，合同法也必须致力于努力缔造一种秩序与和谐，此便将希望寄托于对安全的期待。在中国，对安全的重视所体现的就是强制性立法，体现在合同法上，就是强制性规范的存在。合同法不得不纳入一定量的强制性法律规范，目的是借以保障交易参与者能够享受到同等的待遇，避免为"一己之私利"而损害他人之行为的出现。

四、特许经营合同效力的价值判断标准选择

合同义务由合同导出，但是，合同却不能以它自己为对象来保证它的成立。为了保证它的成立，我们必然要在合同以外寻求保证它的有效性的依据。很显然，我们无法找到另外一个合同来保证第一个合同的有效性，因为如果这样做，是把困难往后推，最终我们会陷入一种无限后推的困境中。[①]所以，我们必须走出合同本身去找寻一个合同可以成立的根据，传统的理论中所采取的正是这个办法。结合诚实信用原则我们明白，最后保证合同成立的东西是一个道德原则——我们有义务遵守自己的允诺，这个原则有效性的

---

① 姚辉：《民法的精神》，法律出版社 1999 年版，第 44 页。

理据不是合同，而所有合同之所以成立却奠基在这个原则上。

其实，在道德和秩序的维护上，法律是没有借口回避的，合同法必然如此。只要存在着国家利益、社会公共利益，私法对交易的干预就不可能消逝，这种干预的体现在私法领域就是引德入律，将道德规范法律化。正是这些被植入法律的伦理道德规范，在意思自由与社会公共利益之间架起了通衢的桥梁，所以，我们无法忽视它们的存在，我们得经由它们来保障自由交易的实现，社会得依赖它们以保障公共利益的实现。所以，民法始终会以它的制度和理念，执着地灌输和维持一些维系社会的最基本道德规范。私法中的人可以自由自愿地订立合同，但私法合同效力的判定并不能出于哪一个私的主体的自由自愿，一句话就是，合同的价值判断标准从来就不是单一的，而是一种包含了自由、正义、公平、效率这样一些基本价值诉求在内的综合判定标准。

问题是，在不同种类的合同下，合同效力的价值判断标准之间的位序排列会有所不同。其实民事立法中的价值判断和价值选择，本来就是基本原则的大一统之下的具体排列，而且，民法又从不讳言"一己之私"。具体到特许经营这一商业实践的合同常态，合同效力的价值判断标准及其位序，在合同内容及形式强制中得到了淋漓尽致的发挥和展示，也就是，在合同自由与合同正义的遵守之中，效率和安全往往因为受许人利益的特别保护、信赖关系的维持、社会公共利益的保护等而被置于更突出的地位。

第二节　特许经营合同的内容强制及其合理性根据

一、合同内容的法定

合同内容自由是合同自由的最基本表现之一。即使如我国《合同法》第 12 条，对合同内容的规定不过是提示性条款，在法规范性质上属于任意性规范，提示当事人在缔约时予以参考，或者作为合同内容不完备时补充约定、合同解释、合同漏洞填补的参考。

　　在一般合同中本属自由约定的合同内容，在特许经营合同中可能就由一般而跃入特殊，成为合同的强制性规范。我国《商业特许经营管理条例》第11条第2款就明确规定："特许经营合同应当包括下列主要内容：（一）特许人、被特许人的基本情况；（二）特许经营的内容、期限；（三）特许经营费用的种类、金额及其支付方式；（四）经营指导、技术支持以及业务培训等服务的具体内容和提供方式；（五）产品或者服务的质量、标准要求和保证措施；（六）产品或者服务的促销与广告宣传；（七）特许经营中的消费者权益保护和赔偿责任的承担；（八）特许经营合同的变更、解除和终止；（九）违约责任；（十）争议的解决方式；（十一）特许人与被特许人约定的其他事项。"该法条表述与《合同法》第12条之"合同的内容由当事人约定，一般包括以下条款"已存在明显区别，"应当"标明了上述内容已不纯粹由特许双方意定。

　　当然，这种认识是以民法规范之强行性规范和任意性规范的简单类分为基础的。所谓任意性规范，即适用与否由当事人自行选择的规范。强行性规范则是指不得通过当事人的约定排除该项规范适用的法律规范。强行性规范又包括强制性规范与禁止性规范两种。"强制规定者，指命令当事人应为一定行为之法律规定。禁止规定者，指命令当事人不得为一定行为之法律规定。"[①] 一般而言，在语言表述上，任意性规范通常以"可以"做什么来表示，不要求当事人必须遵守，而只是提供了一种行为的标准。强行性规范通常以"应当""必须""不得"等词语表示，它要求当事人严格遵守，不得通过协议加以改变。当然，有学者指出禁止性规范还要再细分为效力性规范和管理性规范，违反前者，行为不生法律效力；违反后者，原则上并不进行效力否定，而会有行政责任甚至刑事责任的承担。[②] 笔者认为，在特许经营合同内容的法律要求上，规范的设置虽属于强行性规范形式表述，但强制的程度较低，至多是国家以管理者的身份，强调一种管理需要而已，不能以特许双方在合同中缺失了上述内容的某一种或者某几种，就否定合同的效力。

---

　　① 王轶：《民法典的规范配置——以对我国〈合同法〉规范配置的反思为中心》，《烟台大学学报（哲学社会科学版）》2005年第3期。

　　② 王轶：《民法典的规范配置——以对我国〈合同法〉规范配置的反思为中心》，《烟台大学学报（哲学社会科学版）》2005年第3期。

另外，这样的法条表述，是借鉴而不是独创。也就是说，我国《商业特许经营管理条例》以强行性条款规定合同内容的做法，是在借鉴国外立法和实践的基础上的一种选择，是特许经营作为当今世界上最具生命力的一种市场营销模式本身所要求的，或者说，是市场有序运行本身催生了法律对特许经营合同的基本内容强制。在这里，效率和秩序两种价值，因为符合合同正义的要求而位列合同自由之前。

二、限制竞争条款

实践中，特许经营合同的限制竞争条款一般包括三种：一是搭售条款。如限定被特许人购买商品或原材料，特许人在特许经营合同要求受许人只能从特许人处或从特许人批准或指定的供应商处采购，而这些商品和原材料均未附有专利因素。二是销售区域限制条款。即特许人授予受许人区域独占权，在该区域特许人不再指定其他受许人经营业务，同时受许人也被限制在合同中指明的场所进行营业活动，不得擅自往他处经营。此类限制的条款属于违法。原因就在于其"可能会导致市场的人为分割，妨碍市场一体化，妨碍资源自由流通和更大范围的自由竞争"。三是固定转售价格条款。即所谓纵向的价格限制，指供货商要求零售商只能以固定的价格出售有关商品的协议及相应行为。特许人为了扩大其产品或服务项目的出售，防止受许人之间的竞争，往往会推行固定价格政策。

基于公平交易的一般要求，三种限制竞争条款会因适用本身违法原则而被认定违法。例如，固定价格政策在反垄断法之下就是一种违法行为，因此就价格方面，特许人在合同中有下列条款或做法可能构成违法：（1）合同规定特许人有权制定或干预受许人的特许经营产品或服务项目的转售价格；（2）特许合同中虽未明文规定特许人有权干预受许人的转售价格，但在业务实践中，特许人干预或左右受许人的转售价格；（3）为受许人规定最高或最低的转售价格；（4）在竞争者之间推行横向价格固定，或特许人与受许人之间指定纵向价格固定；（5）向受许人提供价格建议，并且在实践中强迫受许人执行该价格建议；（6）特许人与客户直接签订长期合同，然后让受许人履约，等等。①

但我们又必须考虑特许经营合同的特殊性：首先，特许经营的核心是特许权的授予，而特许权又是由一系列的知识产权组合而成的复合型权利。知识产权本身就是一种垄断权、独占权，知识产权人在许可他人使用自己的知识产权时必然会附加一定的限制，这是知识产权垄断性的必然反映。其次，特许经营体系维护等特殊性必然导致特许人对受许人的"持续控制"。这就意味着，特许经营合同限制性条款的效力并不必然适用"本身违法原则"而被认定为违法。

（一）对于搭售条款

如果搭售是出于善意地保护搭售商品的良好品质和商誉，或者是必要的安全考虑，或者是只有搭售才能避免混淆和欺诈或避免泄露商业秘密等合理性，则此种搭售可以得到反垄断法的豁免，即并不违法。如果搭售行为是为了制造市场进入壁垒、逃避价格管制、推销滞销商品或者是暗中给予价格折扣等不合理性，则属于垄断违法行为。

（二）对于销售区域限制条款

地域限制条款（销售区域限制条款）的目的是限制特许经营网络内各受许人相互之间的竞争。一般而言，地域限制条款既针对受许人，也针对特许人，它是双向的，本质是授予受许人独占专营权。但是，根据反垄断法的原则，独占专营权在一定程度上对竞争是有所限制的。一方面，特许经营合同限制了特许人在同一区域内授权其他的受许人或者自己在该区域内营销产品或者提供服务；另一方面，由于受许人承诺不在约定地域外行使特许权，同时也承诺不分销其他商家的同类竞争产品，从而限制了受许人自由购买其他同类产品的权利。这种条款限制了相同品牌产品的销售者之间的竞争，其结果相当于这些销售商瓜分了他们之间的市场。所以，欧盟委员会认为独占专营权原则上违反《欧盟条约》第85条第1款的反竞争性质。②

---

① 应启明：《试论特许经营的法律问题》，《法律适用（国家法官学院学报）》2001年第2期。
② 方新军：《现代社会中的新合同研究》，中国人民大学出版社2005年版，第139—140页。

　　但是，考虑到特许经营本身是一个庞大的商业体系，特许人为了使特许经营获得成功，往往会通过实地调查研究，充分考虑各地区的实际需求来划分不同的市场，进而统一规划和调控。这一定程度上也是为了受许人的利益，避免在同一地域特许经营内部恶性竞争。正是因为特许经营合同中的地域限制条款具有双重性质，欧盟"4087/88 号规则"在序言第 9 条写道："本规制应明确规定包含在特许经营协议中的限制竞争义务。这种限制竞争的典型例子是，划定一个受许人排他的地域，同时禁止受许人在该地域外寻找消费者，即他们的精力只能放在划定的地域。同样的例子是划定一个主受许人排他的地域，主受许人不得与该地域外的第三人签订特许经营协议。当受许人在提供服务的过程中出售或者使用由特许人制造的商品，或者是依据他的指令，或者是运用他的商标制造的商品时，受许人有义务在提供服务的过程中不出售和使用竞争性的商品，这使得以特许经营商品为标志的统一的经营网络得以建立。然而，此项义务只与构成特许经营主旨的商品有关。它显然不包括这些商品的附件。"其序言第 10 条又写道，"实际上，授予受许人特定的地域保护对保护他们的投资而言是必不可少的。"

　　欧盟"4087/88 号规则"第 2 条的规定实际上就是上述认识的反映：a. 在共同体市场的特定地域，也即合同约定的地域里，特许人有义务：不将特许权的一部或全部授给第三方；不得自行开发或经营某种产品或服务的特许经营，该特许经营的业务与原特许经营业务有着相似的方案；向第三方提供特许权产品。b. 总受许人不得在约定的地域范围之外与第三方签订特许经营协议。c. 受许人只在协议约定的店铺从事特许经营业务。d. 受许人不在授权地域之外寻找与本特许经营主旨相关的产品或服务的客户。e. 受许人有义务在提供服务的过程中不制造、销售或使用与特许人的产品相竞争的产品；当受许人在提供服务的过程中销售或使用特定类型的商品以及零部件、配件时，上述义务不适用于零部件或配件。

　　与欧盟的规定相比，《俄罗斯联邦民法典》以及《澳门商法典》对受许人地域限制的规定就较为简单和模糊，但其法律宗旨都承认地域限制条款的效力。

（三）对于固定转售价格条款

价格是经济的神经中枢，也是特许经营中比较敏感的法律问题。诚如美国经济学家曼昆所言："经济是一大群从事相互依存的活动的人。什么因素使分散决策免于混乱呢？用什么来协调千百万有不同能力与欲望的人的行动呢？用什么来保证需要做到的在实际上也实现了的呢？用一个词回答就是价格。"① 价格决定在竞争机制中居于核心地位，消除或者限制价格竞争的行为也就成为最严重的反竞争行为。反垄断法历来都是用"本身违法原则"来规制固定价格转售行为，因而固定价格转售行为应属违法无疑。

对于固定转售价格的态度，各国的立法宽严有别。美国、澳大利亚、加拿大等国家对固定转售价格持本身违法的态度；欧盟采取合理分析的方法，但在授权豁免时掌握严格的标准；而英国则走了一条先宽后严的道路，1964年《零售价格法》通过之前，英国的法律甚至对固定转售价格持赞赏的态度，从该法律开始，固定转售价格才被宣布为非法。根据《零售价格法》第14条，制造商如果能证明固定转售价格将避免给消费者带来如下害处，根据其申请，法院有权对任何种类的商品决定豁免适用本法：（1）可供销售产品质量将下降或品种可能减少；（2）零售渠道数量大量减少；（3）价格最终会上涨；（4）商品将会以可能引起损害身体健康的的条件销售；（5）必要的商品销售服务或售后服务可能停止提供或大大减少。不过，英国法院只在书籍和药剂的销售中允许豁免，因为在这两种情形下如果停止固定转售价格的做法，那么小型的书店和药店都将大幅度萎缩。德国《反限制竞争法》第16条也规定对出版物的固定转售价格可以豁免，另外，该法第20条第2款规定，专利特许权合同如果出于促进技术完美、保证产品质量等原因固定转售价格，可以得到联邦卡特尔局的批准，豁免适用《反限制竞争法》。

欧盟"4087/88号规则"第5条规定，"下列限制性约定不符合第85条第3款的规定，为具有反竞争性质的限制行为，因而不能获得类别豁免……限定受许人的产品销售价格。但是，如果只是对产品和固定销售价格提出建

---

① ［美］曼昆：《经济学原理》，北京大学出版社1999年版，第87页。

议，不具有约束力，是为法律所允许的。"该项规则原则上认为在特许经营合同中约定固定转售价格条款属限制竞争行为，唯建议价格例外。但是，欧盟立法的最新进展又表明，对于特许经营中特许人限制固定转售价格，法律又有不干涉的趋向。取代欧盟"4087/88 号规则"的《关于纵向协议的2790/1999 号规则》正文第 4 条规定，供应商可以规定一个最高销售价格或建议价格，只要这不是由任何当事人的压力或引诱而形成的固定价格或最低价格。因此只要建议价格对买方无约束力就不为竞争法所禁止。而约定最高价格以牟取暴利，虽然也违反竞争法，但这种情况一般只会出现在横向价格限制中，对属于纵向关系的特许人与受许人而言，如果特许人限定受许人固定转售的最高价，实际上等于降低了自己的竞争力，因而会影响特许经营网络的声誉，因此对特许人限制固定转售价格的最高价，法律不予干涉。不过以指导价和最高价为手段而导致事实上的固定价格或最低价格，仍为法律所禁止。

对欧盟成员国而言，欧盟规则的规定当然影响了成员国的法院。例如法国于 1986 年 12 月 29 日公布的《价格规则》第 7 条虽明确禁止固定转售价格，但法院的判决认为，尤其是在特许经营领域，特许人为维护专营网络的同一和声誉或者是为了保护消费者的利益，可以就转售价格提出建议。

《澳门商法典》关于特许经营合同的第 695 条 f 项通过准用商业特许合同的第 662 条 b 项，规定了固定转售价格问题，即"受许人尤其有下列义务……在确定产品之转售价格时依从特许人所建议之价格"。这就表明，既然受许人有义务依从特许人所建议之价格，违反此义务，就会有责任的承担，实际上此时所谓的建议价格已演化成固定价格。

回到特许经营本身以及特许经营的实践，价格一致性实质是维护特许经营体系同一性的一种重要方式。商业实践中，既然各国法律均规定特许人有权向受许人就经营的产品或服务项目的转售价格提出建议，则实然的理解就是，只要特许人没有以强制手段迫使受许人执行其建议的价格，特许人就转售价格与被特许人协商、解释自己的观点，包括劝告、敦促和争论等都不属于非法行为。简言之，在特许经营中，特许人只有价格建议权，没有价格决定权。

可见，各国在特许经营的法律规制中一般都通过立法规定或者法律授权的形式，对特许经营合同限制性条款的种类、限制性条款正当性的构成要件作出规定，并且，对于不当特许经营合同限制性条款，各国也都有处理原则和规则。所以，当立足于合同正义的目的而对特许经营合同进行规制时，合同条款的限制性规定就是正当的，这又是秩序和效率两种价值相对于合同自由的位阶上升。当然，对于特许经营合同中的限制性条款，合理性考察是必要的，否则将属于非法行为。

第三节　特许经营合同的形式强制

合同的本质在于当事人的合意，而任何当事人之间的合意都要通过一定的方式表达、确定，由此便产生了合同形式。在合同法上，合同的形式指的是合同当事人意思的载体，其与当事人合意之间是形式与内容的关系。

根据我国《商业特许经营管理条例》第 11 条："从事特许经营活动，特许人和被特许人应当采用书面形式订立特许经营合同。"各国法从合同规制的角度，也多规定特许经营合同应当采用书面形式。问题是，这里的形式强制，对合同效力认定有什么影响？

一、合同形式法律效力的一般规律

合同形式在不同的历史时期和同一历史时期不同国家的法律中所处的地位和所起的作用并不一致。在合同法的发展历史上，合同形式对合同效力的影响，基本上都经历了从形式主义—同意主义—形式（要式）主义的复兴的发展曲线。

在古罗马即合同法发展初期，法律对合同的形式要求特别严格，法律规定带有浓厚的形式主义色彩，合同必须要采用固定的形式，讲出一定的套语，作出复杂的动作，否则无效。事实上，罗马法上的要式合同融合同的订立和履行于一体，当事人合意的因素被烦琐的形式所吞没，并不存在"法律上可期待的信用关系"。可以说，在那个时代，以信用期待为本质，以意思表示为要素的现代合同概念并未真正形成。① 罗马法的形式主义风格也影响了随后的大陆法系民法。14 世纪以前，英国普通法关于合同关系的规定，也要求合同为正式的书面协议，并要符合普通法规定的其他条件。近代古典经济自由主义、个人自由的哲学思潮和古典自然法复兴所张扬的个人本位法律观，使私法自治、契约自由成为体现时代精神的基本民法理念。在契约自由的声浪中，各国法律纷纷打破形式主义的桎梏而普遍改采同意主义，合同经过意思表示一致即可成立，合同的法律效力直接渊源于当事人的自由意志，特定的形式要求仅是例外，"单纯的合意即形成债"，将当事人订立合同的意思所采取的外部形式实行自由放任。应当说，同意主义原则与合同法的精神是相契合的，同时，这种缔约形式缩短了缔约时间，降低了缔约成本，满足了简便、快捷的效益要求。但是，该原则的随意性也可能导致当事人成为己身轻率或者他方欺诈的牺牲品，在纠纷发生时也不易举证，而且其秘密性还可能损害第三方利益和社会公共利益。② 这些缺点严重影响了合同法功能的发挥。

20 世纪中叶以来，现代合同法理论对形式主义的价值进行了重新评价，开始重新重视合同形式所具有的证据、警示、防止欺诈、提供交易信息等诸多价值与功能。各国民法开始对合同形式自由原则进行适当限制，越来越多的合同被要求"必须"或"应当"采用书面形式，或被要求履行登记、审批等手续。这种合同形式强制尤其被用于保护消费者或交易弱势一方，例如房屋租赁、预售房屋交易、技能培训等合同中，合同形式大有峰回路转之势，法国学者称之为"形式主义的复兴"（Renaissance du Formalisme）。③

但是，在市场经济高度发达、交易极为频繁的现代社会，经济流转客观上要求现代合同形式应具有简便、多样化的特点，适应这一要求，不要式原则即为世界各国现代合同法的必然选择。但绝对的"不要式原则"可能给合同当事人利用"方式自由"侵犯国家、社会和他人利益以可乘之机，从而妨碍交易的安全与公正。因此，现代合同法对合同形式的要求是以不要式

---

① 董安生：《民事法律行为》，中国人民大学出版社 1994 年版，第 4 页。

② 孙鹏：《合同法热点问题研究》，群众出版社 2001 年版，第 208 页。

③ 王洪：《合同形式欠缺与履行治愈论——兼评〈合同法〉第 36 条之规定》，《现代法学》2005 年第 3 期。

为原则、以要式为例外。国际统一立法也反映了这一趋势，例如，《联合国国际货物销售合同公约》第 11 条："销售合同无须以书面形式订立或书面证明，在形式方面也不受任何其它条件的限制。销售合同可以用包括证人在内的任何方法证明。"1998 年修订的《欧洲合同法原则》第 2.101 条之（2）规定："合同无须最终形成书面的形式，或以书面的形式证明，或是符合其他的形式要件。合同可采用任何方式加以证明，包括证人。"我国合同立法也因应了这一趋势。在合同法所规定的 15 种有名合同中，仅有金融机构作为贷款人一方的借款合同、租赁期在六个月以上的定期租赁合同、融资租赁合同、建设工程合同、技术开发合同、技术转让合同等六类合同法律规定有书面形式要求，其原因在于，此六类合同具有这样的特点：交易所涉及的金额较高，交易规则相对比较复杂，交易的存续期限相对比较长，因此，为保存证据，为督促当事人谨慎交易，形式的特定要求最能满足现代交易的需求。

二、合同形式的功能和目的

如前所述，合同法经由近代向现代演进过程中，其显著特点之一即同意主义的限制和形式主义的复兴，个中原因在于社会本位取代个人本位，合同自由受到限制。现代合同法对合同自由的限制主要是通过两项基本原则实现的：诚实信用和公序良俗。其中，诚实信用原则注重当事人之间的实质利益平衡，注重对社会弱者的保护；公序良俗原则则注重对社会公共利益和善良风俗的维护，注重社会整体的利益与秩序。其实，合同形式并无助于当事人利益平衡，利益的平衡只能通过对合同订立过程和内容的有力规制才能实现；与此相反，特定合同形式对社会公共利益的维护却效果卓然。对于一些关系国计民生的重要合同，国家完全可以通过特定的形式要求对其进行监控，如国有土地使用权出让合同、建设工程合同，法律要求当事人采用书面形式甚至要求该类合同要批准或登记，是因为该类合同的内容涉及的经济生活与社会公共利益密切相连，国家的监督与管理是秩序的特定要求。所以，只有合同关系逾越了特定当事人利益领域而牵涉到社会公共利益时，才有必要对合同形式作出特种要求，即合同形式强制。但即使此种情形下的合同形式强制，也仅仅是实现国家监控的手段而非目的。对于强制的理由，《德国民法典》立法理由书作了如下概括："遵循某种形式之必要性，可给当事人产生某种交易性之气氛，可唤醒其法律意识，促使其三思，并确保其作出之决定之严肃性。此外，遵守形式可明确行为之法律性质，仿佛硬币之印纹，将完整的法律意思刻印在行为上面，并使法律行为之完成确定无疑。最后，遵守形式还可永久保全法律行为存在及内容之证据；并且亦可减少或者缩短、简化诉讼程序。"①

现代合同法中，合同形式主义的复兴与罗马法上的严格形式主义已经有本质的不同，合同形式强制不过是立法者用以满足一定目的和法律政策的工具。最初，形式本身的功能着眼于证明，习惯的形容就是"空口无凭""立字为证"。后来，形式在法律秩序上的角色不再限于证据一隅，而表现为：（1）证据功能；（2）警示功能；（3）信息提供；（4）区隔功能，即在合同交涉与合同缔结之间划定界线的目的；（5）其他功能，比如包括对合同缔结及其内容的确认、合同对外的公示、特定企业对同种类合同内容的管理等。基本上，除票据行为仍残留古老时期的方式观念（亦即方式本身即法律上行为的体现）外，合同形式的本质已从"效力性方式"演变为"保护性方式"或者说是"目的性方式"。②

三、特许经营合同形式欠缺的法律后果

根据合同法的一般原理，在评价合同形式欠缺的法律后果时，应考虑形式强制所欲追求的目的，兼顾形式强制与合同自由的冲突关系。

大陆法系国家的民法典对法定要式区分为两种基本情形：一种是遵循某些法律形式是法律行为有效的前提；另一种是未具备法定形式的行为虽有效，但是该法律行为在法庭上不能用证据加以证明，或者只能通过有限的证明方式加以证明。③ 法国法中以遵循某些形式为有效条件的情形为数不多，这些情形包括赠与和婚姻合同（《法国民法典》第931条、第1394条），依

---

① ［德］迪特尔·梅迪库斯：《德国民法总论》，邵建东译，法律出版社2001年版，第461页。

② 王洪：《合同形式欠缺与履行治愈论——兼评〈合同法〉第36条之规定》，《现代法学》2005年第3期。

③ ［德］康德拉·茨威格特、海因·克茨：《合同形式》，《中外法学》2000年第1期。

《法国民法典》第 1341 条，标的价值超过 5000 法郎的合同，都必须以公证书或者私证书的形式作成，违反该要式规定者，则排除证人之证据方法。德国民法一般奉行"缺少法律要求秩序上要件的法律行为无效"这样的基本原则。对缺少形式要件的合同要施以如此强度的惩罚，唯一的解释是立法者颇关心当事人意思的严肃性。[①] 英美法系国家是在诉讼上处理这一问题，都着眼于要式的证据功能。一般来讲，当事人间的合同如果没有遵循法定的形式，其后果并非是导致合同无效，而是导致其"不可执行"，当事人不能据以起诉请求，即法庭不承认此合同为正当的请求权基础。[②]

当出现合同欠缺特定的形式要件时，目前我国法上一般采用四种处理方式。

（1）一般后果：合同不成立。《合同法》第 36 条规定："法律、行政法规规定或者当事人约定采用书面形式订立合同，当事人未采用书面形式但一方已经履行主要义务，对方接受的，该合同成立。"同时，第 37 条也规定："采用合同书形式订立合同，在签字或者盖章之前，当事人一方已经履行主要义务，对方接受的，该合同成立。"如果我们对该两条作反对解释，那就是：法律、行政法规规定或者当事人约定采用书面形式的，如果当事人未采用书面形式，除一方已经履行主要义务且对方接受的以外，合同不成立。

（2）特别后果：合同无效。《合同法》第 44 条第 2 款规定："法律、行政法规规定应当办理批准、登记等手续生效的，依照其规定"。也就是说，在当事人没有完成所要求的批准、登记手续时，合同成立但不生效。其实，因违反上述条款而导致合同无效的情形虽说是作为无效的特别后果被确认，法条的表述本身不过是"法律、行政法规规定应当办理批准、登记手续的，依照其规定"。这个表述在《合同法适用司法解释（一）》之第 9 条又被阐述为："依照《合同法》第 44 条第 2 款的规定，法律、行政法规规定合同应当办理批准手续，或者办理批准、登记等手续才生效，在一审法庭辩论终结前当事人仍未办理批准手续的，或者仍未办理批准、登记等手续的，人民法院应当认定该合同未生效；法律、行政法规规定合同应当办理登记手续，但

---

① ［德］康德拉·茨威格特、海因·克茨：《合同形式》，《中外法学》2000 年第 1 期。

② 王洪：《合同形式欠缺与履行治愈论——兼评〈合同法〉第 36 条之规定》，《现代法学》2005 年第 3 期。

未规定登记后生效的，当事人未办理登记手续不影响合同的效力，合同标的物所有权及其他物权不能转移。"可见，这里的"未生效"并不是绝对无效，并不是合同严重违法，而是说合同的法定生效条件不具备，合同暂时不生效。按照有些学者的观点，《合同法》这类规范属于强行性规范中的强制性规范，而非禁止性规范。

（3）因履行而治愈。根据《合同法》第36条的规定，在合同应当采用书面形式而没有采用书面形式的情况下，"但一方已经履行了主要义务，对方接受的，该合同成立"。即合同一方履行主要合同义务，可以治愈合同形式欠缺的瑕疵。

（4）其他规定。根据《合同法》第215条的规定，在租赁合同中，租赁期六个月以上的合同，依合同法应采取书面形式。但是，该书面形式要求，正如学者在对私法规范的分类中所言及的，是合同法中的倡导性规范，当事人不遵守，法律并不因此否定此类合同的效力，而是使其成为不定期合同，当事人可以随时要求解除。

特许经营合同书面形式欠缺的法律后果应当怎样认识？

结合特许经营的实践发展以及我国《商业特许经营管理条例》中特许人备案制度的相关内容，可以做一种类推解释：书面形式应当是特许经营的成立或者生效要件。该认识形成的基础在于以下几点：

第一，我国《商业特许经营管理条例》明确规定了特许人备案制度。根据《条例》第9条、第10条，特许人应当自首次订立特许合同之日起10日内，向商务主管部门备案。商务主管部门收到特许人提交的符合规定的文件、资料后，应当予以备案，通知特许人，并将备案的特许人名单在政府网站上公布和及时更新。而《条例》第8条第2款规定，"特许人向商务主管部门备案，应当提交下列文件、资料：（一）营业执照复印件或者企业登记（注册）证书复印件；（二）特许经营合同样本；（三）特许经营操作手册；（四）市场计划书；（五）表明其符合本条例第七条规定的书面承诺及相关证明材料；（六）国务院商务主管部门规定的其他文件、资料。"可见，"特许经营合同样本"是备案中特许人必须提交的文件、资料。备案制度的目的在于，加强政府对特许人开展特许经营的资质、信息披露的内容等的监管，在一定程度上解决特许人与受许人信息不对称、保护受许人利益，同时也是企业信用体系建设和管理的要求。所以，合同形式是政府监管的基本凭据，形式要件要求作为判断合同成立或生效的要件，可以简化但须强化对特许经营的管理。

第二，特许经营合同本身的要求。商业实践中特许经营被誉为"成功率最高的创业模式"之一，这种创业模式的典型特征就是，特许人和受许人之间的权利义务完全靠特许经营合同来规范。因此特许经营合同是建立特许经营法律关系的核心，并且，没有下列条款，特许经营根本无法正常进行：一是合同期限和展期。通常情况下，许多特许人允许受许人在合同期限届满时延长合同期限，但展期条件需要明确约定。虽然特许经营管理中受许人有权要求在平等条件下有优先给予展期的权利，但没有展期条件的约定或者约定不明确，特许人优势地位的现实存在就很可能造成"受许人打开了市场最后却被终止了特许"。二是首期特许费和其他费用。首期特许费、定期的费用（如特许权使用费和广告费等）和其他费用的计收办法与支付方式，无论从合同管理还是特许经营商业管理的角度，口头形式简单约定都不敷其用。三是经营场所、"商圈"禁止竞争条款。特许人可以代替受许人负责选择其经营场所，也可由受许人负责选址，但特许人应起指导和最终核准的作用。受许人获得特许经营权后在一定区域内从事商业活动，并为之付出努力。"商圈保护"和避免恶性竞争等现实要求决定了经营场所的约定应当是明确的，经营场所约定不明致使合同目的不达时，根据诚实信用原则，受许人就可以有解约权。四是培训。培训是特许人的基本合同义务，特许人培训计划的性质、内容、期限和地点（有些特许者在强制性培训计划之外还设置了选择性的培训计划），直接影响到受许人的正常营业的开展和进行。五是优先购买权。为了控制特许体系，特许人往往保留自己从受许人那里购买特许业务的权利。这样的限制，等于给受许人以后的资产转让设置了限制。

这种常识性列举旨在说明一个现实：当没有书面合同约定时，一旦发生纠纷，法院如果以承认行业惯例的做法承认其作为合同内容，等于是对特许人的优势地位的更上一层保护。所以，无论是行业管理还是合同规制，书面的约定是纠纷解决的最佳依据。

第三，如果把形式欠缺在特许经营合同中作履行治愈或者其他规定，对特许经营的发展并无益处。前已述及，特许经营的实践发展已经告诉我们，受许人无法通过协商合同内容以对抗特许人的强势，特别是在复杂的分区特许或者区域特许中，书面协议是保证特许活动正常进行的最低限度要求。

为什么对特许经营合同形式强制的认识不遵循合同形式的本质已从"效力性方式"演变为"保护性方式"或者说是"目的性方式"的一般逻辑？也许，本书的分析不具有代表性，没有完成较深层次的分析和论证。但该商业实践在生活世界的现实发展和管理层面对它的规范要求，一定程度上也可以成为基本理由，或者说，这就是特许经营合同的特殊性所在。

四、余论：关于格式免责条款

格式条款的应用，在特许经营合同中成为合同内容和形式强制的典型结合。应当说，在特许经营这种特殊合同下，格式条款的适用已无理论或者实践的障碍。所应探讨的是格式免责条款在特许经营合同中，应当有适当的适用限制。

格式条款或者格式合同，是指当事人为了重复使用而预先拟定并在订立合同时未与对方协商的条款。原则上，由于格式条款是由合同一方事先拟好，合同相对方要么全部接受，要么全部不接受的条款，对合同自由构成极大的冲击，因而备受诟病。但本质而言，格式合同并没有否定合同自由，因为"take it or leave it"，仍然是当事人的自由。所以在某种程度上说，格式合同受到激烈批评的部分原因是格式免责条款订入合同。格式限制或免除责任的条款并非不能订入合同，但是，格式合同的免责条款不仅影响到当事人在合同中的地位和权利义务关系，也对合意理论及其适用产生了深刻影响，因此各国法莫不对其予以调整，只不过模式有所差别。法国是通过在合同法上建立标准合同制度规范格式合同。① 美国的特色是将合同法上的既有规则适用于格式合同领域。英国则在普通法之外，通过颁布《不公平合同条款法》等法律，以特别法的形式实现对格式合同及其免责条款的调整与控制。② 当然，各国在对格式合同调整时并不局限于单一或固定的模式。我国

---

① 尹田：《法国现代合同法》，法律出版社 1995 年版，第 122—124 页。
② ［英］A. G. 盖斯特：《英国合同法与案例》，中国大百科全书出版社 1998 年版，第142—180 页。

《合同法》对格式合同的免责条款采区别对待的态度，大多数情形，免责条款的效力及其适用由当事人协商解决，合同法只在极其有限的范围内对免责条款直接作出禁止性规定，具体如下。

第一，当免责条款在交易活动中具有普遍性并从根本上影响合同正义或违背公序良俗时，免责条款无效（《合同法》第40条）。

第二，免责条款虽有普遍性但并不必然造成当事人之间利益失衡，也不影响公序良俗时，《合同法》并不事先作禁止性规定，而是允许当事人对订入合同的免责条款提出异议，由法官决定该异议免责条款的效力。以行业格式合同中的免责条款为例，这些格式免责条款多为减轻或免除企业提供的产品、服务的责任而设，如有关产品保修期限的规定、产品质量担保及其责任例外等规定，这些免责条款虽具一定的普遍性，却不必然导致当事人之间利益失衡，相反却与大工业生产的利益分配、风险分担的原则有一定契合处，因此从这种意义上说，该免责条款不具有道德上的可非难性，法律不宜一概否定其效力。

第三，免责条款不具有普遍性，也不必然造成当事人之间利益的严重失衡或构成对公共利益的违反时，《合同法》不适用有关格式合同免责条款的规则，将其视为一般的合同纠纷，适用合同法的一般规则。

格式免责条款订入特许经营合同，与一般的格式免责条款的效力认定并不存在本质上的差别，需要注意的是，除第一种情形之外，其他如第二、第三种情形，法院的裁判应当在遵循受许人利益特别保护的基本前提下，看免责条款是否加重了特许双方事实上的不平等，只要并不是特许经营体系维护所必须，对否定特许双方法律地位矫正的价值追求的免责条款原则上应作否定性评价。

综上所述，民法是讲究人文关怀的，但是，民法也从不讳言"一己之私"。所以，在民事立法中，立法者的价值判断，往往在符合民事基本原则的前提下适当遵从生活的逻辑。特许经营合同中这种表现尤其明显——无论合同内容还是合同形式，强制性约束看似已经实然公开凌驾于当事人的平等协商约定之上，甚至有合同约定被淹没在强制性规定之下的表象。如特许经营合同内容的具体规定，合同中限制竞争条款的效力认定，合同形式的强制性要求，这都与传统合同的合同自由有了很大差距。也就是说，我们承认特许经营是一种合同关系，承认合同的一般和本质特征，但强制性的法律干预在特许经营中确实也是合同的基本特征，而且，这种认识并非谬论。原因在于，对合同效力的判断，已经不仅仅是法规范的简单设计，而是在遵从合同自由、正义、效率和公平的综合性价值判断标准的基础上的、与生活世界相联系的一种实然的价值排序。

　　诚如有人所言，我们生活的世界已经不是一个完全自由的社会，不是赋予个人完全自主地支配财产的权利即可以实现自治的市民社会，那种完全自治的市民社会只能停留在法学家的理想的制度设计当中。相反，我们生活在一个政府管制之下的市民社会。这种现实，在特许经营领域就是：为了维护这种公认的"最具竞争力的经营模式"，受许人的缔约自由（指决定合同内容、合同限制性条款等）可以适当屈从于特许人的优势地位，国家法上的规制，却似乎仍然是维护了合同自由，因为，"take it or leave it"，那还是特许人、受许人各自的权利。

第五章　特许经营合同责任及其归责原则

特许经营虽然是特许人和受许人之间的合同关系，但该合同关系却因特许经营本身的特征，一跃而超出合同相对性的限制，将触及特许人和受许人之外的第三人，将利益关系触及第三人利益和社会公共利益。也就是说，特许经营网络与其外部之间交织着错综复杂的利益冲突：一是与消费者利益的冲突；二是与竞争者利益的冲突；三是与债权人或债务人利益的冲突；四是与社会公众利益的冲突（如环境污染、重大安全灾害事故等）。正是在这样的意义上，笔者认为，特许经营合同责任已经当然地包含了特许人和受许人之间的责任——内部责任，以及合同第三人责任——外部责任，[①] 特许人和受许人的内部责任是通常所谓的合同责任。

合同的本质就是当事人的"合意"，对此"合意"，合同当事人自然应当恪守。所以，《法国民法典》第 1134 条（依法缔结的契约，在缔结契约的当事人之间具有相当于法律的效力）被认为"几乎是至理名言的规定"。但是，换一种角度认识，当事人之间的自由意志之所以具有了相当于法律的效力，也可以说是因为有合同责任制度提供着切实的保障，合同责任的法定和约定，对合同的履行具有制度保障作用。

---

① 本论述是以合同研究为基本立足点，所以，合同外部责任就只局限于特许经营对消费者的责任，而忽略其他责任研究。

第一节　特许经营合同责任的一般问题

一、合同责任与合同义务

合同责任与合同义务是两个既有联系又相互区别的概念：债务是责任发生的前提，责任则是债务不履行的后果，无债务不产生责任，但无责任的债务不是法律意义上的债务，正所谓"债务之本质在于责任，亦即债务系为责任所包含，债务为肉，责任为皮，去之皮，肉不存，是故在债权法之认定下，有债务必有责任，无责任之债务系一种空洞之概念，失其法律上之价值"。[①] 可见，法律意义上的债的关系是完整的债务和责任的统一。作为一种具体之债的特许经营合同，自然发生特许人和受许人合同义务与责任的统一。

合同关系作为一种有机体，发展过程中已逐渐形成所谓合同上的义务群，该义务群包括主给付义务、从给付义务以及附随义务。主给付义务（主义务）是指合同关系所固有、必备并可以决定合同类型的基本义务。从给付义务（从义务）是不具有独立意义，仅具有补助主给付义务的功能的义务，其存在目的不在于决定合同的类型，而在于确保债权人利益能够获得最大满足。而所谓附随义务，一般认为是法律未明确规定，当事人也未明确约定，但为维护对方当事人的利益，依照诚实信用原则及社会一般交易习惯，当事人应当负担的义务。[②] 作为一种理论创设，附随义务缘起于《德国民法典》，该法典第 242 条将诚实信用原则规定为债法的基本原则，从而为法官解释及补充合同当事人的权利义务奠定了理论基础，也由此产生了大量的关于附随

---

① 林诚二：《论债之本质与责任》，（台湾）《中兴法学》第 19 期。
② 学界对附随义务并无统一的定义，史尚宽先生认为，附随义务是"依诚实信用原则、债务人于契约及法律所定内容以外尚负有的义务"。林诚二先生主张，依日本法"不为给付对达成契约之目的有无影响"的标准，凡依照合同性质和当事人的意思表示，不为给付对达成合同目的的没有影响的为附随义务。

义务的典型判例，创设了包括告知、合作、注意、保护等各种形态的附随义务。① 附随义务的功能在于保证债权人利益的圆满实现并保护债权人的人身、财产等权益。附随义务的适用，使债的效力附从于既定的债的内容，扩大到债的当事人之间事先不确定的权利义务范围。② 根据我国《合同法》第60条，合同当事人应当按照约定全面履行自己的义务。当事人应当遵循诚实信用原则，根据合同的性质、目的和交易习惯，履行通知、协助、保密等义务。该条即为合同履行中附随义务的规定，包括前合同义务和后合同义务。

由此，合同责任已不能简单等同于违约责任，而是一个包含了对约定义务和法定义务不履行所产生的违约责任、缔约过失责任、后合同责任的合同责任体系。特许经营合同责任当然也不例外。

二、合同责任与归责原则

根据传统民法理论，归责原则是指确定归责根据的原则，归责的根据即指归责的具体事由。合同责任的归责原则，就是指在发生合同义务违反的情形下，确定责任是否成立应遵循的准则或根据。也就是说，如果合同一方当事人在履行合同中发生违约行为，法律是以当事人的过错，还是以已发生的违约后果作为判断标准，从而使违约当事人承担责任。笔者认为，在我国《合同法》的框架下，违约责任的承担以严格责任为原则，过错责任为例外。只有在合同法有明确规定的情形下，合同责任承担才考虑当事人是否有过错。这样的认识，是以对严格责任、过错责任、无过错责任的基本概念分析和认定为基础的。不妨以对合同法归责原则的一般理解为分析基础。

（一）传统上判断违约行为所致事实后果归属的标准

适用违约责任归责原则加以判断的对象，是客观存在的违约行为及据此

---

① 《德国民法典》第242条关于诚实信用的规定主要适用对象首先是大量的特定义务。当契约所包含的内容不足以根据该法典第157条进行解释时，法院就会援用第242条进行创造性的解释，从而推导出合同所需要的新义务……在以此种方式假设的大量义务中，还包括注意义务、监督主债务履行方法和方式的义务、保证履约的义务、合作的义务以及告知和说明的义务。参见［德］罗伯特·霍恩等：《德国民商法导论》，楚建译，中国大百科全书出版社1996年版，第115页。

② 王家福主编：《中国民法学·民法债权》，法律出版社1991年版，第137页。

导致的事实后果，但是，判断违约行为所致事实后果归属的标准，是采取主观标准还是客观标准，或者是主观和客观相结合的标准，学界一直存在争议。

按照客观标准归责，结果就是即使违反合同的当事人没有过错，也要承担违约责任。这显然等同于结果责任。因为，人的行为是受其主观意识支配的，通常情况下，违约行为人的主观态度与其违约行为之间必然存在内在的联系，违约行为是反映违约方主观意识的行为方式，违约方的主观意识则以违约行为表现出来，如果不考虑违约行为人的主观态度，就会产生凡合同义务人不履行或不适当履行，就要绝对地、无例外地承受违约行为的全部事实后果的结论。同样地，完全以主观标准作为判断标准，又会陷入另一个误区。因为，某些违反合同义务的行为以及事实后果可能与违约方的主观意识无关，但从平衡社会利益的角度出发，仍应对违约的后果进行合理的分担，否则违约方往往会以各种理由抗辩以达到免除承担法律责任的目的，国内外的大量例证足以说明这一点。如果依双重标准说，在归责过程中就既要重视分析违约行为人的主观上是否有过错，又要考虑若干已发生的客观因素。应该说，主观和客观相结合的双重标准与民法所倡导的平等、公平和保护民事主体合法权益等基本精神相吻合，也符合当今社会公众所普遍接受的法律价值观念和行为准则，毕竟，"归责原则是解决最终的责任问题，也就是解决法律价值判断上的'最终界点'或责任的根据要素问题，所以，归责原则不应从损害事实出发，而应从过错等因素出发"。①

（二）两种归责原则的确立

综观各国立法实践，对违约责任原则的规定主要有过错责任原则和严格责任原则。大陆法系国家一般采用过错责任原则，并且认为这是自《法国民法典》以来就确立的原则。该法典第1147条规定："凡债务人不能证明其不履行债务系出于不应归其个人负责的外在原因时，即使在其个人方面并无恶意，债务人对于其不履行或延迟履行债务，如有必要，应支付损害赔偿。"《德国民法典》第275条也规定："债务人除另有规定外，对故意或过失应

---

① 王利明：《侵权行为法归责原则研究》，中国政法大学出版社1992年版，第19页。

负责任。"过错责任是大陆法系合同责任的一般原则，但在具体适用上，无论是《法国民法典》《德国民法典》，还是台湾地区民法，均要求债务人对其不履行债务主观上的无过错负举证责任，因此实际上是过错推定责任。值得注意的是，大陆法系在坚持过错责任原则的同时，并未绝对排斥严格责任。如在金钱债务到期未能履行、债务人无能力移转种类物、承运人对旅客受到人身伤害的责任等情况下，无论债务人是否有过错，均应承担民事责任。英美法因受"合同关系中不能惩罚任何人"理论的影响，对于合同义务未履行或因其他事由导致合同争议，习惯使用"违约救济"或"违约补救措施"。传统英美合同法中，各种救济都有独特的适用条件，但通常情况下，当事人寻求违约救济时，只需要证明对方没有按约定履行合同义务即可，无须考虑过错。正如英格兰一位法官所说的那样："因违约引起的损害赔偿责任的请求不考虑过错，一般来说，被告未能履行其注意义务是无关紧要的，被告也不能以其尽到注意义务作为其抗辩理由。"[1] 美国《合同法重述（第2版）》第260条（2）规定，"如果合同的履行义务已经到期，任何不履行都构成违约"。据此，一般认为，英美法在违约救济方面采纳了严格责任原则。但是，正如大陆法系在采纳过错责任原则的同时，并不完全排斥严格责任一样，英美法系在采纳严格责任的同时，也没有完全否定过错因素在确定合同责任方面的意义。

严格责任与过错责任理论上存在明显的差异，采纳过错责任，等于为当事人设定了行为的标准，无过错即可以免责，为行为自由划定了界线。采纳严格责任，等于为债务人设定担保债务履行的义务，无过错亦应承担责任，除非存在不可抗力等免责事由。但是，上述差异在实际应用中的后果却相差无几。因为：其一，在合同自由的原则下，当事人完全可以通过约定确定责任的承担，只要约定有效，归责原则的立法差异并不显现。其二，在民法公平与合同正义的理念下，严格责任抑或过错责任都不过是法律政策的选择问题，是规则的预先设定问题，最终都遵循私法的基本原则。当然，作为一种解释和应用的理论，划分仍然有其存在的价值。

---

[1] 杨立新：《中国合同责任研究》（上），《河南省政法管理干部学院学报》2000年第1期。

（三）对我国法律中违约责任归责原则的认识

我国《合同法》第107条规定："当事人一方不履行合同义务或者履行合同义务不符合约定的，应当承担继续履行、采取补救措施或者赔偿损失等违约责任。"该条是对违约责任的一般概念和原则的确定。据此，学者大都认为，我国《合同法》采用的是严格责任原则。但是，由于《合同法》分则的许多条文中直接规定了以过错作为追究责任的依据[①]，由此导致学者间对《合同法》整体上采用的是什么归责原则[②]及对归责原则的理解上见解不一的出现。[③]

根据梁慧星先生的观点，从《合同法》第107条的规定看，"当事人一方不履行合同义务或者履行合同义务不符合约定的，应当承担继续履行、采取补救措施或者赔偿损失等违约责任"。该条文并未出现"但当事人能够证明自己没有过错的除外"的字样，故合同法立法者的本意是不以行为人主观过错为违约构成要件的严格责任原则。[④] 这种观点的依据是其应了法律继承的需要。因此，我国《民法通则》第106条、第111条（2017年实施的《民法总则》基本延续了《民法通则》关于民事责任的立法体例，对于民事责任的一般规则作出了规定，但是没有对违法合同的违约责任再做具体规定，主要是考虑《合同法》已有所规定，而且，民法典分则中会有专门和具体的规定），《涉外经济合同法》第18条，《技术合同法》第17条对违约责任的表述中，实际上采取的就是严格责任原则。所以，《合同法》把归责原则确定为严格责任，是对已有法律原则的继承。但也有学者从法律解释的

---

① 这些规定具体如下：（1）双方违约的责任分担，《合同法》第120条；（2）赠与人的责任分担，《合同法》第189条；（3）租赁合同的责任分担，《合同法》第231条；（4）旅客运输合同的责任分担，《合同法》第303条；（5）货物运输合同的责任分担，《合同法》第311条；（6）保管合同的责任分担，《合同法》第374条；（7）仓储合同的责任分担，《合同法》第394条；（8）委托合同的责任分担，《合同法》第406条。

② 实际上我国违约责任到底采何种归责原则，学者间仍有三种观点的争论。第一种观点主张为严格责任原则（此为主流观点）；第二种观点主张为过错责任原则；第三种观点主张以严格责任为主，以过错责任为辅。

③ 此见解不一体现在对严格责任的理解上，有的认为严格责任是一种无过错责任，有的则认为是绝对责任。

④ 梁慧星：《从过错责任到严格责任》，载《民商法论丛》第8卷，法律出版社1997年版。

要求分析，认为《合同法》并非是采纳严格责任。

其理由为①：（1）从《民法通则》对民事责任规定的体系上分析，《民法通则》对于合同责任是采两个层次的叠加规定，于第六章"民事责任"的第一节一般规定中作原则性设计，于第二节规定违反合同的民事责任。从体系上看，106 条共有三款规定，"公民、法人违反合同或者不履行其他义务的，应当承担民事责任。公民、法人由于过错侵害国家的、集体的财产，侵害他人财产、人身的，应当承担民事责任。没有过错，但法律规定应当承担民事责任的，应当承担民事责任。"该条第 1 款是对所有的民事责任作的一般规定；第 2 款明确规定侵权责任采过错责任原则；第 3 款是对民事责任的特殊规定，即特殊情形下的无过错责任，当然也包括违约责任。从法条本身的逻辑来看，如果第 1 款的规定即因无"过错"二字的出现而应为无过错责任原则，第 3 款的规定岂非逻辑上的重复？由此，在第六章之下的第 111 条，"当事人一方不履行合同义务或者履行合同义务不符合约定条件的，另一方有权要求履行或者采取补救措施，并有权要求赔偿损失。"虽未有"过错"二字，也不应解释成无过错责任原则，相反仍然是过错责任原则。否则，法条自身的矛盾就没法解释。（2）从《民法通则》与《经济合同法》的关系分析，原《经济合同法》第 29 条规定，由于当事人一方的过错，造成经济合同不能履行或者不能完全履行，由有过错的一方承担违约责任。显然该条的规定是采过错责任原则。相对于《民法通则》而言，《经济合同法》系特别法，而且，按照学者的一般认识，经济合同即所谓的商事合同，商事合同更应该实行严格责任，因为这类合同更需要所设定的规则方便裁判，以适应诉讼经济的要求。如果说作为一般法的《民法通则》实行的是严格责任原则，而作为特别法的《经济合同法》实行的反而是过错责任原则，逻辑上显然难以自圆其说；如果说此不一致是因《民法通则》颁布在《经济合同法》之后，但 1993 年《经济合同法》进行修订，竟然没有适应商事合同的商事性、功利性和方便诉讼的要求，没有与《民法通则》中所谓的"严格责任原则"保持一致，却再次肯定了过错责任原则。何以如此呢？答案只有一个，那就是《民法通则》对于违约责任并未采纳所谓的

---

① 基于研究的延续性，本部分仍引述《民法通则》对于民事责任的一般性规定。

"严格责任原则"，而是奉行过错责任原则。[①]

其实，认识我国《合同法》在违约责任的承担上采哪种归责原则，应综合《民法总则》《合同法》的相关规定具体判断。过错责任与严格责任并非逻辑上划分之"二分法"作用的结果，二者在内涵、外延上均非对应关系。虽然说，传统上严格责任常常被我国学者称为"无过错责任"，或被解释为"不论违约方主观上有无过错，只要其不履行合同义务给对方当事人造成了损害，就应当承担责任"。[②] 但是，无过错责任与严格责任在内涵上还是存在着一定的差异，体现在：（1）在大陆法系中，无过错责任是与过错责任相对应的术语，主要适用于违约行为或者其后果不可归责于双方当事人之事由所导致的场合，一般由法律加以特别规定，因此，无过错责任是绝对不考虑任何一方当事人主观上的过错。而严格责任并不是绝对地不考虑过错，而只是在违约发生后，确定违约当事人的责任，主要考虑违约的结果是否因违约当事人的行为造成，即考虑违约行为与当事人的行为之间的因果关系而不是行为人主观上的故意和过失。事实上英美法大量的判例研究表明，在大部分情况下，严格责任实际上包含债务人有过错和债务人没有过错两种不同情况。（2）无过错责任是作为过错责任的例外和补充存在的，由于合同当事人并无过错可言，违约责任的惩罚功能远不如补偿功能来得明显。严格责任则是不考虑违约方有无过错而依法直接发生的违约责任，并不是对违约方的行为作出肯定性或者否定性评价，其适用的出发点只是为了便捷地处理债权人与债务人相互之间的争议，两者的价值观念明显不同。由此，严格责任的含义应有两层：一是严格责任并不以过错为要件，而是以违约方的行为与违约后果之间的因果关系为要件，所以在严格责任情况下，债权人的违约可以作为债务人的抗辩事由，抗辩事由的存在既可以表明债务人的行为与结果之间无因果关系，也可以表明债务人无过错。二是严格责任的宗旨在于合理地补偿债权人的损失，尽管英美法对发生风险的分担，由所有人主义发展到当今主要采纳交付主义，但无论采取何种主张，在不可归责于当事人双方的事由造成损害的情况下，合理补偿损失的宗旨不变。

[①] 参见韩世远：《合同法总论》，法律出版社 2004 年版，第 689—690 页。
[②] 转引自王利明：《违约责任论》，中国政法大学出版社 1996 年版，第 52 页。

　　既然严格责任与过错责任并非逻辑上的对应关系，将二者统一于一部合同法中，体系上并没有任何问题。因此，回应前文关于违约行为所致事实后果归属的判断标准，在主、客观相结合的判断标准下，《合同法》应该是采取了严格责任、过错责任两种归责原则。[①] 也就是说，考虑到"债的建立，是为消灭"这一合同之债的本质，考虑到合同本质上应该是自由合意的结果，考虑到民法中的人已经被假定为理性人，合同法原则上应该是采纳严格责任原则，在有明确规定时，采纳过错责任原则。

　　学者们对严格责任原则的优越性多有论述：第一，严格责任有其自身的优势。采取过错责任原则意味着过错作为违约责任的一个要件，那么随着交易的发展，用来表明当事人主观上无过错的意外事件也会增多，而当事人又不可能在订约前就充分预料到各种风险和事件的发生，并在合同予以事先规定，这时采用过错责任原则往往会给违约方许多免责的机会，造成违约方不受追究的现象。而适用严格责任则很有效地避免或减少了因过错责任原则产生的免责机会，更有助于维护交易安全。并且，严格责任原则以合理补偿损失为宗旨，即便是因客观原因造成违约而给对方造成实际损失时，除依法可以免除责任者外，违约一方应当承担一定的赔偿责任。较之过错责任原则，更强化了对债权人的保护，从而增强了合同当事人对合同期待利益的信心。同时，采严格责任原则于诉讼证明上有极大的便利。在诉讼中原告只需向法庭证明被告不履行合同义务的事实，不需证明被告对于不履行有过错。被告免责的唯一可能性在于证明存在免责事由。不履行与免责事由属于客观事实，其存在与否的证明和认识在判断时相对容易。因此实现严格责任原则可以方便裁判，有利于诉讼经济，有利于合同的严肃性，有利于增强当事人的责任心和法律意识。第二，严格责任原则能适应违约责任的本质需求。违约责任是由合同义务转化而来，本质上出于双方约定，不是法律强加的，此与侵权责任不同。因此，违约责任应比侵权责任严格。即使在意外事故之情形

---

　　① 《合同法》分则部分规定了若干过错责任，例如供电人责任（第179—181条）、承租人的保管责任（第222条）、承揽人责任（第262条、第265条）、建设工程合同中的承包人的过错责任（第280条、第281条）、寄存人未履行告知义务的责任（第370条）、保管人责任（第371条）等。参见崔建远：《海峡两岸合同责任制度的比较研究——海峡两岸合同法的比较研究之一》，《清华大学学报（哲学社会科学版）》2000年第2期。

下，采纳严格责任原则似乎对债务人是不公平的，但此时违约一方主观上无过错，受害方更无过错。况且，债权人基于对债务人承诺的信赖，往往改变了他的处境，如果一味主张债务人无过错而免除其违约责任，则无异于让债权人自行承担风险，这显然更不合理。第三，严格责任原则适合合同法发展趋势的需要。《联合国国际货物销售合同公约》《国际商事合同通则》《欧洲合同法原则》均规定了严格责任原则，这"应该被认为是两大法系的权威学者在经过充分的斟酌权衡之后所达成的共识，反映了合同法发展的共同趋势"。①

三、特许经营合同责任与归责原则研究的必要性

洋洋洒洒大段理论复述的意义在于：在本研究前提下，特许经营合同责任的认定，是生活世界对法律世界提出的诉求——特许经营纠纷中合同责任的认定，应该是考虑了该种合同的特殊性之下的一种具体设计。在现有的合同法框架之下，特许经营合同尚无登堂入"有名合同"之列，而其内生的种种特殊性，简单适用无名合同的法律适用规则，又容易造成裁判的不一致甚至有违公平的现象。

以北京市海淀区法院2005年1月至2006年5月审结的47起特许经营纠纷案件为分析对象②，作者在调查分析后认为，47起案件纠纷主要表现为四种类型：一是特许经营企业存在欺诈。部分特许经营企业采用冒充外国商标、虚构产地、使用与知名品牌近似的用语、虚构资格认证等方式进行虚假宣传，以欺诈手段误导加盟商加盟，导致加盟商在了解真相后纷纷要求解除加盟合同，退出加盟企业。此类加盟合同纠纷案件占该时期内审结的加盟合同纠纷案件总数的36%。例如在肇思丹诉北京某清洗技术有限公司一案中，某清洗技术有限公司在不具备环境污染监测治理资格的情况下开展环境污染监测治理的加盟业务，并且对产品的产地作出欺骗性、误导性的陈述，故法院认定其构成欺诈。二是特许经营企业严重违约。在加盟合同履行过程中，部分特许经营企业受利益驱使，擅自违反加盟合同的约定，或是以次充好提

---

① 参见梁慧星：《从过错责任到严格责任》，载《民商法论丛》第8卷，法律出版社1997年版，第90页。

② 海法：《加盟合同纠纷案件的调查研究》，《法庭内外》2007年第1期。

供不合格产品，或是重复授予独家代理权损害加盟商利益，导致加盟商诉诸法律。此类加盟合同纠纷案件占该时期内审结的加盟合同纠纷案件总数的32%。三是加盟商不按合同约定进行经营。个别加盟商借助特许经营企业的品牌优势追求最大限度的利益，只挂特许经营企业的招牌，却不采用特许经营企业的统一管理方式和统一产品标准，损害特许经营企业的形象。或者签订加盟协议后不按照协议的约定进行经营。此类加盟合同纠纷案件占该时期内审结的加盟合同纠纷案件总数的30%。四是加盟费性质模糊引发加盟合同双方争议。特许经营企业与加盟商往往只约定加盟费需"一次性支付"，但对加盟费的性质却不作明确约定。加盟合同双方往往从对自己有利的角度认识加盟费的性质，其结果差异较大，从而引发纠纷。此类加盟合同纠纷案件占该时期内审结的加盟合同纠纷案件总数的2%。

而审理上述加盟合同纠纷时法院面临的难点之中，其一是加盟合同纠纷的界定。加盟合同属于无名合同，约80%的原告将案由写成经营纠纷、合作经营纠纷或代理纠纷等。因此，受理案件后，法院首先要对合同的内容和特点进行分析，以确定是否属于加盟合同纠纷。其二是欺诈与违约的区别。在加盟合同纠纷中，30%的当事人对某一行为是属于欺诈还是违约存在争议。因此，法院要综合存在争议的行为所涉及的法律关系、该法律关系的构成要件等多种因素对行为的性质进行认定。

考虑到司法实践对特许经营纠纷、合同责任的认定尚没有统一的基础，而特许双方合同义务的违反在特许经营纠纷中又是最常见的原因，本研究既然是一种相对微观的研究，对责任认定做一种相对深入的研究，对理论与实践而言都不无意义。

第二节　特许经营之缔约过失责任

特许经营合同具有持续性，双方当事人基于合同结成了一个持续性的利益共同体，特许人借助受许人的加盟，维持和发展特许经营网络和体系，实现低成本的扩张；受许人借助特许人以知识产权的"一揽子"许可使用，获取经营和投资回报。在这一合同关系中，双方的诚信和相互信任无论在重要性还是合乎需要性方面，都显得尤为重要。因而在特许经营合同中，基于诚信原则而发生的合同义务较其他一般合同应该更为严格，如特许人缔约前的信息披露义务、受许人合同解除（终止）后的保密义务、竞业禁止义务等。

一、特许人缔约前信息披露义务的履行

前已述及，信息披露义务是各国法或行业协会管理中对特许人的合同义务要求。因为特许经营是一种纯粹的市场活动，市场经济要求加盟双方信息必须对称。特许人的信息披露，对于保证受许人及时、全面、准确地了解、掌握有关情况，在充分占有信息的基础上作出适当的投资决策，防止上当受骗，非常关键。因此，有特许经营立法的国家，都把信息披露作为核心制度。

根据我国《商业特许经营管理条例》第23条第1款，"特许人向被特许人提供的信息应当真实、准确、完整，不得隐瞒有关信息，或者提供虚假信息"，所以，缔约前特许人的信息披露，应当遵循派生该义务的诚信原则的基本要求。

第一，信息披露的真实性。真实性是信息披露的最根本也是最重要的要求，以至于该原则成为信息披露制度的前提性假设。真实性原则要求，不管披露的形式如何，披露的信息应当是以客观事实或具有事实基础的判断与意见为基础的，以没有扭曲和不加粉饰的方式再现或反映真实状态。

当然，"真实"是一个具有相对性的概念，一种真实性可能由于时过境迁而变得具有误导性甚至虚假性，如预测性信息披露，并且，真实与否是需要验证的，检验真实与否的标准只有把披露信息与现实情况进行对照，但这种对照往往具有滞后性。另外，还有一些披露的真实性虽然在理论上是具有可验证性，但在实践中则困难重重。例如对一些尚在商讨过程中但尚未最终确定事项的披露便是如此。再者，由于披露主体主观认识的局限性、语言本身固有的不精确性等原因，完全的真实殊为难求。所以，特许人信息披露的真实性要求只能是政府的强制性披露干预下的一种相对真实，是对特许人的

一种较高要求。

第二，信息披露的完整性。特许人应当做到对影响投资者决策的信息的所有方面进行全面、充分的揭示，即披露的信息内容应达到实质性的完整，凡对投资者作出投资决策有重大影响的信息，都应予以披露。这是因为，特许人披露的信息是受许人投资决策的重要依据，如果特许人在信息披露时有所侧重、有所隐瞒，可能导致受许人无法获得有关投资决策的全面信息，那么，"即使已经公开的各个信息具有个别的真实性，也会在已公开信息总体上造成整体的虚假性"。[①] 信息披露的完整性原则源于民法的诚实信用原则。其意义为合同一方当事人有责任向他方当事人披露所有重要事实之义务。当然，完整性原则并不意味着特许人必须事无巨细地披露所有有关公司的信息。

第三，信息披露的准确性。真实与准确，是一个问题的两个方面，是要求特许人披露信息时必须用精确、不含糊的语言表达含义，在内容与表达方式上不得使人误解。对特许人信息披露的准确性要求，一般倾向于指特许人对特许体系的利润、营业前景等的宣传和预测。

信息的准确性与投资判断的准确性之间具有内在的联系。误导性信息必然导致投资判断的错误偏差。对于诸如法律要求披露的特许人的合法资格证明、资本信用证明、注册商标、商号、特许者的总体经营情况、特许者对受许人在经营管理上的援助情况等信息，准确性的标准是相对严格的，即信息披露者意图表达的信息，必须与客观事实相符，用某种表达方式呈现的客观信息必须与一般信息接受者所理解或感知的结果一致。而对于特许人披露的有关加盟盈利预测、估算、前景展望等信息，其准确性要求一般是：（1）预测信息必须具有现实的合理假设基础，并且必须本着审慎的原则作出；（2）当由于客观条件变化，导致因原先作出预测的合理假设基础变化或不存在而导致预测信息变得不真实或者具有误导成份时，特许人有义务及时披露并且更正预测信息，使其不具有误导性。

---

① 吕明瑜：《论上市公司信息公开的基本原则》，《中国法学》1998 年第 1 期。

二、特许人违反信息披露义务的行为

特许人违反信息披露义务的行为一般被称为不实陈述。这里的不实陈述，与英美法上错误陈述并不能简单等同。在英美法系中，错误陈述分为诈欺性的错误陈述、疏忽的错误陈述和无意的错误陈述三种。诈欺性的错误陈述，根据英国著名判例"Deny v. Peek"一案确立的原则，"只有在知道陈述是虚假的，或者是由于粗心大意不知道或者没有注意到它是真的还是假的时作出的陈述才是诈欺性的陈述"。① 疏忽的错误陈述是当事人一方为意思表示时，未遵守他对相对人表示的意思或声明，使对方信其所陈述为真实可信而缔结契约，于事后发生损害。② 在很长一段时间里，英国法院一直坚持对基于疏忽的错误陈述所缔结的合同不能提起损害赔偿，受害方仅能依据衡平法中的信托关系，申请撤销契约。直到 1963 年，在赫德利·伯恩有限公司诉赫勒·帕特纳有限公司案，英国上院扩大了对疏忽的不实陈述的侵害予以赔偿的责任。无意的错误陈述是作出错误陈述的一方既无诈欺，也无疏忽大意。所以因无意的错误陈述所缔结的合同，受害一方只能撤销合同，无权主张损害赔偿。

在特许经营合同的缔结过程中，特许人故意或过失错误陈述的情况不在少数。商业实践中所发生的错误陈述，下列三种情形较为常见。

第一，虚假记载。

虚假记载是指特许人违反信息披露的真实性原则，在信息披露的文件上作出与事实真相不符的记载，即客观上没有发生或无合理基础的事项被信息披露文件加以杜撰或未予剔除。虚假记载的方式很多，尤以财务报表的方式为最多。如在财务报表中虚增资产负债比例，虚构公司偿债能力；虚构投资者权益，夸大公司实力；虚报盈利，虚构资产价值；虚构成本费用率，夸大公司效益。除上述方法外，还可能有多报营业收入，虚构营业资本周转率，高估无形资产，夸大公司信用等手段进行财务报表方面的虚假记载。这种方

---

① ［英］P. S. 阿狄亚：《合同法导论》，赵旭东等译，法律出版社 2002 年版，第 276 页。
② 杨桢：《英美契约法论》，北京大学出版社 1997 年版，第 228 页。

式属于积极行为的方式，主观上既可出于故意，也可出于过失。

第二，误导性陈述。

误导性陈述是特许人违反信息披露的准确性原则而致的后果。指特许人信息披露文件中的某事项的记载虽为真实，但由于表述存在缺陷而易被误解，致使投资者无法获得清晰、正确的认识。误导性陈述可能是对客观性信息的不恰当陈述，如信息披露语言存在语义模糊，易使公众产生不同理解；或者陈述的语句晦涩难懂，不可理解。也可能是主观性评价信息的不恰当陈述，如特许人故意遗漏部分信息，造成受许人判断失据，或者是特许人故意做引人误解的营业利润或发展前景宣传，导致潜在受许人判断失误。误导性陈述既可表现为积极的作为方式，也可表现为消极的不作为方式。在主观上，既可出于故意，也可出于过失。对是否构成误导之判断，不应仅注意文件或其构成部分之字面含义，而更应注重该文件之表示对公众所可能造成的印象。

第三，重大遗漏。

重大遗漏是特许人违背信息披露的完整性要求，在信息披露文件中故意不记载依法应当记载的事项或为避免文件不致被误解所必须记载的重大事项。重大遗漏是一种消极的不实陈述，是以不作为的方式进行的。例如特许人对其所涉及的对特许经营体系有重大影响的重大诉讼案件或纠纷在招商加盟说明书上只字未提，致使投资者难以了解资金投向的风险，这种行为就属于重大遗漏。在主观上，可以是故意和过失，其中故意遗漏的称为隐瞒，过失遗漏的称为疏漏。

三、特许人缔约过失责任的承担

特许经营中特许人招商加盟的过程即缔结合同的磋商过程。特许人的招商加盟说明书从本质上应视为要约邀请，有投资意向的潜在受许人与特许人相互接触、磋商就进入了特许经营合同的缔结阶段。"从事契约缔结的人，是从契约交易外的消极义务范畴进入积极义务范畴，其因此而承担的首要义务，系于缔约时善尽必要的注意。""当事人因自己过失使契约不成立者，对信其契约行为有效成立的相对人，应赔偿基于此信赖而产生的损害。"①
由于特许人在信息上的优势，潜在受许人据此产生了合理的信赖。当这种信
赖成为投资者投资加盟决策的基础时，特许人在公开信息披露文件中的不实
陈述、虚假陈述或者重大遗漏，在本质上违背了其在合同订立过程中依据诚
实信用原则所负的义务，从而导致了投资加盟者因信赖合同有效成立的信赖
利益损失。对信息披露不实的特许人应对投资者因合同不成立或无效承担缔
约过失责任。

根据合同法的基本理论，基于诚信原则而发生的前合同义务的违反构成缔
约过失责任。在特许经营合同，缔约过失责任较一般合同显得更为严格，但在
责任认定上与其他民事合同并无区别，均是以诚信原则的违反而应由当事人承
担过错责任。② 因为，根据学界的一般认识，缔约过失责任是指在订立合同
过程中，在合同尚未成立的情况下，当事人违背诚实信用原则，故意或者过
失地违反原先合同的法定义务，给对方造成损失所承担的损害赔偿责任。如
我国《合同法》第 42 条、第 43 条规定，引发缔约过失责任的法定情形是：
假借订立合同，恶意进行磋商；故意隐瞒与订立合同有关的重要事实或者提
供虚假情况；泄露或者不正当地使用在订立合同过程中所知悉的商业秘密。

问题是，在特许经营中，特许人缔约过失责任的赔偿范围多大？不妨以
合同法基本理论为参考。其实，缔约过失责任的设置宗旨本身并不复杂，就
是前所述及的信赖的保护，当然，承担责任的最主要方式就是损害赔偿。但
是，对于损害赔偿的范围，学界争议颇大。有的主张以履行利益为准，有的
认为应仅以信赖利益为限，有的认为不应包括间接损失的赔偿，而有人则认
为直接损失和间接损失均应予以赔偿，等等。

美国学者富勒早在 1936 年就指出，"损害赔偿法所意欲'衡量'和

---

① 王泽鉴：《民法学说与判例研究》第 1 册，中国政法大学出版社 2009 年版，第 88 页。

② 有人指出，特许人违反缔约前信息披露义务应承担严格的无过错责任，而不是"疏忽的不正
确说明"之类的过错责任或推定过错责任，因为特许人对自己业务的历史、现状和前景的了解和掌握
程度是无可争辩的权威，而潜在的受许人则只能从特许人处获悉有关信息以作出是否投资的决定。参
见王昊：《特许经营中特许人责任的初步研究》，载沈四宝主编：《国际商法论丛》第 4 卷，法律出版
社 2002 年版，第 564 页。笔者认为，与缔约过失责任承担的一般原理并无二致，特许人缔约前信息披
露义务的违反仍然是过错责任，当然，这里的过错责任严格而言应该是过错推定责任，由特许人对自
己无过错承担举证责任。

'确定'的事项——'伤害'、'损害的项目'、'因果联系'等——在很大程度上是它们自己的创造物，而'衡量'和'确定'它们的过程实际上就是创造它们之过程的一部分……实际上原告所遭受的损失（对期待的剥夺）并非一个自然的数据，而是对一种常规秩序的反映。只有参照一种未予言明的应该时它才表现为一种'损失'。因而，当法律依据被许诺之履行的价值判定损害赔偿时，它并非单纯地计算一个总量，而是在寻求一种目的，无论这种目的可能是如何模糊地被隐藏着。"[1] 当我们遵循这样一种认知的逻辑，"基于对被告之允诺的信赖，原告改变了他的处境。……我们可判给原告损害赔偿以消除他因信赖被告之允诺而遭受的损害。我们的目的是要使他恢复到与允诺作出前一样的处境。在这种场合受保护的利益可叫作信赖利益。"[2]

（一）信赖利益的赔偿

应当说，在因缔约过失而受有损害的情形，受害方所可以请求的，是合同缔结前（无加害行为时）所处的状态，故赔偿范围应以信赖利益为基准。多则多赔，少则少赔，目的是使缔约双方回复到缔约之前的情势之中。

信赖利益损害，也可以区分为所受损害与所失利益。所受损害可包括：（1）缔约费用（如为签订合同而合理支出的交通费、鉴定费、咨询费、勘察设计费等）；（2）准备履约所支出的费用；（3）上述费用的孳息；等等。所受损失主要是指丧失与第三人订立合同机会所产生的损失，这种损失的计算必须明确两点：其一，"与第三人订立合同的机会"必须是曾在缔约过程中真实存在的。也就是说，此机会是曾经客观存在，是真实的，不是基于信赖人的主观愿望而存在，不是信赖人的单方意愿；同时，此机会是指与第三人订立合同的机会，而不是产生"与第三人订立合同的机会"，这个机会若被把握，就会产生与第三人订立合同的结果。其二，"与第三人订立合同的机会"在确定赔偿时已真的不存在。这是因为对信赖利益的赔偿目标是使信赖人达到订立合同过程未曾发生的状态。如果这样的机会还真实存在，那么

---

[1] ［美］L. L. 富勒、小威廉 R. 帕杜：《合同损害赔偿中的信赖利益》，韩世远译，中国法制出版社 2004 年版，第 262—263 页。

[2] ［美］L. L. 富勒、小威廉 R. 帕杜：《合同损害赔偿中的信赖利益》，韩世远译，中国法制出版社 2004 年版，第 264 页。

这一局部状态并未改变，也就不需要恢复。① 一般而言，信赖利益的赔偿不得超过当事人在订立合同时所应当预见的因合同不成立、无效或被撤销所可能造成的损失，也不得超过合同有效或者合同成立时相对人所可能得到的利益（履行利益）。②

（二）完全性利益的赔偿

20 世纪以来，缔约过失责任突破合同法领域而推进到侵权责任领域，1911 年著名的亚麻油地毡案③就是明证。在违反保护义务的缔约过失情形下，若使相对人的人身或财产遭受损害，则加害人所应赔偿的，是被害人在其人身或财产上所受一切损害，即所谓完全性利益，可能远远超过履行合同所产生的利益，从而不发生以履行利益为界限的问题。④

特许人违反缔约前信息披露的要求，致特许经营合同不成立、无效或被撤销时，受许人要求的损害赔偿，与其他合同情形并无本质区别。只是需要注意的是，以前述基本理论确定缔约过失责任的承担，有三个问题应考虑在内：其一，缔约过失责任中可否适用合理预见原则？合理预见是违约责任承担的原则，在缔约过失责任中可否适用？前已论及，缔约过失责任是过错责任，无过错即无责任。因此，合理预见原则在缔约过失损害赔偿中有其适用的前提。并且，法律所追求的是公平和正义，从逻辑上说，承认缔约一方的信赖利益，也就必然应该承认另一方的信赖利益。所以，在保护受害人的同时亦应对缔约过错方给予必要的保护，二者并不矛盾。正因为如此，对于缔约一方来说，要求其对缔约相对方的信赖利益进行保护只有在其能合理预见的范围之内才有意义。当然，为了真正使缔约双方回复到缔约之前的情势当中，实现设立缔约过失责任制度的目的，在确定损害赔偿时，有必要坚持以实际利益的损失为赔偿界限。只有在实际损失过于超出合理预见范围时，才应适用合理预见原则予以限制，以实现法律的真正公平。其二，不真正义务

---

① 温静芳：《析缔约过失责任的认定及其责任形式》，《法学杂志》1999 年第 3 期。
② 韩世远：《合同法总论》，法律出版社 2004 年版，第 165 页。
③ ［德］克雷斯蒂安·冯·巴尔：《欧洲比较侵权行为法》（上卷），张新宝译，法律出版社 2004 年版，第 242 页。
④ 韩世远：《合同法总论》，法律出版社 2004 年版，第 165 页。

在缔约过失中是否存在？不真正义务是指权利人对自己利益的维护照顾义务。违反此种义务，仅使权利人蒙受不利益，而不发生损害赔偿问题。因为对不真正义务的违反，本质上说是权利人对自己利益的疏忽或者放弃，相对方没有过错，因而不可归责于相对方。[①] 由此，在确定缔约过失责任的损害赔偿中，如果缔约人已经知道相对方存在缔约上过失却仍然不采取适当措施而致使自己的损害扩大的，无权就扩大的损失请求赔偿。其三，被害人与有过失应否考虑在内？如果被害人因自己过失，误认合同成立或者生效的，根本不得请求赔偿，这是在法律发展史上曾有过的规定，但这样的规定有时可能产生不适当的后果，对有过失的缔约人过于宽容。因此，在双方均存在缔约上过失以致彼此信赖利益都受损害的情形下，应适用过失相抵原则，按照各自的过错承担相应的民事责任。

特许人承担缔约过失责任的最典型案例是美国威斯康星州最高法院于1965年所作的一个判决，即霍夫曼诉红鹰连锁店案。原告自1956年到1961年在妻子的协助下在威斯康星州的沃托马经营面包烤制业，后来原告希望建一个连锁店以便扩大经营规模。为此，他与被告的一位代表进行了谈判，被告拥有和经营着多个超级市场，与此同时把特许经营权授予为个人所有的商店。被告的代表在翻阅了原告库存记录，了解了他的经营情况后，向原告许诺只要原告满足他的要求，即可开设一家红鹰连锁店，后被告不断提高谈判筹码，最终导致谈判破裂。原告随即向法院起诉，要求被告赔偿其在谈判过程中所遭受的损失。法院判决认为，原告保持了应有的谨慎，并对被告所作的承诺性表述产生了信赖，而且他满足了通过与被告协商确定的条件，被告没有信守其诺言，而这一诺言使得原告采取了使其受损的行动。依据平衡法上不得自食其言的原理，被告应赔偿原告因信赖该诺言而蒙受的损失，但是原告无权就未来的利润要求赔偿，原告应得的赔偿金，仅限于其实际所受的损失。这一判例甚至已成为美国法院关于缔约过失责任的典型案例。[②]

---

① 吴根发：《缔约中的信赖利益及其损害赔偿》，《法学》1999年第3期。
② 参见王军：《美国合同法判例选评》，中国政法大学出版社1995年版，第26—31页。

四、特许人的其他责任

商业特许经营中特许人的信息披露义务实际上已经是各国法或者行业规范中的强制性规定，而不仅仅是基于诚信原则而派生的义务。所以，与一般基于诚信原则产生的义务不同，在特许经营合同中，这些义务的违反不仅仅是一种民事责任的承担，甚至有行政责任、刑事责任。例如，根据我国《商业特许经营管理条例》第 27 条、第 28 条，特许人不按规定在缔约前向受许人披露信息，或者披露的信息不符合真实、准确、完整要求的，如经受许人向商务主管部门举报并经查实，由商务主管部门责令改正，处 1 万元以上5 万元以下的罚款；情节严重的，处 5 万元以上 10 万元以下的罚款，并予以公告。特许人在推广、宣传活动中，有欺骗、误导行为，或者发布的广告中含有宣传受许人从事特许经营活动收益的内容的，由工商行政管理部门责令改正，处 3 万元以上 10 万元以下的罚款；情节严重的，处 10 万元以上 30 万元以下的罚款，并予以公告；构成犯罪的，依法追究刑事责任。而特许人利用广告实施欺骗、误导行为的，依照广告法的有关规定予以处罚。

需要说明的是，特许经营之缔约过失责任也包含潜在受许人违反诚信义务而产生的责任。只不过，受许人前合同义务的违反的判定与责任承担，与一般合同并无原则区别，所以笔者不再另外列举。

第三节　特许经营之后合同责任

后合同义务的违反构成后合同责任。与传统合同不同，特许经营合同的主要和核心内容是受许人对特许人知识产权等的"一揽子"许可使用，并且受许人的竞业禁止，往往被作为合同的必要条款。所以，在特许经营合同终止或者解除后，受许人仍然利用特许人的知识产权等构成对特许人权利侵犯的情形并不少见。在一般的侵权责任之外，对后合同责任的强调和确认也是解决此类纠纷的可选择途径。

与缔约过失责任相反，在特许经营中，后合同义务的违反和责任承担主要以受许人对后合同义务的违反为讨论视角。因为，特许人后合同义务违反的情形，与传统合同并无原则区别。

一、特许经营中的后合同义务

合同附随义务按时间点划分可分为先合同义务（生效前）、后合同义务（履行完毕后）和合同中义务（即生效后至履行完毕期间）。后合同义务即为合同终止或解除后的附随义务，因而，后合同义务仍属法定义务，是法律强制缔约双方承担的义务。根据我国《合同法》第 92 条，"合同的权利义务终止后，当事人应当遵循诚实信用原则，根据交易习惯履行通知、协助、保密等义务。"这是我国法律对后合同义务的明确规定。可见，后合同义务是合同终止后，当事人依照法律的规定，遵循诚实信用原则，根据交易习惯履行的义务。与传统合同相同，在特许经营下，当事人的后合同义务理论上也包含以下内容。

第一，通知义务。

它指当事人在有条件的情况下，应当将合同终止的有关事宜告诉对方当事人。例如，当特许双方约定了合同解除的条件，当条件成就时，一方主张解除合同，应当通知对方；特许双方或一方当事人因不可抗力或意外事件而致合同不能履行，需要解除合同时，应当通知对方当事人；等等。

第二，协助义务。

协助义务是指当事人有帮助、配合对方当事人处理合同终了善后事宜的义务。如考虑到特许经营的继续性合同特征，合同解除或终止后，合同权利义务关系不可能溯及既往而消失，财产的返还、分割或者权利的转让，需要特许双方的互相协助。如《德国民法典》第 371 条规定："对债权出具有债务证书的，债务人除要求开具收据外，还可以要求返还债务证书。如果债权人坚持说无法返还，债务人可以要求出具证明债务已消灭的经公证机构认证的证书。"这里的借鉴意义是，知识产权等权利许可的使用终止或者返还，可以考虑通过一方协助另一方利用公证或者登记的证明等方式达到目的。

第三，保密义务。

保密义务是指合同当事人在合同终止后，对于了解到的对方当事人的秘密，不准向外泄露。这对特许经营合同的终止尤显重要。受许人特许经营权的获取和使用的现实，使特许人的技术秘密、经营秘诀、营销资讯等商业秘密和特许人特有的经营管理经验等信息部分或者完全被受许人掌握和知悉，所以，合同终止后，受许人应当对受许人的商业秘密等情况负保密义务，不得泄露技术秘密，不得在合同终止后继续使用该商业秘密或者技术秘密等。

第四，竞业禁止义务。

原则上，竞业禁止是指负有特定义务的工作人员在任职期间或者离职后一定期间内不得自营或者为他人经营其所任职的企业同类的营业。《公司法》《劳动合同法》都有对竞业禁止义务的明确规定。在特许经营下，竞业禁止与保密义务是一个问题的两个方面，因为特许经营存在技术秘密、经营秘诀、营销资讯等商业秘密和特许人特有的经营管理经验被转让给受许人使用的事实，为避免特许人"一揽子"知识产权被侵犯的风险，法律一般允许竞业禁止作为受许人的合同义务，且该义务往往因合同的约定而持续到合同终止后的一段时间。

二、特许经营中的后合同责任及其承担

应当说明的是，笔者认为，受许人的后合同责任，是一种不同于缔约过失责任、违约责任以及侵权责任的独立民事责任。

首先，后合同责任是"承担后合同义务的一方当事人不履行或不适当履行后合同义务，造成对方损失，应承担的损失赔偿责任"[1]。因此，不应将缔约过失责任和后合同责任混淆。

其次，后合同责任不能简单并入违约责任。有学者指出，《合同法》在第六章规定了后合同义务而没有规定相应的责任，在接下来的第七章就规定违约责任条款，应理解为立法者有对违反后合同义务的行为适用违约责任的立法意图。[2] 但后合同责任与违约责任因为产生时间、产生基础、责任形式等差别存在，故而不可能简单调和，特别是关于责任形式的差别——违约责

---

[1] 杨立新：《中国合同责任研究》（下），《河南省政法管理干部学院学报》2000 年第 2 期。

[2] 杨立新：《中国合同责任研究》（下），《河南省政法管理干部学院学报》2000 年第 2 期。

任形式有多种，并且当事人可以约定责任形式和损失赔偿数额或损失计算方法，而后合同责任不存在当事人约定，其责任形式主要指赔偿损失。

最后，后合同责任区别于侵权责任。有学者认为，后合同义务"并非合同自由约定义务，并不产生违约责任，而产生法律规定的后果。无论作为或不作为履行义务，损害赔偿责任应按侵权责任处断为宜"①。从责任承担的一般形式而言，这种认识有一定的合理性。但是，后合同责任产生在具有信任关系的特定当事人之间，双方当事人基于刚刚终止的合同而产生的相互协助、保密、通知等义务的存在，使其与侵权责任的消极性、侵权人与受害人之间不存在特别注意义务等情形相区别。所以，与缔约过失责任区别于侵权责任而独立存在同理，后合同责任也应当区别于侵权责任。

基于以上认识，不管从责任性质还是责任形式而言，后合同责任有其独立的发生根据，是一种基于法律规定而产生的特定之债，与不当得利、无因管理、侵权行为、缔约过失共同构成债的体系。后合同过失请求权也是一项独立的债的请求权，受害人可以直接依据后合同过失请求有过失的一方承担责任。② 这种责任的承担以损害赔偿为基本责任方式。

第四节　特许经营之违约责任

一、过错责任原则

与一般合同以严格责任原则为当事人承担合同责任的原则性规定不同，特许经营合同违约责任应当是过错责任。也就是说，不管是特许人违约还是受许人违约，除非当事人之间存在合法有效的约定，法院的裁判只能是一种基于违约方过错或推定过错基础上的归责和裁决。

---

① 邹大有、段先义：《合同责任制度创新探究》，《探索》1999 年第 6 期。
② 钟奇江：《合同法责任问题研究》，经济管理出版社 2006 年版，第 211 页。

二、过错责任的合理性依据

坚持以过错责任原则作为判断特许经营合同违约责任的依据，与特许经营的经济地位以及特许双方的经济意义有相当的关系。或者说，坚持以过错作为认定特许双方违约责任的一般原则，是以对该合同的经济分析为基本依据的。

（一）持续性合同的性质要求

特许经营合同是一种持续性合同。借鉴法律的经济分析，持续性合同一般存在关系专用性投资、不完备性以及违约救济途径的多样性等特征。

第一，关系专用性投资的存在及其影响。

持续性合同是一种长期合同，往往涉及特定的生产行为，而这种基于合同关系的生产行为引起的投资又进一步加强了资产的专用性。专用性投资①既可以是固定资产如机器设备、生产线等，也可以是流动资产如为履行合同而培训的特定人力资源等。在长期合同②中专用性投资是当事人履行合同的必要，成为合同的重要内容。但是，它也使当事人面对更为突出的机会主义和道德风险问题，增加了当事人特别是专用性投资的一方对合同关系的依赖，使当事人之间的关系趋于稳定。

从经济学的角度看，关系专用性投资在成为履行合同的基础的情况下，将大大增加当事人特别是进行了关系专用性投资一方当事人的交易成本。一方面，当事人不可能指望在短期内收回投资，这将增加当事人对合同的依赖程度，从而使合同关系变得更为重要；另一方面，受生产专业化发展的影响，生产要素在部门和行业间的流动受到越来越多的限制，增加了当事人对合同解除后对专用性投资处理的难度。

---

① 现代分工的发展使生产过程日益专业化，与此相适应，生产要素在行业和部门的流动受到限制，逐步固化为特定行业和生产过程的专用性资产。

② 长期合同并不是法律概念，而是社会学上的概念，仅仅是以合同履行期限具有长期性这一基本存在为标志的简单界定。笔者这里的使用，实际上是在表明持续性本身往往就是长期的，目的是为了使用的便利以及和商业实践的联系。

在作为持续性合同的特许经营中，专用性投资是相互的，特许人需要付出对受许人技术传授、人员培训的投资，受许人需要进行实质性融资，这种状况决定了合同双方的相互依赖性。当然，从专用性投资的相互性也可以看出，这实际也是特许经营发展中逐渐形成的一种约束机制——合同的当事人通过分享产权的方式，按照一定比例共同投资，将投资的风险分配给双方当事人，以增强合同的稳定性。所以，无论是特许人还是受许人，一方对另一方依赖程度的存在使双方都希望合同经营的存续和发展，这种对合同的依赖就使得双方不可能轻易通过仅有履约中违约行为和损害后果的存在就追究另一方的法律责任，因为它会破坏合同关系的基础，造成两败俱伤的后果。

基于此，笔者认为，关系专用性投资为合同双方当事人达成这样的共识提供了物质性基础：只有在合同一方因故意或重大过失违约之时，才有必要通过一方违约责任的承担实现合同救济。当然，也有人基于特许经营的实践而指出，特许经营中受许人的资本并没有很高的交易专用性，一个大众汽车经销商可以转向销售戴姆勒的汽车或者把他的设施用于其他目的，因此受许人在不损失太多准租金情况下可以终止特许合同，"退出"对双方来说都是一个可行的选择。[①] 这其实仍然可以适用笔者的解释。因为，对于上述情形的"退出"而言，责任的承担最终仍然是基于过错的分担。

第二，合同的不完备性。

不完全合同理论主要是在不完全信息经济学和新制度经济学的基础上发展起来的，其在长期性、持续性合同方面的贡献主要是解释了非一时性合同不完全的根源，研究了持续性合同的自我实施机制。不完全合同理论认为，有限理性和合同外部环境的不确定性是导致持续性合同不完全的根本原因。就有限理性而言，法官和当事人都不可避免受其影响。一方面，法官既得不到所有与违约行为相关的信息，也没有所需的能力去解释它们，因为几乎每个交易都是个别的，需要专门的技术和商业知识去理解它们，在不具备这些相关知识的背景下，司法系统难免作出错误的决定。[②] 另一方面，有限理性的假设还意味着当事人并不知道他们所面对的问题的所有解决方法及其后

---

① ［美］埃瑞克·G. 菲吕博顿、鲁道夫·瑞切特：《新制度经济学》，孙经纬译，上海财经大学出版社1998年版，第226页。

② O. Hart & J. Moore, "Incomplete Contracts and Renegotiation", *Econometrica*, Vol. 56, 1988.

果，不能很好地安排应对各种可能结果的对策，这意味着当事人很难以较低的成本适时地对合同内容作出全面和妥善的约定。① 另一个说明合同不完善的理由是根本不确定性。根本不确定性的存在使当事人无法预测未来交易活动所有特征，因此也就无法在合同中约定所有的事项以增强对偶发事件的适应性。不确定性不仅产生确定合同内容和责任的事前障碍，也产生事后的问题，比如事后的机会主义行为对信息披露机制所产生的结果损害等。②

不完全合同理论为当事人应对合同调整提供的机制是合同的自我履行机制（Self - Enforcing Mechanisms），包括三方面的内容：一是激励和强制实施机制，其目的在于激励当事人按照需要的行为规范行为或者阻止其采取与其允诺相悖的行为；二是监督机制，通过执行合同安排的规则或权威作出的决定，证实当事人是否履行了允诺；三是处理纠纷的仲裁机制。自我履行机制实际上是一种行为驱动机制，其目的在于确定当事人在合同中应当采取哪些行为以实现有效的合同调整。此外，不完全合同理论还对合同的自我履行机制与群体制度的关系、市场调整与混合结构的关系等作了探讨。③

交易费用理论对持续性合同的治理也提供了选择。根据该理论，在一时性合同情形，因为不存在关系专用性投资，当事人的有限理性、机会主义等特征对合同的影响并不明显，当事人完全可以通过市场竞争机制确定合同价格、约定彼此的权利义务，在出现违约的情形时，法律可以据此为当事人提供救济。这是古典合同法所规范的标准形式的合同范式。但在持续性合同情形，关系专用性投资的存在使当事人间的合同关系具有了相互依赖的特征，市场竞争机制的作用受到限制，因此必须通过合同治理结构的选择来减轻主体行为对合同的影响：即事先约定违约责任的模式和事后协商的模式。事先约定违约责任的模式反映了当事人对机会主义等合同风险的厌恶，但有限理性和信息不完全降低了合同对外部环境变化的适应性；事后协商的模式增强

---

① H. A. Simon, "Bounded Rationality, In Eatwell, Milgate, Newman (eds)", *the New Pal grave*: *A Dictionary of Economics*, *Macmillan*, London, Vol/n. 1, 1987.

② I. Segla, *Complexity and Renegotiation*: *A Foundation for Incomplete Contracts*, Mimeo, Harvard University, 1995.

③ D. C. North, *Institutions*, *Institutional Changes and Economic Performance*, Cambridge University Press, 1990.

了合同对外部环境变化的适应性，但同时也增加了当事人所面临的合同风险。① 当然，作为经济学上的理论，交易费用理论是研究企业性质、功能中所用的理论，目的在于说明企业对节约市场交易中的直接定价成本是有效的替代。

为回应上述两种理论的效用，我们回到市场本身。在复杂的市场条件和交易环境中，当事人在缔约之初很可能无法完全掌握与交易相关的所有必要信息。因此，在持续性合同中，当事人为了增强合同的适应性，在缔约之初也会选择不将合同内容完全通过合同条款固定下来，其结果是合同中出现了不同程度的漏洞。研究显示，美国的天然气和煤炭行业，有相当一部分合同规定了随市场变化调整的条款。② 从经济学的角度看，这种"有意设计的合同漏洞"是信息不对称和当事人有限理性在合同中的反映。为了避免在了解相关交易信息之前就草率作出决定，当事人选择将有关事项留待将来时机成熟时再作决定。"因为对大多数未来事件，在相关的信息被披露之后能够只花较小的代价。对交易者而言，对许多潜在的不可能发生的偶发事件提前作出反应，所引发的一些预期的和先期的契约谈判成本是一种浪费。"③ 另一个产生合同漏洞的原因是交易过程本身的影响。履行期间的长期性使当事人可以期待在较长的时间内与交易伙伴保持相对稳定的合同关系，建立彼此的信赖关系，形成相对稳定的交易规则。信赖关系的存在使在合同期间发生的连续性的交易可以适用相同的交易规则，从而减少缔约成本。

由此可见，信息不对称和交易成本理论是持续性合同中合同漏洞存在的根源，这种合同漏洞是与合同的长期而非一时性所相适应的，是当事人有意选择的结果。所以漏洞的填补也应该首先是当事人协商的结果。就特许经营而言，只要合同双方希望经营继续，应对不完全合同中当事人的选择更多关注的应该是一种信赖关系维持基础上的协商，而如果出现合同漏洞填补中的纠纷或者履约纠纷，当事人往往或者选择协商解决，或者选择忍让、逃避、

---

① A. Rindfleisch, & J. B. Heide, "Transaction Cost Analysis: Past, Present, and Future Applications", *Journal of Markting*, Vol. 61（4）, 1997.

② A. Schewartz, "Legal Contract Theories and Incomplete Contracts", *Contract Economics*, 7, 1992.

③ Kein Benjamin, "Contracts and Incentives: the Role of Contract Terms in Assuring Performance", *Contract Economics*, 7, 1992.

自我帮助等非法律方法解决[①]，除非合同关系难以为继，否则很少选择追求对方责任和对非过错违约的惩罚。因为诉讼或者仲裁一般会毁坏长期交易的信赖关系，很难通过强制履行来维持当事人之间的长期交易关系。再者，就当事人通过协商补充合同漏洞或者解决纠纷而言，交易过程、交易规则、合同关系以及关系性投资等都是应当考虑的因素。另外，按照博弈理论，由于一时性合同不存在重复性博弈，当事人除了依靠司法救济手段，无法为解决机会主义行为和逆向选择等问题提供更多的方法和机制。而对于长期合同，交易的重复性使当事人可以借助双方在较长时期内建立的合同关系，为解决以上问题提供可能。合同关系的存在使当事人能够对相对方行为作出事后评价并有机会采取相应的救济手段和行为选择。这种意义上的选择，为特许双方避免对相对方的苛责提供了基础。

第三，违约救济途径的多样性。

持续性合同的特征使得特许经营具有了不同于一时性合同的很多特点，当事人可能不知不觉地陷进他们感觉不可能撤销合同的境地；"信用"或"诚实"对于合同关系来说变得更为重要；纠纷解决程序可能不再像诉讼那样具有对抗性，当事人可能想友善地解决纠纷，以便继续他们的合同关系。[②]也就是说，除了存在拒绝履行、迟延履行、不适当履行等违约形态并与之相适应的实际履行、损害赔偿、支付违约金等责任形态以外，自我实施在持续性合同履行与违约救济中占有重要地位。在布隆迪、喀麦隆、象牙海岸、肯尼亚、赞比亚以及津巴布韦6个非洲国家的制造业中，研究显示，在较稳定和长期的供需合同中，当事人对合同纠纷的处理更多的是通过直接协商的方式解决。具体调查数据是：在由于顾客迟延付款或者不履行支付义务引发的合同纠纷中，通过直接协商解决的占78.8%，通过私人仲裁方式解决的占7.0%，寻求警察帮助的占8.7%，求助于律师的占25.2%，诉诸法庭的占25.7%。在由于供货商迟延交付、瑕疵交付引起的合同纠纷中，通过直接协商解决的占74.3%，通过私人仲裁方式解决的占4.8%，寻求警察帮助的占

---

① ［美］唐·布莱克：《社会学视野中的司法》，郭星华等译，法律出版社2002年版，第81—84页。

② ［英］P. S. 阿狄亚：《合同法导论》，赵旭东等译，法律出版社2002年版，第50—51页。

1.3%，求助于律师的占3.8%，诉诸法庭的占3.3%。①

　　持续性合同长期性等特征决定了，由于合同的不完备性和关系专用性投资的存在，不可避免产生道德风险、套牢或敲竹杠问题。有学者在研究持续性合同的特征后指出，利用交易的性质和专用关系，通过一个"隐性"合同实施机制可以防止类似问题的发生，这个实施机制包括两方面的内容：一是终止与交易对手的关系，给对方造成包括专用性资产在内的经济损失；二是使交易对手的市场声誉贬值，使与其交易的未来伙伴知道其违约前科，以至于不相信该交易者的承诺。② 该实施机制的结果往往是合同双方两败俱伤。考虑到长期合作的合同双方的相互依赖性、合同关系本身的重要性，在违约的情形下，当事人可能并不太倾向于通过法院或仲裁机构明确责任，而是更多地选择相互协商、妥协、让步，以保持既存的交易关系。

　　所以，持续性合同在违约救济及其选择上的特征与其合同形式和交易性质是紧密相关的。对于一时性合同，违约形态及其责任形式或者依当事人约定，或者依法律规定，其范围和效果可以通过合同条款或法律规定预知。持续性合同的长期性却决定其无法做到如此简洁明了。在当事人囿于合同关系的拘束、维持等原因而选择自我实施机制解决违约问题之时，非讼方式的选择就决定了双方原则上会依据过错的大小，协商解决责任的承担，以维护合同的持续环境。

（二）特许经营当事人权益平衡的需要

　　个别性合同可以理解为传统意义上的合同，它所关注的应该是严格履行合同义务，即允诺或协议不得违反，履行合同义务即为正义。但是，这种被古典契约理论过分关注的形式上的正义，已经并实质上掩盖了合同因其他因素如当事人的身份、地位等可能产生的实质上的不公平。这已为合同发展的历史所证实，特许经营合同即为一种例证。

　　特许经营合同双方当事人法律地位事实上的不平等是一种现实存在。特

---

① A. Bigsten（eds.），*Contract flexibility and Dispute Resolution in African Manufacturing*，The Journal of Development Studies 36.4，2000.

② B. Klein，"Contracts and Incentives"，*Contract Economics*，L. Werin & H. Wijkander（eds.），Blackwell，1992，pp. 155－156.

许人对受许人的持续控制、格式合同、限制性条款的使用等都已是被证实的和实际的存在。当然，前已述及，这种合同双方当事人地位的现实不平等是特许经营合同内生的基本特征，同时又是为了保证特许经营体系的存续和发展而得到理论和法律尊重的现实存在。只不过，民法为了体现其人文关怀的基本精神，对种种事实上的不平等，已经和正在采取适当的强制措施予以矫正，这也是对受许人保护的基本制度设置及其合理性所在。

这里需要提及的是，在现实的不平等和法律的强制矫正之下，我们还需要一种立足于合同本质特征的基本考虑。那就是，合同双方在法律上是一种应然的平等，不管法律已经实施了和正在实施着怎样的矫正，特许人和受许人权益的平衡是一种真正的追求。这种追求以特许经营合同的两种常规约定为分析对象。

第一，特许经营合同保证金。

实务中，保证金也被称为押金、风险抵押金等，是指合同当事人双方约定，债务人或第三人向债权人给付一定的金额作为其履行债务的担保，债务履行时，保证金可以返还或者抵扣；债务不履行时，债权人得就该款项优先受偿。

特许经营合同签订时，特许人一般要求受许人必须缴纳一定数额的保证金。一是保证受许人能够维护特许经营体系的外部同一性和品牌声誉，按照合同约定使用特许人的商标、商号、服务标志、技术秘密、经营模式等，进行特许经营。二是保证受许人能够遵守竞业禁止和履行保密义务。当受许人违约时，受许人无权取回保证金。根据我国商务部发布的《商业特许经营管理办法》第 14 条第 3 项规定，保证金是指为确保被特许者履行特许经营合同，特许人向被特许人收取的一定费用，合同到期后，保证金应退还被特许人。在商业特许经营中，从保证金一般是受许人向特许人单方缴纳这一事实方面，很容易使人觉得这种约定是一种不平等条款，是特许人强势地位的结果。

实际上，保证金在实践中适用非常广泛，如建设工程招投标中的工程投标保证金、履约保证金等，它们都有上位法的支持。如我国《招标投标法》第 46 条中规定："招标文件要求中标人提交履约保证金的，中标人应当提交。"2003 年 5 月正式实施的《工程建设项目施工招标投标办法》也明确规定："招标人可以在招标文件中要求投标人交纳投标保证金。投标保证金除现金外，可以是银行出具的保函，保兑支票或现金支票。"当然这里的保证金制度，有国家对行业管理的具体考虑。例如，为了保障行政机关对房地产企业的监管，广州市实施房地产开发综合保证金，当房地产开发企业不履行具体行政管理要求时，行政管理部门有权从该项资金划缴罚款。所以有人认为，从规制房地产企业、保护消费者的角度需要适用保证金制度。[1]

不管保证金的具体形式如何，就法律性质而言保证金原则上主要是为了保证义务的履行而由一方当事人（或第三人）向另一方当事人预先交付或承诺交付的价款，是保障债权实现的担保，即动产质押。根据《最高人民法院关于适用〈中华人民共和国担保法〉若干问题的解释》第 85 条规定，债务人或者第三人将其金钱以特户、封金、保证金等形式特定化后，移交债权人占有作为债权的担保，债务人不履行债务时，债权人可以以该金钱优先受偿。在特许经营中，特许人向受许人收取的特许经营保证金，实质是一种以金钱作为质押标的的担保形式，具有担保合同履行、督促受许人履行合同的作用。保证金不是定金，不适用"定金罚则"，一方违约时，另一方不能扣除或要求双倍返还保证金。保证金一般在特许经营合同签订时交付。

但需要注意的是，当特许双方在特许经营合同中约定，特许人有权扣除全部保证金时，保证金就取得了相当于定金的作用。[2] 这是对当事人合同自由的尊重。当然，在特许经营实践中，保证金是否可相当于定金，需要尊重当事人的约定。如果当事人没有约定保证金不具有定金的性质，而只是约定特许人有权在受许人违约时没收保证金的，保证金可以看作定金。也就是说，特许经营中保证金能否产生特许人所希望的定金的作用，取决于特许人与受许人如何准确约定，当约定不完整或不准确时，法律只能认定其为动产质押。

分析上述保证金的性质或者适用，应该可以得出这样的结论：除非是出

---

[1]　阳雪雅：《商品房预售中消费者的风险及保证金的适用》，《甘肃社会科学》2007 年第 1 期。

[2]　孙连会：《特许经营的诉讼之道——不可不知的 27 个特许经营诉讼指南》，法律出版社 2006 年版，第 65 页。

于国家管制或者行业管理①，保证金的交付可以是相互的。如我国《工程建设项目施工招标投标办法》第 62 条中就规定："招标人要求中标人提供履约保证金或其他形式履约担保的，招标人应当同时向中标人提供工程款支付担保。"实践中只能合同一方要求相对方交付而相对方不能反过来也要求对方支付的情形，如果排除了国家管制或者行业管理的原因，就只能是缔约双方地位不平等的结果。尤以商业特许经营为例。但前已述及，在民法人文关怀的大旗下，弱势的受许人应该得到法律的特别保护。也就是说，法律可以通过强制性的规定，明确在特许人要求受许人交付履约保证金时，受许人也可以要求特许人提供履约保证金。

这种规定在政府特许经营中已经得到实践。如政府特许经营中的政府履约担保。政府履约担保是政府特许项目（以 BOT 项目为例）中政府担保的首要问题。根据国际法，"平等者之间无管辖权"，国家作为主权者是平等的，一国法院不得对他国及其财产行使管辖权。因而在 BOT 项目运作时，如果政府违反合同，又不放弃主权豁免，将导致项目承办公司因不能对其起诉而难以享有 BOT 合同项下的权利。所以项目公司通常在签订 BOT 合同时要求东道国政府保证以平等的民事主体身份履行契约，不对项目采取征收或国有化措施。其实，政府的履约保证对于 BOT 方式的正常运行是非常重要的，国家一旦进入民事法律关系领域，就与其他民事法律关系主体一样，应该放弃国家豁免权，依照法律履行义务，如果由于自己的过错给对方造成了损失，同样应承担相应的民事责任。②

但不管在担保的性质认识上是否有公法或者私法的不一致，在履约担保中保证金责任的承担中，无论是政府特许经营还是商业特许经营，保证金都是在一方因过错违约时，才会有不予退还的后果。这也是特许人和受许人双

---

① 如我国的直销保证金制度，2005 年由商务部、国家工商总局颁布的《直销企业保证金存缴、使用管理办法》，根本目的是为保障直销企业承诺的兑现，实现对直销企业管理和规范。

② 当然，这里的政府担保，更多的是一种政策性担保，是以政府信用为支撑的担保，为受许人在较长期限内从事公用事业的特许经营提供保证。也有人否认在公用事业特许经营中政府担保是一种民事担保，因为政府担保的措施除履约担保、不竞争保证、经营期保证以及保护知识产权和其他秘密信息保证等之外，还承担税收优惠保证，提供建设用地、原材料和能源供应保证，外汇的平衡与汇出保证，而这些保证，已经是政府作为行政主体而非民事主体的担保。参见沈玮：《BOT 中政府保证的相关法律问题》，《现代法学》2001 年第 2 期。

方都可以要求对方支付保证金的依据。

第二，特许经营合同加盟费。

我国《商业特许经营管理条例》并没有明确规定加盟费。实践中，特许经营双方往往因不清楚加盟费的性质而发生纠纷，这不但关系到加盟费的收取，也关系到加盟费是否返还以及如何返还的问题。[①] 根据安德鲁·J. 谢尔曼《特许经营手册》中的描述，加盟费是对特许人提供给受许人的特许经营权、商标和商业机密使用权、开业前的培训和帮助以及开业之初供应的相关物品（如果有的话）的补偿。这就意味着，加盟费实际上等于受许人获得特许人"一揽子"知识产权的使用、取得特许经营资格而支付的对价，也可以看成是特许经营权使用费（笔者对其不做进一步区分，参见前文受许人义务部分）。

前已述及，特许人要求受许人支付加盟费有其理论依据。但是，当因特许经营失败，受许人要求退出特许经营时，加盟费是否返还或怎样返还，实务中存在争议。根据合同法的一般原理，既然加盟费是受许人获取特许经营权的对价，不管是因为特许人的违约还是受许人违约，只要合同期未满，特许经营权的使用费价值就并未完全用尽，所以，法律应该衡量双方的过错程度，认定加盟费部分返还。

基于以上分析，笔者认为，特许经营中两种最常见的现象：保证金的不予返还以及加盟费的部分退还，都存在一个考虑合同双方当事人的过错问题。也就是说，在民法强制性矫正当事人主体地位的时候，真正的平衡双方利益，应该是基于过错认定双方的违约责任，否则，真正的强势无法得到遏制，特许人的强势地位无法保障不被滥用；而事实上的弱势方，也可能因法律强制对方承担严格责任，滥用了对弱势的保护，人性的缺点莫不如此。

（三）《合同法》分则有关过错责任的规定及其基础

前已述及，我国《合同法》在贯彻严格责任的同时，分则中也规定了过错责任原则，典型的如建设工程合同承包人的责任，租赁合同中承租人的责任……从我国《合同法》分则明确规定过错责任的有名合同如建设工程

[①] 孙连会：《特许经营法律精要》，机械工业出版社 2006 年版，第 199 页。

合同承包人的责任、承租人的责任来看，承包人违约、承租人违约的事实存在，是其承担违约责任的必要条件但却非充分条件。这些合同一般是长期性合同，合同的履行往往需要相当长的时间才能完成。社会学意义上对长期性合同的关注，是关注当事人在较长的合同履行期间的行为特征与合同外部条件变化对合同维持的影响。当然，这种影响引入《合同法》也有其理论价值：较长的合同履行期限、履行期限内市场环境的变化，都会影响到合同订立的方式、合同履行的特点以及纠纷解决方式的选择。基于合同的长期性或者重复性，长期合同的当事人往往建立起相互依赖或信赖的关系。为保持这种关系，当事人会自我克制并避免苛刻的交易。① 因此倾向于选择较为温和的方式解决合同纠纷。正是基于这样的认识，应该说，在正式的合同制度和司法救济之外，存在基于合同关系和交易过程而在当事人之间形成的非正式制度与合同自我履行机制。"当预计契约性的关系要经历一段较长时间时，非正式的理解变得比正式契约更为重要。"②

　　借鉴正式制度与非正式制度理论，对长期合同过错责任原则的确定有很好的论证作用。所谓制度，以著名的新制度经济学家道格拉斯·C. 诺斯（Douglass C. North）在其《制度、制度变迁与经济绩效》中所言，制度就是"一个社会的游戏规则，更规范地说，它们是为决定人们的相互关系而人为设定的一些制约"③。这是诺斯从博弈规则的角度对制度所作的定义。在《经济史中的结构与变迁》中，诺斯给出的制度定义是："制度是一系列被制定出来的规则、守法程序和行为道德伦理规范，它旨在约束追求主体福利或效用最大化利益的个人行为。"④ 即制度是协调人类行为的人为设定的约束，它是社会发展过程中长期自发形成或自觉建立起来的，用以减少风险和增加信任的行为规则。在进行经济分析时，新制度经济学家经常使用"制度

---

① ［美］罗伯特·考特、托马斯·尤伦：《法和经济学》，张军等译，上海人民出版社、上海三联书店1994年版，第335页。

② ［美］罗伯特·考特、托马斯·尤伦：《法和经济学》，张军等译，上海人民出版社、上海三联书店1994年版，第334页。

③ ［美］道格拉斯·C. 诺斯：《制度、制度变迁与经济绩效》，刘守英译，上海三联书店1994年版，第3页。

④ ［美］道格拉斯·C. 诺斯：《经济史中的结构与变迁》，陈郁、罗华平等译，上海人民出版社、上海三联书店1994年版，第225—226页。

安排"这一概念。制度安排是制度的具体化，是管束特定行为模式和关系的一套行为规则。

目前占主导地位的制度分析框架是把制度分为正式制度、非正式制度以及制度的实施机制。正式制度也称为正式约束，是指人们有意识创造的一系列政策法则，包括政治规则、经济规则和契约，以及由这一系列的规则构成的一种等级结构，从宪法到成文法和不成文法，到具体的细则，最后到个别契约，它们共同约束着人们的行为。正式制度都是外在强制实施的，并总是和国家权力及其他正式组织联系在一起的。正式约束具有变化快、可移植性强的特点，对习惯的培养和风俗的演化施加着不同程度的影响。但正式约束只有在与非正式约束相容的情况下才能发挥作用。非正式制度也称为非正式约束，是指人们在长期交流中无意识形成的，是有持久性的代代相传的文化的一部分。它一般包括价值信念、伦理规范、道德观念、风俗习惯、意识形态等因素。非正式制度之所以必要，是因为法律等正式制度不可能穷尽人的所有行为，因而不能对人的任何可能的行为作出有效的规定。同时，正式制度是通过强制得以实施的，可能面临高昂的执行成本，而非正式制度常常内化为人的一种意识形态，从而降低对法律的依赖，社会也会变得更有效率。制度的实施机制，包括相应的组织机构、奖惩标准、实施程序等。判断一项制度是否有效，除了看正式约束与非正式约束是否完善以外，更主要的是看这项制度的实施机制是否健全，离开了实施机制，任何制度尤其是正式约束的规则都形同虚设。"有法不依"比"无法可依"更坏。

借鉴制度分析的相关理论，在长期合同制度上，可以看到正式契约制度和非正式契约制度以及契约的实施机制的共同作用。正式契约制度是人们自觉地、有意识地创造出的一系列为维护市场交易双方利益，保障交易平等、公平的有关法规、政策和规则。非正式契约制度则是指一个社会在漫长的市场交易的历史演进中逐渐形成的，不依赖于人们主观意志的社会文化传统和行为规范，包括意识形态、价值观念、道德伦理、风俗习惯等。正式契约制度之所以称之为"正式"，是指一项契约制度从产生到执行、修订，都必须满足必要的条件和经过严格的程序，形成一套完整、正规的系统，并且由特定的机构监督执行。正式契约制度规则对违反该制度的种种行为及特征均明确、详细加以规定，并且由专门机构确保制度被广泛接受和执行。正式契约制度对人们行为的约束体现在提供了人们进行市场交易活动的领域以及方式的选择边界，如果违反就要承担违约责任，付出应承担的损失。正式制度是经过权威机关向社会公示过的，确保在社会上具有普遍认知的制度。正式制度的可置信保证是一套完善的追究、惩罚违约行为的行政司法系统。①

契约的非正式制度与正式制度不同，因为它并无明确的规定，也没有专门的机构或组织来强制保证其执行，对非正式制度的违反只是同社会大多数成员的"道德""信誉""观念"相冲突。因此，非正式制度主要依靠社会舆论、道德约束、良心谴责，来自社会的不规则的"自发性强制约束"，市场主体的"自觉"和"自律"来保证执行。就非正式制度的社会效应来说，他们提供的激励主要是积极的激励，比如社会的好评、商业伙伴的认同等。

由上观之，考虑《合同法》规定的几种过错责任的合同，其责任承担之所以以过错为基础，可能更多地考虑了这样一些合同，非正式制度对合同的签订和履行已经形成了很好的制约作用，在一系列"道德""信誉""观念"等"自发性强制约束"下，违约责任已经通过合同的自我履行机制而生成了系列的解决方式，法律断无再强行干涉的理由，只能通过一种过错的规定，作为当事人约定不明或者自我履行机制失灵时的补充。

（四）实证分析的结果

下面借用两份实证材料进行分析（一是《特许经营纠纷十年简评》②，二是北京市丰台法院 2005 年特许经营纠纷案件的调查报告③）。据《特许经营纠纷十年简评》一文，以 1996 年至 2005 年 10 年期间发生的 50 件特许经营案件样本分析，纠纷的起源中由特许人引起且受许人作为诉讼原告或仲裁申请人的案件共有 23 件。由受许人引起且特许人作为诉讼原告或仲裁申请人的案件共有 27 件。二者的数量基本相同，没有特别引人注目之处。案由起因虽然总体上比较分散，但相对来说，受许人欠缴各种费用引起的纠纷仍

---

① ［美］道格拉斯·诺斯、罗伯特·托马斯：《西方世界的兴起》，厉以平、蔡磊译，华夏出版社 1989 年版，第 170 页。

② 孙连会：《特许经营纠纷十年简评》，《连锁与特许》2006 年第 8 期。

③ 陶建平、朱凌琳：《对特许经营合同纠纷案件的调查报告》，载董华主编：《法台上的思索》，法律出版社 2006 年版，第 373—379 页。

然占有较大的数量，共有 6 件。第二位的是特许人违反商圈保护约定引起的纠纷，占有 5 件。此外，在特许双方解除或终止特许经营合同后，原加盟商继续使用特许人的商标或其他权利构成侵权的案件，也有 5 件之多。以案件裁判结果分析，一个非常有趣的现象是：如果是受许人提起诉讼或仲裁，胜诉率达到 83%；如果是特许人提起诉讼或仲裁，胜诉率达到 73%。这种现象与一般的诉讼现象虽然也相吻合，但原告的胜诉率还是要高于一般的诉讼案件。此外二者相比，受许人作为原告的胜诉率高过特许人 10 个百分点，这个现象不知道是否具有普遍性，其原因目前也尚无定论。

基于以上相关数据，可以得出以下初步结论：尽管从表面数据看，受许人和特许人引起的纠纷数量几近相同，甚至受许人欠费引起的纠纷还占了第一位，但事情的本质并不只于此。许多由受许人引起的纠纷，其根源往往在于特许体系、产品、诚信上的不足或缺陷，导致受许人经营亏损或感觉上当受骗。这既可以从纠纷产生的原因看出来，也可以从受许人的胜诉率大大高于特许人的胜诉率作出推断。因此，断言目前发生的特许经营纠纷中，特许人的过错占了主要部分，特许人应该对纠纷的发生负有主要责任。

这里笔者参考的案例样本主要包括：（1）某地南洋小厨诉为食欢乐城特许经营合同纠纷案；（2）黄某诉上海某婚纱摄影有限公司特许经营合同纠纷案；（3）王女士诉某快餐特许经营公司特许经营合同纠纷案；（4）田某诉北京某技贸有限责任公司特许经营合同纠纷案；（5）杜某诉北京某技贸公司特许经营合同纠纷案；（6）北京某美容连锁企业诉福州某加盟店商标侵权纠纷案；（7）北京某洗衣服务有限公司诉福州某洗涤有限公司特许经营合同纠纷案；（8）上海某洗衣有限公司诉 FCJ 特许经营合同纠纷案；（9）某洗衣连锁企业诉吴先生商标侵权纠纷案；（10）浙江某餐饮连锁有限公司诉邹某特许经营合同纠纷案；（11）某图书零售企业诉刘某特许经营合同纠纷案；（12）高某诉某国际咖啡品牌中国区域特许人特许经营合同纠纷案；（13）北京某物业清洗企业诉王某特许经营合同纠纷案；（14）广州某贸易有限公司诉北京某服饰有限公司特许经营合同纠纷案；（15）朱某诉上海某有限公司特许经营合同纠纷案；（16）尹某诉上海某有限公司特许经营合同纠纷案；（17）上海某有限公司诉张某特许经营合同纠纷案；（18）上海某有限公司诉唐某等特许经营合同纠纷案；（19）韩某诉北京某有限公司特许

经营合同纠纷案；（20）王某诉某研究院特许经营合同纠纷案；（21）黄某诉北京某有限公司特许经营合同纠纷案；（22）某便利公司诉程女士商标侵权纠纷；（23）北京某装饰装修公司诉王某特许经营合同纠纷案；（24）某服装连锁企业诉某加盟企业商标侵权纠纷案。

另据《对特许经营合同纠纷案件的调查报告》，以作者对北京市丰台法院 2005 年审理的特许经营合同案件的调查分析，合同纠纷的主要原因有以下六类：

一是特许人的误导性宣传。特许人为了占有市场，吸引投资者加盟，利用媒体进行夸大的、带有误导性的宣传。受许人因相信广告宣传的诱惑而加盟特许，经营失败发生经济损失时，则往往以特许人不真实宣传和虚假承诺、构成商业欺诈为由，要求解除合同，赔偿损失。

二是受许人盲目投资。与特许人虚假宣传不同，有的受许人由于对特许经营缺乏了解，对特许经营的期望值过高，以为只要付一笔加盟费，就可以成为大品牌的连锁店，获得丰厚利润回报，因而盲目投资加盟。当因经营失败时，受许人往往以各种理由指责特许人有过错，并要求退还加盟费，赔偿损失。

三是特许人合同履行中违约。特许人没有按照合同约定将自己拥有的商标（包括服务商标）、商号、产品、专利、专有技术或经营模式授予受许人使用，或者授予使用的知识产权存在瑕疵，或者对受许人的培训、经营指导不能达到约定要求等等，导致受许人的经营目的不能实现。

四是受许人合同履行中违约。如果受许人没有按照合同约定开展加盟活动，如受许人从事经营违背了关于维护特许经营体系的统一性的要求，将会给特许人带来商誉及经济上的损失，由此也可能导致被起诉。

五是受许人合同期满后违反保密义务。实践中受许人在退出特许经营后违反保密义务的约定，侵犯特许人经营秘密和技术秘密被诉的情形也不少见。

六是利用特许经营进行商业诈骗。这已经是合同诈骗的问题。

分析上述纠纷原因，一个基本的认识是：不管是特许人还是受许人被诉，在其被要求承担违约责任的情形下，责任依据都是被诉一方在合同履行中存在故意或者过失，导致另一方合同权利受到侵犯，致使合同目的受到影响。

总之，对违约责任的认定和赔偿，是判断者的主观认识和判断对象的客观存在之间的一种协调，归根结底是在尊重了主观认识还是客观存在之间的一种选择。因为，如果合同一方当事人在履行合同过程中发生违约行为，法律是以当事人的过错还是以已发生的违约后果作为判断标准，从而使违约当事人承担责任，这种判断过程实际上体现了法律的价值取向，而这种法律价值判断往往又是通过仲裁或者司法审判程序而最终完成的。因此其本身就是一种主观性的判断，并且，这种主观判断，掺杂了判断者明显的价值取向。再者适用违约责任归责原则加以判断的对象，是客观存在的违约行为以及据此导致的事实后果，并不需要考虑行为人主观上是否存在"过错"，因而其适用对象具有客观性。但是无论如何，违约责任制度中的归责原则，是国家以立法的方式确定的，是可以用法律条文明确规定下来的，因而归责原则具有法定性。当然，该原则既要与现行的法律原则相符，又要与民法规定的平等、公平和保护民事主体合法权益等基本原则相吻合。所以，当我们承认特许经营合同是现实世界和法律世界都必须尊重的事实时，法律对其中违约责任的认定和承担，就应当有一个相对确定和明确的标准，这也是公平和正义的追求。

第五节　特许经营合同第三人责任

一、第三人责任的理论依据

传统意义上，合同第三人责任是指在第三人行为致使合同一方违约的情形下，法院裁判时因考虑到诉讼效率及纠纷解决的便利等原因，直接判决该第三人对非违约方承担责任。当然，在合同相对性原则下，这样的裁判不过是法院在效率优先基础上的一种价值选择。因为，合同相对性原则是古典契约法理论的第一块基石，是意思自治或合同自由的基础，是一系列合同规则、制度体系构建的基础。尽管两大法系关于合同相对性原则的内容有所区别①，但基本上都认为，合同主要在特定的当事人之间发生法律拘束力，合同当事人一方只能基于合同向相对方提出请求或提起诉讼，不能向与其无合同关系的第三人提出合同上的请求，合同当事人不能擅自为第三人设定合同上的义务，合同债权也主要受合同法的保护。

第一，合同相对性原则例外的出现与不可避免。

在近现代法上，合同相对性这一原则的有效性本身并未遭到质疑，但是，法律不可能仅仅满足于阳春白雪的高堂讲章，单纯理论上的理想化设计无法完全应对现实生活的需求，现实中的合同往往并非纯粹"干净"的存在，不论是当事人本身还是合同的内容或履行方式都可能与他人的利益产生瓜葛。也就是说，现代市场交易的连续性与相关性突破了以往封闭的交易关系，交易的次数激增、空间扩大、时间拉长、手段多样、风险加大……第三人介入合同的情形大幅度增加。在此情形下，仍然固守合同相对性制度，把合同与实际经济交往内在的必然联系人为地切断，不符合复杂经济生活的规律。正如法国学者所言："《法国民法典》第 1165 条的规定太极端了，因为合同毕竟是一种事实，一种社会事实，它不可能独立存在：当两个人分别变成债权人和债务人时，这一事实不可能与其他人无关，这表现为，合同必然要对第三人产生对抗力，同时当事人因合同而享有的权利应得到第三人的尊重。"② 为适应这一要求，各国都在一定程度上扩张了合同的效力范围。对于英美法，相当多的判例已经逐渐把这一原则蚕食了③，特别是英国 1999 年《合同（第三方权利）法案》（Privity of Contract：Contracts for the benefits of Third Parties）的实施，对合同相对性原则的改革已是不争的事实；对于大陆法，债的相对性理论不断地受到挑战并一再被突破。如利益第三人合同，债权的保全制度，债权的物权化，债权之不可侵性制度，"附保护第三人作

---

① 按照大陆法系的观点，合同既不会给第三人造成损害，也不会给第三人带来利益。当然，这里的既不造成损害也不带来利益仅仅是指，第三人既不会被强制要求履行合同义务，也无权要求接受合同当事人履行义务。而英美法中合同相对性原则是指合同项下的权利义务只能由合同双方享有和负担，合同只能对合同当事人产生拘束力。该原则的一般后果是，合同中受益的第三方不能就合同提起诉讼。

② 尹田：《法国现代合同法》，法律出版社 1995 年版，第 248 页。

③ Paul Richards, *Law of Contract* (5th Edn.), Law Press, 2005, pp. 385 – 398.

用之契约"，等等。① 对于特许经营这一商业实践中的经济常态，后两者的影响最为显著。

第二，债权之不可侵犯制度是传统合同第三人责任的理论依据。

依据传统理论，债权是仅向特定当事人请求给付的相对权，不能向第三人主张权利，也就没有排除他人干涉的效力。然而，商业交易的现代发展，利益追求的日趋激烈，第三人参与合同订立、履行的可能越来越多，为自身利益而不法侵害债权的情形也日渐增多。为了保护债权免受不法行为的侵害，学者主张承认债权的不可侵性。② 根据债权不可侵理论，只要第三人主观上具有侵害债权的故意，客观上实施了使债权人利益减损的行为，债权人即得以提起损害赔偿之诉，追究第三人的责任，这就使债的效力得到扩张，及于一切侵害债权的第三人。

侵害债权制度对于大陆法系是在 20 世纪发展起来的，对于英美法系也仅有 100 多年的历史，该制度的产生拓宽了侵权行为法保障的权益范围，并促使侵权法和合同法的联系更为密切。尽管各国对侵害债权的立法规定不甚相同，但英、美、法、日本，包括我国台湾地区等大多数国家、地区的立法、判例、学说都先后采用了此项制度。我国理论与实务中也均已承认"第三人侵害债权"制度。③

需要指出的是，在债权受第三人侵害的情形，扩张适用合同责任制度予以救济，应明确一个前提：只有在合同责任制度不能有效地保护债权人的利益，债权人不能依合同向第三人提出请求和诉讼时，才应根据侵害债权制度

---

① 李永军：《合同法》，法律出版社 2005 年版，第 512—533 页；孙鹏：《合同法热点问题研究》群众出版社 2001 年版，第 243—269 页；尹田：《论涉他契约》，《法学研究》2001 年第 1 期；薛军：《利他合同的基本理论问题》，《法学研究》2006 年第 4 期。

② 债权不可侵犯制度的创立源自英国 1853 年判决 Lumley v. Gye 案。该案原告 Lumley 与某演员订有在原告剧院演出数月的合同，并规定该演员不得去其他剧院演出。被告 Gye 明知此合同存在，仍诱使该演员违反合同。法院判决认为被告 Gye 侵害合同关系乃不法行为，应向原告 Lumley 承担责任。此后，该判例所创立的第三人不法侵害债权理论为多国接受。参见王家福主编：《中国民法学·民法债权》，法律出版社 1991 年版，第 136 页。

③ 如一起研究生出国培养费纠纷案，原告的图书馆助理馆员孙某申请自费出国留学，因服务期未满未获校方批准。后由 c 厂出具虚假证明，得以出国。原告要求被告赔偿孙某服务期未满按国家规定应支付的培养费 900 元。法院认定被告 c 厂侵犯了原告学校的人事权。此处所谓人事权，实质上是原告对孙某享有的合同债权。参见孔祥俊主编：《民商法热点、难点及前沿问题》，人民法院出版社1996 年版，第 379 页。

提出请求。如果债权人可以根据合同直接向债务人提出请求，要求债务人实际履行债务或者承担违约责任足以保护债权人时，则债权人没有必要向第三人另行提出侵权损害赔偿。

第三，"附保护第三人作用之契约"是特许经营合同对外责任的基础。

"附保护第三人作用之契约"为德国判例学说所独创，是指特定合同一经成立，不但在合同当事人之间发生权益关系，同时债务人对于与债权人有特殊关系的第三人，亦负有注意、保护的附随义务，债务人违反此项义务，就该特定范围内的人所受的损害，亦应适用合同相对性原则，负赔偿责任。① 也就是说，特定合同关系兼具保护第三人的作用。

这一制度的产生是与产品责任制度的发展紧密相连的，它要求产品的制作者和销售者对与其无合同关系的第三人（如产品使用人、占有人等）承担担保义务和责任，如因其给付行为使第三人遭受损害，第三人可直接依据合同关系向债务人请求赔偿，因而乃是对合同相对性和合同责任的新发展，是对合同责任的扩张。

一定意义上，可以借鉴"附保护第三人作用之契约"解决加害给付② 产生的责任，这就是特许经营对外责任的最基本问题。

有学者认为，"第三人侵害债权"和"附保护第三人作用之契约"是在债的对外效力这一根轴线上发展起来的两个不同方面，它们的理论基点是同一的，从而决定了这两项制度是紧密相关的、互为补充，发挥其整体效用的。所以，国内理论界与实务界都主张在引进侵害债权制度的前提下，与之同时应运而生的"附保护第三人作用之契约"也应当引进，以利债权体系功能的完全发挥，以实现债法体系的效能最大化。③ 也有观点认为，事实上，加害给付的后果往往非常复杂，不仅产生违约责任，而且产生侵权责任，不仅对债权人产生责任，而且对第三人产生责任。我国《民法通则》第 122 条

---

① 王泽鉴：《民法学说与判例研究》第二册，中国政法大学出版社 1998 年版，第 34 页。

② 加害给付乃是指因债务人的不适当履行造成债权人的履行利益以外的其他损失，在德国法中称为积极侵害债权，最早由德国律师史镝伯（Hermann Staub）于 1902 年提出，以弥补传统的违约形态划分的缺陷。但对其定义，学者中存在不同的认识。参见王利明：《论加害给付》，《法制与社会发展》1995 年第 5 期。

③ 申黎、尹志君：《试论引进"附保护第三人作用之契约"理论的必要性》，《当代法学》2002 年第 4 期。

规定："因产品质量不合格造成他人财产、人身损害的，产品制造者、销售者应当依法承担民事责任。运输者、仓储者对此负有责任的，产品制造者、销售者有权要求赔偿损失 。"再联系《产品质量法》第41—46条的规定，加害给付主要规定的是侵权责任而非违约责任。王利明教授在《违约责任论》中具体列举了不宜借鉴德国法中的该项制度来处理加害给付的责任问题的主要理由：加害给付的后果主要造成债权人的损害，而不是造成第三人的损害。如果造成第三人的损害应适用侵权责任的规定。用扩大合同责任的办法来解决因债务人的行为造成第三人的损害问题，将会遇到法律上的几个困难：（1）如果加害给付造成第三人损害，此种损害常常包括对第三人的人身伤害和死亡，并且通常情形下，合同之履行与否，与人身伤害、名誉、自由、人格也没有什么关系；（2）债务人与第三人之间的关系性质难以确定；（3）采纳该项制度来处理加害给付纠纷，实际上排除了侵权责任的运用。

应当说，是否借鉴德国法的经验在我国也规定附保护第三人利益的合同，应考量我国的具体情况而定，一味地扩大合同责任的范围并不是最佳的选择，因为在加害给付的情况下，第三人毕竟与债务人不存在合同关系，其依据侵权诉求保护更显直观。也就是说，合同相对性原则仍然是合同法的基础制度，对合同相对性的突破属一般原则的例外，而这些例外关系到合同的效力范围，涉及包括缔约当事人在内的社会利益，因而必须从严控制，不能随意扩大。所以，在处理合同纠纷时，首先考虑的是合同的相对性，对合同相对性原则例外情形的适用必须要有法律的明确规定。

二、第三人责任的情形

特许经营合同对外责任的承担是指受许人在特许经营过程中因特许经营权的行使致他人财产或人身伤害时，由特许人承担合同或侵权责任。这里的"他人"即所谓"第三人"，是指与受许人产生法律关系的不特定人，不包括受许人的供货人、贷款人、担保人等与其有特殊关系的人。因为，特定人与受许人发生法律关系时负有谨慎注意义务，在受许人违约或侵权时只能要求其承担责任，不应当以其疏忽大意为由要求特许人承担责任；这里的合同或侵权责任，原则上应当是受许人加害给付的后果。

在特许人对外责任的情形下，实际上存在两个合同：一是特许经营合同，特许人与受许人是合同双方当事人；一是消费合同或其他与消费合同具有相同或类似特征的服务合同等，合同相对方是受许人和消费者。受许人因为履行特许经营合同不适当，造成了另一合同关系的相对方（消费者）的损害，而损害的后果由特许人承担时，即为特许人的对外责任。所以，特许人的对外责任，是在合同相对性例外中"附保护第三人作用之契约"的结果，原则上限于加害给付。

三、第三人责任的基础

前已述及，特许人和受许人是相互独立的经济实体，自负盈亏，自担风险，不存在隶属关系，而第三人原则上不属于特许经营关系的范畴。但由于受许人与特许人统一的经营方针、经营方式、管理制度和企业形象使第三人往往难以对两者加以区分。因此，在受许人与第三人关系问题上，特许人究竟应处于什么位置才会既对第三人公平，又能减少纠纷的发生，同时又能鼓励特许经营的健康发展，存在着不同的主张。

（一）"表见代理"说

该说认为，加盟店与总店之间统一外部整体形象，构成表见代理的外观，足以使第三人相信受许人是特许人的代理人。因此，当第三人与受许人发生纠纷时，第三人可以据表见代理制度要求特许人承担责任。

表见代理是指一方民事主体虽无代理权，但善意第三人在客观上有充分的理由相信其有代理权，并据此与之为民事法律行为，该项法律行为的效果直接归属于本人的法律制度。表见代理制度设置的宗旨在于保障交易安全和维护善意相对人的信赖利益。随着市场经济的不断发展和法律对交易安全的日益重视，其适用范围确有不断扩张的趋势。

根据特许经营合同的安排，受许人有义务使用特许人的商号、商标和其他标志，有义务接受特许人的经营方针、经营方式、管理制度和企业形象，在客观上的确具有表见代理的外观特征。因此，特许人负表见代理责任似无不当。但特许经营中受许人的营业外观表现与表见代理的外观表现在本质上截然不同，前者是建立在合法或商业惯例的基础上，后者则不然。倘若要特许人负表见代理责任，会造成如下弊端。

首先，特许人对受许人的经营行为承担全部的民事责任，而受许人作为独立的民事主体，可以从自己的经营行为中获利，却有可能不承担由此产生的任何民事责任，这完全违背了传统民法自己责任原则或违约责任相对性原则，有悖于法律的公平与正义。其次，由于受许人经营中产生的民事责任都由特许人承担，如其发展的受许人越多，则应付受许人与第三人各种法律纠纷的可能性就越大，而且许多纠纷是难以预见的，因此，特许人面临的风险极大，容易挫伤其交易的积极性，不利于特许经营的发展。再次，受许人对自己的经营行为不必直接承担民事责任，则民事责任所固有的惩罚、补偿和预防功能就无法有效地约束受许人的经营行为，实际上无异于放任受许人为谋取不正当利益而规避法律，侵害第三人的合法利益。最后，这种责任形式不能最大限度地保护消费者和社会公共的利益。如果发生纠纷，引发诉讼，要求特许人负表见代理责任，按照"原告就被告"原则，许多案件可能并不在原告所在地审理，这将给原告提起诉讼和参与诉讼带来很大不便，增大诉讼成本，这反而不利于保护第三人的实际利益。①

（二）"违约责任相对性原则或优势责任原则"说

该观点认为，在特许经营中，通常受许人负有一种商事代理人特别责任，即代理人在代理关系之外，自己对第三人另外承担责任的情况。这样，在特许经营方式下，对于第三人的法律后果存在两种情况：一是当受许人向第三人明确承诺特别责任时，第三人应当具有更加准确的判断识别能力，并负担基于对受许人的信赖而产生的法律后果。二是当受许人未向第三人明确表示承诺特别责任时，第三人没有义务判断受许人的责任能力，并对交易行为产生的法律后果有权要求特许人承担，亦可适用"优势责任原则"，即选择特许人或受许人抑或要求特许人和受许人共同承担责任。②

这种观点也存在问题。把特许经营看作商事代理，并以此确定法律责任

---

① 岳永川：《论商业特许经营中的法律责任》，《经济与管理研究》2005 年第 1 期。

② 江帆：《连锁经营方式中的法律关系及立法选择》，《法商研究（中南政法学院学报）》1997年第 5 期。

的承担，并不符合特许经营的本质。事实上，特许经营合同通常都明确规定受许人不是特许人的代理人，无权约束特许人。并且，该观点提出的第一种解决方式完全固守传统民法的自己责任原则和违约责任相对性原则，仍然不能妥善地保护消费者和社会公众的利益。第二种解决方式虽在一定程度上注意了对第三人的保护，有其合理之处，但由于第三人选择承担责任者的主观随意性较大，增加了法律的不确定性，通常对特许人不利，显然不利于特许经营的发展。

（三）"实际控制"说

这是美国判例中产生的主张。美国作为特许经营产生和发展较早的国家，受许人与第三人间的合同或侵权纠纷大量发生。美国法院在处理这类案件过程中，就特许人应否为此承担责任，产生了不同的主张，其中一种就是"实际控制"说。[①]

"实际控制"说认为，当特许人在很大程度上向受许人的经营行为施加限制或保留足够的控制时，特许人就会被认为控制了受许人的日常经营活动。因此，双方之间存在着实际上的代理关系。"实际控制"说以特许人实际控制作为其承担代理责任的前提，美国法院主要通过观察特许合同本身和特许人对受许人实际施加的行为加以判断，但对实际控制的判断没有统一的标准，实务中难以把握，不易操作，而且这种主张会给消费者或社会公众举证带来诸多困难。根据"谁主张，谁举证"的举证规则，第三人要对特许人实施实际控制提供证据，否则会产生对其不利的后果，但特许人对受许人施加的种种控制，是依据合同约定或其他方式的私下所为，他人几乎无从知晓，更不用说向法庭提供充分证据。因此，此种观点也不利于充分保护第三人的利益。

四、第三人责任的实质

其实，上述三种学说虽各有其缺陷，但基本认知均在于，特许人实际是

---

① 张弛、黄鑫：《区域特许经营结构和责任探析》，《华东政法学院学报》2005 年第 2 期。

在何种基础上对外承担责任，所以，抛开各种观点所倚重的不同理论认知，笔者认为，在"附保护第三人作用之契约"的理论基础上，特许人对外责任即所谓"替代责任"。

替代责任又称"代负责任""代理责任"，指一人依法对与其有特定联系的另一人之行为应无条件承担的间接责任。此类责任人不能以自己没有行为过错作为免责理由，而过错行为人则依法不再承担责任。替代责任原则产生于 19 世纪末，最初表现为普通法判例规则，其后为大陆法各国立法所确认。这一原则通常表现为以下规则：代理人在代理权限内所为的行为与被代理人本人所为无异，其行为责任应由被代理人承担；雇员在受雇范围内所为侵权行为应视为其雇主之过错，该责任应由雇主负担；承保人对于投保人的事故赔偿责任负有合同义务，也应对保险事故承担无条件的替代责任。这一原则在很大程度上改变了过错责任原则的原有内涵。

特许人的替代责任，简单而言就是特许人为受许人的侵权行为或者违约行为代为向第三人承担责任。特许人替代责任最初产生于美国 20 世纪 30—40 年代。在 Gulf 案中，特许人 Gulf 的受许人的雇员错误地将汽油和蓖麻油混合在一起发给了客户，该混合油剂的爆炸导致客户死亡，客户的家属没有起诉受许人加油站，而是对 Gulf 提起诉讼，称 Gulf 的地位超出了特许人，与肇事的加油站之间存在"本人—代理人"关系。Gulf 辩称，其与加油站不存在"本人—代理人"关系，只存在一份特许协议，因此是特许人和受许人的关系，加油站作为特许协议独立的一方，应对自己的行为独立承担法律责任。并且，Gulf 辩称，自己没有对加油站的经营管理施加控制，加油站有权自由雇用或解雇雇员。但受案法院认为，Gulf 通过特许协议确立了它对受许人的完全控制，却又企图完全推卸自己的责任，判 Gulf 承担替代责任。该案及其后的几个案例[①]，确立了普通法上特许人替代责任的一般原则，即：如果特许人和受许人之间存在"本人—代理人"关系或者"雇主—雇员"关系，并且由于该种关系的存在特许人对受许人的经营管理进行了一定程度的控制，那么特许人应当承担替代责任；反之，如果不存在上述关系，并且特许人对受许人的经营管理也不存在控制，特许人就不应当承担替代责任。

---

① 何易：《特许经营法律问题研究》，中国方正出版社 2004 年版，第 186—187 页。

值得注意的是，英美国家的法院无论对替代责任的理解还是在具体案件的认定上，都存在分歧，因而面对同样的案情，一法院可能判决承担替代责任，另一法院却可能认为特许人实施的控制是为了保持特许体系的内在统一性而必需的，不存在替代责任。但总的说来，判断标准是看特许协议是否授予特许人对特许经营体系的完全或实质性控制（Complete or Substantial Control）。① 问题是，从美国法院的判例②看，法院实际上也没有统一遵循的标准，特许人的何种控制是为保持特许体系的内在一致性所必需的，何种控制不是必需的，很难做一个清楚明晰的归纳。在 Greil v. Travelodge International Inc 案中，一位客人在店铺中被抢劫犯所伤，由于特许协议规定"受许人应按照特许人制定的标准保证店铺环境的安全""受许人的经理应到特许人的培训学校参加培训""特许人在受许人严重违约时有权终止协议"等，判定特许人控制了受许人，故应承担替代责任。在 Fernander v. Thigpen 案中，当受许人的一个雇员在一次交通事故中丧失于另一雇员之手时，法院判定有"明显授权关系"存在，因为特许人控制了受许人对商标的使用，控制了受许饭店食物的品质，以及食品准备的具体方式。但是，Ortega v. General Motor's Corp 案中，尽管特许协议规定，特许人批准受许人店铺的设计和选址，并对销售时间和会计簿记都做了统一要求（特许人有权检查簿记）、建立销售和服务标准、规定培训要求、要求受许人建立零售部件部门和服务部门等，看上去特许人实行着比较完全的控制，但法院却认定特许人没有实施日常控制（Day – to – Day Control），受许人完全独立地为自己的销售成败负责而判定代理关系不存在，特许人不承担替代责任。与之相似，Slates v. Internal House of Pancakes Inc 一案中，尽管从特许协议条款看，特许人对受许人的经营保留了很大的监督权，监督受许人对商标的使用，要求受许人从指定的供应商处购货，要求受许人按照操作手册的规定培训和监管员工、发布广告、实行质量管理、准备食物等，法院却认为这些规定都是特许协议中的"习惯性条款"，不导致替代责任的产生。

---

① M. John, Vernon and Anders Fernlund, "Protecting Frnchisors from Vicarious Liability Lawsuits in the United States", *Tolly's Journal of International Franchising & Distribution Law*, Vol. 9, No. 4, 1995, pp. 114 – 123.

② 何易：《特许经营法律问题研究》，中国方正出版社 2004 年版，第 188—190 页。

　　这就表明，特许人责任认定的标准受各州的司法传统甚至法官的偏好影响重大。从某种程度上说，这也反映出判例法的一个弊端：它使当事人有时很难预见自己行为的法律后果。当然，尽管有不确定性的缺陷，"本人—代理人"关系或者"雇主—雇员"关系以及"必要控制"的判定标准，仍然在特许经营中对外责任的承担方面发挥了重要和积极的作用。

五、第三人责任的原则

　　既然特许经营是合同关系，特许人和受许人之间的责任就应当首先取决于特许双方在合同中的约定。但对于外部责任，合同当事人不能通过约定而对抗善意第三人。在美国，消费者可以在普通法之外，根据联邦和州的制定法要求特许人对受许人的违约或侵权行为代负责任，如《1964 年联邦民事权利法》第 7 编（Title 7 of the Civil Rights Act of 1964）、《公平劳工标准法》（The Fair Labor Standards Act）、《美国残障人法》（American with Disabilities Act）。例如，根据《公平劳工标准法》第 203 条（r）款，如果特许人和受许人具有下述关系，就应当被视为"同一企业"而共同承担责任：（1）关联行动；（2）通过共同控制来完成联合经营；（3）具有共同的商业目标。法院通常会着重考察受许人是否独立管理自己的劳资关系并作出相关判决。就绝大部分根据《公平劳工标准法》所作的判决看，法院倾向于认定特许经营中的特许人和受许人是互相独立的企业而非同一企业。[①] 可见，美国大多数制定法也是以代理关系、控制程度为标准确定特许人是否承担替代责任，这一点与普通法并无区别，所不同的是，制定法所规定的损害赔偿幅度要比普通法高得多，对原告更为有利。

　　我国法律中并无明文规定特许人的对外责任，学界的观点也不一致。代表性的观点有三种：一是主张特许方无需承担责任，因受许人是独立地位的民事主体；二是主张特许人在收取特许使用费的范围内按过错承担一定的赔偿责任；三是主张按表见代理认定特许人承担无限连带责任。最高人民法院《〈对重庆市高级人民法院关于特许使用企业名称的特许人应否对使用人债

---

　　① 何易：《特许经营法律问题研究》，中国方正出版社 2004 年版，第 193 页。

务承担责任适用法律问题的请示〉的复函》提出，应适用表见代理模式认定特许人的对外责任。① 但是，该批复所提出的表见代理模式并非在所有相关案例中均能适用，是否构成表见代理的认定本身也存在一定的主观性。

在受许人违约或侵权致第三人损害时，司法实践中一般认为，只有在特许经营双方存在代理关系、产品销售关系时，特许人才会代负责任。同样，在特许双方之间不存在产品销售关系或受许人的法律责任并不是因为产品质量问题所引起时，只要特许双方之间没有共同过错，特许人就不应对受许人的行为承担法律责任。这样的认识可否上升为一种制度性事实？传承波普科学哲学中划分的三个世界理论（卡尔·波普尔：《论三个世界》），20 世纪60 年代末至 80 年代，英国法学家麦考密克（N. Mac Cormick）和奥地利法学家魏因贝格尔（Ota. Weiberger）共同提出了法律是一种"制度性事实"的观点，突破了法律实证主义与自然法理论的对抗，既承认某些没有得到证实而且可能根本就无法证实的客观价值或内在公正原则，又认为完全有可能在没有任何这类前提条件的情况下解释和说明法律和其他社会规范。他们认为，世界上的事实有"原始性事实"（Original Fact）和"制度性事实"（Institutional Fact）两种。"原始性事实"（Original Fact）是指与物质世界的有形存在有关的事实，其存在丝毫不取决于人类的意志，即不包括意识因素，所以只要用唯知的方式就可将它们认识和表达出来。"制度性事实"（Institutional Fact）是指以人类实践活动或其结果为条件的事实，它们受意识作用的影响，并非物质体，但却客观地存在着。两个人达成某项协议，就存在一个合同；两个人完成某种仪式，就有了婚姻关系；政治家之间达成妥协并签署文件的事实，就意味着他们代表的国家间存在了一项条约。所有这些通常被认为正确的命题之所以正确，是因为它们对世界上发生的事做了符合人类惯例和规则的解释，而不仅仅是描述了事物的状况。换句话说，这类事实的存在不仅取决于实际发生了什么或者出现了什么事件，还取决于适用于这些行为或事件的规则，因此这类制度性事实的存在必须有规则的存在才有意义，而规则是思维的对象，所以法律作为一种制度性事实，"只有被理解为

---

① 王闯：《解读〈对重庆市高级人民法院关于特许使用企业名称的特许人应否对使用人债务承担责任适用法律问题的请示〉的复函》，载万鄂湘、张军主编：《最新合同法律文件解读》第 1 辑，人民法院出版社 2005 年版，第 37—44 页。

规范的精神构成物而且同时被认为是社会现实的组成部分时，它们才能得到承认"①。制度法学家提出的这个"制度性事实"的概念，打破了传统理论对现实与意识界限的二元绝对划分，强调现实与意识之间的相互联系和彼此互动，它提示着我们，对法律现象的合理解释，不仅要从外部观察，还必须以人类自身意识创制的规范作为标准来理解，"儒勒·梅里杯在国际足联制定出关于设立、规定和组织世界杯赛的规定前，对球迷们是没有特别的意义的。"② 所以，在特许权作为一种新的财产性权利被承认，特许权的实现作为一种合同授权被行使的前提下，受许人造成的第三人损害由谁承担，可以是在尊重了人的意识的基础上，由意识世界的能动作用而创制规范。

当然，在民商事法律的世界里，人类意识对法律规范的能动创制，还应当遵循经济规律的制约，或者是承受经济学基本规律的约束。借用法经济学的观点，法律规则给予人们的制度安排必须符合纳什均衡。否则，法律关系的当事人就有动力去违反或者规避法律规定，而不是去遵守它。我们承认特许经营是当事人之间的一种合同安排，允许当事人通过协商、调解、诉讼、仲裁等方式选择解决他们之间的纠纷，这就符合纳什均衡。但是，我们在什么情形下认可特许人对外承担责任，承担何种形式的责任，规则的创制必须考虑有利于特许经营自身的存续和发展，还得兼顾第三人利益的保护，二者的均衡才能符合纳什均衡。也就是说，随着特许经营自身的发展以及理论研究的深入，当特许权行使中对第三人造成损害时，不能简单地说由特许人或受许人承担责任，而应该具体案件具体分析。原则上，特许经营中的第三人责任是"自己责任"，同时，为了保护善意第三人利益，平衡特许人与被特许人之间的利益，适当情形下仍然适用特许人替代责任。

（一）自己责任原则

"对于特许权所有者和特许权接受者来说，应当严格按照特许合同确认双方义务，应当切实贯彻意思自治原则和契约自由原则，只要双方当事人的约定不违反国家的法律、政策等强制性规定和不损害社会、他人的利益，都

① 冉昊：《制定法对财产权的影响》，《现代法学》2004 年第 5 期。
② ［英］麦考密克、［奥］魏因贝格尔：《制度法论》，周叶谦译，中国政法大学出版社 1994 年版，第 14—15 页。

应该予以承认并据以来保护双方当事人的利益。"① 在特许经营合同约定了特许经营对外责任分担的条款时，只要该约定不违反法律、行政法规的强行性规定，就应当尊重意思自治，承认约定的效力。当然，合同的不完备性也决定了合同双方可能对第三人的责任规定不明确，或者"尽管特许人和被许人可以在特许经营协议中对责任分担问题作出安排，但是这不能防止特许人利用其经济实力和从业经验上的优势作出不利于被许人利益的约定"②。因此，当事人意思自治之外，仍然需要确定若干有关对第三人责任分担的原则，作为当事人双方约定的参考和特许经营纠纷解决的基准。

自己责任原则的法理和事实依据在于：第一，特许经营是以特许人和受许人的特许经营协议为基础，本质上是民事法律关系，所以应适用民法有关民事责任的基本原则。尽管特许经营协议使双方的关系异常紧密，但这并不能从根本上否认两者在主体资格上的独立性，双方不存在任何隶属关系，所以谁都不必为对方的行为负责，只对自己的行为承担法律责任。第二，贯彻自己责任原则，有利于促进特许经营事业的发展。特许人之所以选择特许经营作为品牌、体系扩张的方式，正是因为特许经营低成本、低风险、高效率的优势。在普通商业扩张中，特许人无论采取何种形式，都要发生有形资产的关联，一旦发生经营失败或对第三人造成损害，都要承担责任，所以他的风险成倍放大。而在特许经营中，特许人和受许人之间只是无形资产的有偿转让，双方之间不发生其他有形资产的关联，一旦经营失败或对第三人有损害，都不会影响到其有形资产，风险也就成倍地降低。当前特许经营面临大力发展的机遇，鼓励特许经营的发展应该是主导方向，而不能反过来，把特许经营的优势抹杀。那么，它也就没有生存的空间和存在的必要。③

（二）适当的替代责任——控制加过错原则

特许经营合同与一般合同关系的区别在于，特许人和受许人之间存在"持续控制"和为保证特许体系的内部统一性而要求的对外整体形象的一

---

① 任海青、宁红丽：《特许连锁经营中出现的问题之法律探讨》，《山西师大学报（社会科学版）》1999 年第 3 期。

② 韩强：《特许经营的责任分担和风险防范》，《法学》2002 年第 6 期。

③ 赵燕芬：《特许经营对第三人侵权责任之法律问题探讨》，《兰州学刊》2005 年第 3 期。

致性。

首先，特许经营主体之间存在关联。特许人对受许人具有一定的控制关系，它们具有共同的外部特征，统一的经营方针、统一的经营方式、统一的管理制度、统一的企业形象，第三人往往对两者难以区分。作为第三人，尤其是消费者，并不确定知晓它们是相互独立的主体，他往往是出于对特许经营的品牌信任（一般特许经营的品牌都具有较高的知名度、美誉度和信誉度）而予以消费，要求其进行交易时核实特许人和受许人的身份会大量增加第三人的交易成本，对善意第三人是不公平的，也会最终损害特许经营双方的利益。

其次，作为特许经营合同标的的特许经营权，是特许人将其一系列无形资产权利有偿地转让给受许人，受许人支付的是特许权使用费。特许人既然向受许人提供了财产（无形财产），就应该承担相应的瑕疵担保责任。即使特许双方在特许经营合同中约定特许人对于受许人与第三人发生的纠纷完全不承担责任，其效力也只及于合同当事人双方，不能对抗善意第三人。因此，特许人的第三人责任不能完全免除责任。

再次，从保护善意第三人的角度出发，特许人相对于受许人一般具有更强的责任承担能力。因为，在特许经营中，受许人可以是法人、合伙、个人等，责任承担能力参差不齐。如果对外责任一概由受许人承担，在受许人责任能力较低的情况下，对第三人而言就意味着消费良好商誉的产品或服务却要承担与此不相适应的风险，对第三人是不公平的。

适当的替代责任的认定标准就是在"控制程度和过错程度"之间进行衡量，即特许人对受许人的经营行为控制的程度越强，特许人的控制行为在受许人对第三人的违约或侵权行为中的过错程度越大，则其越应当承担第三人责任，其应承担的第三人责任的份额也就越大。如果是因特许人制定的工作流程、操作方法、经营方式、安全设施等特许经营权本身的缺陷引发的第三人责任，或因特许人向受许人提供或指定的商品引发的第三人责任，特许人应当承担。如因受许人自身原因对第三人造成违约或侵权，则应贯彻"自己责任原则"，由受许人自行承担法律责任。

判断是否因受许人自身原因造成违约或侵权，可以参照特许经营合同的内容，根据特许人对受许人的控制行为与违约或侵权行为的关联程度来认定。如果受许人的违约或侵权行为属于特许人有权控制的范围，则可以认定特许人在受许人的违约或侵权行为中有过错，特许人应当承担责任。如果受许人的违约或侵权行为属于其自身经营权的范围，特许人对此无权控制，则特许人不承担责任。

六、第三人责任形式

特许人承担对外责任的具体方式，也应当符合纳什均衡的基本原理。也就是说，特许人对外责任的承担，应当以不放任受许人在侵权或者违约上应尽最大注意义务、给受害人以最公平的补偿为原则。当依据"控制程度和过错程度"原则认定特许人承担替代责任时，该替代责任的形式可以是连带责任或者补充责任，具体何种责任形式，取决于在发生第三人责任时，特许人对受许人的违约或侵权行为的控制和过错程度。

第一，连带责任。

此种承担责任方式对第三人的保护最为有利，第三人获得赔偿最为简便，但对特许人似乎过于苛刻。连带责任的认定，主要适用于特许人对受许人的违约或侵权行为控制和过错程度较高、特许人的控制行为和受许人的违约或侵权行为关系密切的情形，如特许人向受许人提供或指定供货商的产品侵权，特许人应当承担连带责任。

第二，补充责任。

补充责任是指受许人的违约或侵权行为首先由其自行承担责任，如果受许人无力承担全部责任，则由特许人承担补充责任。补充责任是一种折中的责任方式，适用于特许人对受许人的违约或侵权行为有一定的控制和过错程度、控制行为和违约或侵权行为有一定关系的情形。根据具体案情，如果法院认为特许人因有过错必须承担法律责任，而要求特许人承担连带责任对特许人过于严苛，则可以考虑采取此种责任承担方式。

综上所述，与传统合同责任无本质区别的是，特许经营合同责任应当也是一个包含了前合同责任（缔约过失责任）、违约责任、后合同责任以及合同第三人责任的责任体系。在这一责任体系下，四种责任形式各有其独立性。

　　与传统合同责任所不同的是，特许经营合同中的缔约过失责任，因特许人缔约前信息披露义务已经由诚信原则的派生过渡为法律的明确规定，所以信息披露义务的违反在一般的缔约过失责任之外，甚至有行政责任、刑事责任的承担。特许经营合同违约责任却因为特许经营合同作为一种持续性合同在制度经济学上的意义、特许经营本身的商业实践等原因，在责任承担上是一种过错责任，法院对违约方责任的认定和承担，主要是基于对当事人过错的裁判。特许经营的后合同责任，因受许人竞业禁止和保密义务的特殊性，不可能简单归结为缔约过失责任或者侵权责任，而只能是一种以损害赔偿为责任形式的独立民事责任。

　　最为特殊的是，特许经营合同第三人责任。与传统合同第三人责任相同的是，特许人的第三人责任的理论根据也是债的相对性的例外。但与传统合同第三人责任不相同的是，特许经营合同第三人责任更多的是基于"附保护第三人作用之契约"而生成的责任，原则上是指受许人因特许经营权的行使致他人损害时，由特许人承担的替代责任。当然，特许人替代责任的承担，应当遵循自己责任的原则，例外情况下考虑替代责任，并且，替代的基础只能是"控制程度和过错程度"标准的考量，即特许人对受许人的经营行为控制的程度越强，特许人的控制行为在受许人对第三人的违约或侵权行为中的过错程度越大，其应承担的第三人责任的份额也就越大。所以，责任的承担方式，要么是连带责任，要么是补充责任。

第六章 特许经营合同规制的完成

当研究进入到法律规制的层面，一个很原始的念头又浮现出来，法律的功能是什么？当然，"功能"一词一开始并不是法学术语，伯尔曼在《法的本质和功能》一书中写道："我们从生物学借用'功能'一词，而不借用数学和其他普通语言，在这里使用是表达多方面考虑到的生命的有机的过程，在这些过程中有机体得以维持。"伯尔曼等学者在法学中借用这个术语，是因为他们认为社会是一个有机的组织，法律是这个有机组织的一部分，它的一个重要属性是能够恢复、维持和创造社会有机的秩序，而只有借用"功能"一词才能恰当地表达出社会、法、法律这种有机组织的属性。当然，笔者既无意也无法在本书探讨本体论意义上的法的功能，借用这样的表达意在说明，当一种经济现象出现时，法律无法忽视它的存在，它也不能无视法律的存在，经济现象与经济纠纷是伴生的孪生子，而只能借助法律的调整和规范，才能在纠纷解决基础上实现经济现象对秩序的要求和秩序对经济现象的约束。

第一节 特许经营法律规制的基础

一、现实与挑战

2004 年 12 月中国政府履行了加入 WTO 的承诺后，中国特许经营市场逐步开放。随着政府政策支持力度逐渐加大，特许经营市场受到投资者青睐，发展迅速，十几年间已经覆盖了服务、零售、餐饮、教育、健身、房屋中介等几十个行业和业态。2015 年，中国特许连锁 100 强企业销售规模达 4345 亿元。^① 另据中国商务部统计数据，截至 2018 年 5 月，中国特许经营备案企业总数为 3915 家。近年来，随着中国经济的高速增长，尤其是互联网的迅猛发展，特许经营作为一种独特的经营模式已在我国市场经济中占据重要地位，并且迅速更新迭代，从第一代的产品品牌特许，到第二代的经营模式特许，今天已经发展到第三代特许经营——数字化特许经营阶段。^②

与此同时，政府特许经营市场也逐渐放开，并且在近几年迎来了新一轮的发展热潮。2013 年党的十八届三中全会通过《中共中央关于全面深化改革若干重大问题的决定》，明确提出要推广政府购买服务，凡属事务性管理原则上都要引入竞争机制，通过合同、委托等方式向社会进行购买；允许社会资本通过特许经营等方式参与基础设施投资与经营。此后，国务院、国家财政部、国家发展和改革委员会等出台《基础设施和公用事业特许经营管理办法》《政府和社会资本合作模式操作指南（试行）》《关于在公共服务领域推广政府和社会资本合作模式的指导意见》等一系列支持、指导公私合作伙伴关系的文件，围绕增加公共产品和公共服务供给，以政府与社会资本合作为主旨的 PPP（Public－Private－Partnership）模式逐步拓展。全国各地方政府也积极响应，以特许经营为主要方式的 PPP 模式在基础设施和公共事业领域得以大力推广。截至 2019 年 2 月，财政部"全国 PPP 综合信息平台项目管理库"项目累计 8780 个、投资额 13.3 万亿元。中国在基础设施领域 PPP 模式的发展已走在世界前列。PPP 与特许经营并不等同，特许经营属于 PPP 的范畴，是公共服务和基础设施领域政府和社会资本合作的主要形式。市场发达必然带来法律调整问题，由是，特许经营是否专门立法进入论争视野。

在特许经营成为经营模式新宠的同时，我国特许市场的问题却频繁出现，商业特许中见诸媒体的如上海"得意馆"咖啡、韩国"安真美"时尚女鞋、"万兔速丽"餐饮小吃等企业与加盟商之间的纠纷^③，"环球365"特

---

① 中国连锁经营协会编：《2016 中国连锁经营年鉴》，中国商业出版社 2016 年版，第 29—32 页。

② 张涛：《数字化赋能 特许经营进入"第三代"》，《中国商报》2018 年 6 月 20 日。

③ 林波：《〈商业特许经营管理条例〉即将出台》，金羊网，2006 年 11 月 14 日。

许经营商业欺诈①，以及 2015 年年初备受关注的南京、长春、成都、南昌等
多地出租车罢运事件②等，无不反映出目前特许市场尚存在较大问题；政府
特许中违约、赔偿、监督管理、协调机制等方面，也面临法律调整不健全的
种种挑战。③ 数据显示，因开展特许经营活动而产生的特许经营合同纠纷近
年来呈现递增态势。这些纠纷涉及面广，诸如合同性质的认定、合同效力影
响因素、受许人单方解除权、特许人隐瞒或者提供虚假信息情形下的合同解
除、超越范围经营、合同终止后经营资源的使用和保护等方面，存在大量争
点，而且，相关问题观点各有出入，不相统一。④

分析出现这些问题的主要原因，基本在于我国特许经营市场发展迅速，
但法律规范不完善，有关特许经营的理论研究并不充分。截至目前，我国现
行有效的有关特许经营的法律规范主要是行政法规、部门规章以及行业性规
定，如国务院《商业特许经营管理条例》（2007）、《基础设施和公用事业特
许经营管理办法》（2015）、《商业特许经营备案管理办法（2011 修订）》
《商业特许经营信息披露管理办法（2012 修订）》等。（目前我国有关商业
特许经营的法律规范包括 1 部行政法规、28 个部门规章以及两个行业性规
定。政府特许方面则主要是部门规章。）从法的视角看，这些法律规范的位
阶低，形式合法性缺失，法律规范之间矛盾和冲突多，政策性强，不能够实
现对特许经营有序、有效的激励、规范和保护。在市场经济就是法治经济的
逻辑前提下，我国特许经营面临健全法律体系、规范法律调整的重大问题。
但毋庸讳言，理论和实务界似乎都存在这样一种倾向：当某一种市场问题或
纠纷出现时，研究者习惯于将其归咎于法律法规体系的不健全，习惯于从立

---

① 北京环球 365 公司打着加盟创业的旗号吸纳加盟商，2007 年上半年，400 多个加盟商每人交
了 3.65 万元加盟 365 公司，半年后，收了至少千万元加盟费的 365 公司突然消失。2007 年 9 月 24 日，
众多加盟商报案，朝阳警方立案侦查。参见《加盟连锁市场急需规范》，中国连锁经营实战网，2007
年 10 月 12 日。

② 叶曜坤：《当打车软件遇上出租车罢运……》，《人民邮电》2015 年 1 月 16 日。

③ 参见邓敏贞：《公用事业公私合作合同的法律属性与规制路径——基于经济法视野的考察》，
《现代法学》2012 年第 3 期；钱诚：《关于 PPP 模式特许经营协议性质的思考》，《成都行政学院学报》
2015 年第 6 期；耿焰：《论行政公私伙伴关系的规制》，《法学论坛》2011 年第 2 期。

④ 研究表明，从 2012 年开始浙江省人民法院审理的特许经营合同纠纷案件量开始急剧增长，于
2015 年达到一个高峰值，2016 年短幅下降后，2017 年又达到了一个新的高峰，整体上其数量都在迅
猛上升。参见特许经营合同纠纷大数据研究课题组：《浙江省法院关于特许经营合同纠纷的大数据分
析报告（2018）》，腾讯网，2018 年 7 月 14 日。

法层面考虑进行制度设计，似乎只有这样才能应对现实的经济发展之需。对特许经营的法律问题研究即是如此。①

二、法律规制的理论基础

对特许经营予以法律规制，是市场秩序和自由的基本要求。

（一）政府对经济的适度干预②

市场经济下，政府已经成为与市场并驾齐驱的资源配置的另一种基本方式，这已是理论和实务的共识。政府的经济干预政策在我国则有悠久的历史传统，即使新中国成立后，由于政治和经济等的影响，国家对经济的干预也几乎是无所不在。当然，随着社会、经济、国家、市场的发展，今天的干预与以往相比已大异其趣。随着中国申请加入 WTO，政府的职能逐步由管理型向治理型转变。③ 管理型政府强调政府对社会的"管制"，强调行政机关利用"行政权力优势"对社会的"压服"，重视权力在社会中的作用，为了公共利益可以忽视甚至牺牲公民的权利。而治理型的政府则强调"政治参与"，特别是"政治互动"，强调政府与大众双方的意志，强调"说服"而

---

①　许多对特许经营进行法律研究的文章都是以调整特许经营的法律法规体系不健全为基本立脚点。如周芬、张建刚：《特许经营的立法政策问题研究——以欧盟经验为例》，《中央财经大学学报》2015 年第 12 期；李霞：《公私合作合同：法律性质与权责配置——以基础设施与公用事业领域为中心》，《华东政法大学学报》2015 年第 3 期；丁保河：《中国 PPP 立法研究》，法律出版社 2016 年版；李亢：《PPP 的法律规制》，法律出版社 2017 年版；等等。

②　国家对经济的干预有其理论渊源，凯恩斯之前，庇古在《福利经济学》中就认为，亚当·斯密的"看不见的手"的原理虽然正确但并不是无条件的。他认为，只有在不存在一点外部性的条件下，市场才能使社会资源得到最优配置，消费者才能得到最大效用，即"帕累托最优"状态。如果存在外部性，就无法实现"帕累托最优"状态。不幸的是外部性是广泛存在的，因此国家就要对经济进行干预以消除外部性对经济的影响从而使资源配置达到最有效率的状态。凯恩斯之后，以萨缪尔森为首的新古典综合派也认为国家应该对经济进行干预，如詹姆斯·托宾认为经济周期是不可避免的，而政府则有责任消除经济增长过程中的波动，从而"使经济接近稳步的实际增长"。参见唐江桥：《国家干预经济的理论渊源》，《北方经济》2007 年第 2 期。

③　治理是目前西方世界自 1989 年后极为流行的概念，按照罗茨的解释，治理系指"统治的含义有了变化，意味着一种新的统治过程，意味着有序统治的条件已经不同于前，或是以新的方法统治未来社会"。库伊曼和范·弗利埃特认为，"治理的概念是，它所要创造的结构和秩序不能由外部强加；它之发挥作用，是要依靠多种进行统治的以及互相发生影响的行为者的互动"。参见俞可平：《权利政治与公益政治》，社会科学文献出版社 2000 年版，第 111—112 页。

不是"压服"，体现了双方意志的"协调"。治理型政府的根基在于市民社会的兴起所形成的社会结构的变化，在于法律不再是仅仅"管"老百姓的观念的变化。[①] 由管制向治理的政府职能转化，表现在经济领域即是政府干预方式的变化，政府在行政权力的行使中已经不能不考虑"私权利"的空间和对"私权利"的尊重，对市场、经济只能是一种适度干预。

就 20 世纪以来西方国家的发展实践看，国家干预是以市场调节的辅助手段出现和存在的。当然，由于各国具体的社会政治和经济条件的不同，各国所继承的历史遗产的不同，国家干预的手段和方式也各有差异。但总的说来，它们都是不同程度地利用国家的集中权力，发挥国家有关部门管理经济的职能，借助于行政和经济杠杆的作用，运用计划、政策、法令、金融、税务、财政、价格、投资等手段，对经济进行干预和调控。如经济立法，国家通过经济立法规定社会经济生活的各种准则，使企业活动规范化和有序化，使企业按政府希望的方向发展。尽管有学者认为，我们国家的经济立法还存在误区或者不足[②]，但经济立法作为国家干预经济的重要方式，其已经在商业实践中发挥着不可忽视的作用，如《反不正当竞争法》《消费者权益保护法》等，2007 年《反垄断法》的出台，更为经济立法的渐趋完备奠定了基础。

面对我国入世后国际特许经营品牌的持续进入、国内企业特许经营方兴未艾之势，政府的适度干预，特别是通过经济立法、经济政策等方式的适度干预，本来就是国家宏观经济调控的应有内容。

（二）特许经营的制度特点

特许经营作为一种极具生命力的商业模式，一方面具有强大的制度功能，另一方面又天然具有限制竞争等负面影响，并且该影响无法凭借市场自身的力量完全克服。两面性的特征决定了，只有通过适当的法律规制，才能实现在规范特许经营自身的同时，也为其创造秩序良好的市场环境。

---

① 石文龙：《二十世纪中国法制成长模式论》，《法律科学（西北政法大学学报）》2007 年第 5 期。

② 邢会强：《经济立法的供需分析》，《南都学坛》2004 年第 5 期；沈晶：《关于加强我国经济立法及目前误区的分析》，《内蒙古社会科学（汉文版）》2002 年第 1 期。

特许经营的制度价值可以从其经济理论基础如"交易成本理论""代理人理论"得到说明。"交易成本理论"是本研究在合同内容、形式以及合同责任制度中应有的论证基础。"代理人理论"的基本假设是任何商业性的组织或安排的各参与者之间都存在着利益冲突的现象，"代理人"有自身的利益，而这利益与"本人"相冲突，而且在此合作关系中通常本人在事前无能力监督，在事后亦无法确知代理人是否忠实履行其义务。在此情况下唯一的解决之道，在于透过绩效奖金、薪资等提高代理人的工作意愿，以减少利益冲突。经济学家（Rubin、Mathewson、Winter）都以代理人理论来说明特许经营的经济功能。[1] 笔者以为，除上述两种理论之外，当以一种制度的眼光再考量对该个体的法律规制依据时，我们发现特许经营的确具有关系契约的特征。关系契约是麦克尼尔、我妻荣、内田贵等对现代社会契约的认识。[2] 依麦克尼尔的表述，古典契约最主要的特点在于"现时化"（即在缔约时，对属于将来领域的事项之对策全部置于现在的时点上而订立计划）和"个别性"（将由这样的契约带来的交易与契约前后的背景、围绕当事人的社会环境等当事人以外的要素完全隔离开来，作为可以明确权利义务关系加以孤立化来理解），[3] 而现代契约是以诚实信用原则为基础的关系契约，其核心是信赖关系。近代契约法的特征是剥离了法与社会之间的联系，而现代契约法是关系契约法，它要将社会关系重新反映于法的规范当中。麦克尼尔认为，社会关系本身存在一定的秩序，现代契约法要做的就是怎样将这种社会秩序赋予法的效力。内田贵把这个过程称为由内在规范向实定契约法的提升。其原理是，自当事人双方以缔结契约为目的开始交涉直到纠纷解决前，在他们之间存在着一个以诚实信用原则为轴心的既相互矛盾又相互依赖的共同体关系。关系契约论认为契约为实现将来一定事态的当事人间的企划，即契约是以将来的交换为目的所为的某种企划。[4]

应当说，关系契约是社会学意义上的契约，但无论如何，在契约发展的

---

[1] 王文宇：《民商法理论与经济分析》，中国政法大学出版社2002年版，第183—185页。

[2] 麦克尼尔、我妻荣、内田贵称现代形成的契约法为关系契约法。

[3] 杨瑞龙、周业安：《企业利益相关者理论及其应用》，经济科学出版社2000年版，第54—55页。

[4] ［美］Ian R. 麦克尼尔：《新社会契约论》，雷喜宁、潘勤译，中国政法大学出版社2004年版，第4—6页。

历史长河中，这种界定并不失其积极性，其与 20 世纪以来民法的发展脉络极其契合，那就是：法律的任务，未必尽在保护个人权利，为顾全社会利益，法律可以强使权利主体负担特定义务，限制或剥夺其某种权利。这是所谓"社会本位"之法制。[①] 特许经营的持续性、长期性合同特征，使得特许双方对未来的企划往往充满信心并尽可能相互信赖，某种程度上具有了"共同体主义"的特征。共同体主义认为，人的主体性不仅表现为选择的自由和能力，而且表现为对于选择目标的自觉和反思，以避免选择的恣意化和无力化，这种使个人摆脱孤立和单调的主体性只有在共同营造共同体中才能得到陶冶。[②] 所以，无论从持续性合同、关系契约，还是共同体主义的视角，都可见特许经营具有其作为一种最具生命力的营销方式的制度意义：其在产生之初可以实现特许人的资本筹集、信息搜索，其在运营中可以实现风险分担、信号发送，其在理论上可以避免道德风险。[③]

总之，特许经营具有强大的经济功能，可以促进商品间的竞争，可以促进组织间的竞争而提高组织效率。[④] 但诚如完美主义之可欲不可求，特许经营在具有上述制度优势的同时，又可能产生弊端——在特许经营中，特许人多少直接或间接地控制受许人的业务经营；依一般的特许合同，加盟店的交易价格或交易条件均受到限制，尤其垂直限制竞争行为（如限制转售价格）有害于后手（下游）的竞争活动，多少会减损市场机能。[⑤] 在我国社会信用体系不健全、信用失衡成为社会普遍的现象[⑥]的情况下，对特许双方作为市场主体的经营活动，当缺乏必要的法律规制时，在逐利动机的驱使下，特许人与受许人的失信行为均时有发生，如假借特许经营之名行圈钱之实的特许人欺诈，为赚取高额加盟费而进行的虚假宣传，滥用自身优势的限制竞争，受许人轻易违约，特许经营活动不规范，甚至存在违法行为，等等。例如，2000 年河南省新密市一家经营"糊辣鱼火锅"的大滇园加盟连锁火锅城，

---

①　梁慧星：《民法总论》，法律出版社 1996 年版，第 34—37 页。

②　季卫东：《关系契约论的启示（代译序）》，载［美］Ian R. 麦克尼尔：《新社会契约论》，雷喜宁、潘勤译，中国政法大学出版社 2004 年版。

③　李虹、黄成明：《国外特许经营研究的理论综述》，《经济纵横》2005 年第 2 期。

④　王文宇：《民商法理论与经济分析》，中国政法大学出版社 2002 年版，第 186 页。

⑤　转引自王文宇：《民商法理论与经济分析》，中国政法大学出版社 2002 年版，第 187 页。

⑥　马洪主编：《中国市场发展报告 2002》，中国发展出版社 2002 年版，第 6—7 页。

由于被检测出含有有害物质罂粟壳，被新密市卫生局开出 700 万元罚单，对整个特许体系以及社会都造成了不良影响。[1] 上述种种现象，使得特许人与受许人之间的纠纷不断。[2]

所以，无论是保障制度优势的充分发挥还是对不完备状态的克减，都应当以适当的法律规制为基本保障。

（三）我国入世承诺的履行

20 世纪 80 年代，许多国际知名的特许企业进入中国。众多国际特许企业在进入中国之初，对在中国开展特许业务持小心谨慎的观望态度，并未大张旗鼓招募加盟商，最大的原因就在于我国当时法律环境不完善，特许人的相关权利得不到应有的保障。中国在入世承诺中指出，2004 年年底是中国对外资开放特许经营的最后期限。自 2004 年 12 月政府履行了加入 WTO 的承诺后，中国特许经营市场进一步开放，中国随即成为全球最大，也是最热门的特许经营市场。外资零售企业在中国的特许经营发展活跃：2006 年，家乐福新开 33 家店，沃尔玛新开 15 家店，麦德龙新开 6 家店。以经营大型超市为主的 11 家外资零售店（家乐福、大润发、沃尔玛、好又多、易初莲花、麦德龙、乐购 TESCO、百佳、欧尚、永旺、华堂）新开店数量超过 100 家，也超过了上年同期水平。在快速开店的同时，外资企业还普遍采取了并购的扩张方式。[3] 当然，这样的发展是与国内贸易发展"十一五"规划的指导思想——注重引进、消化和吸收国际先进的商品流通模式、经营服务方式、经营理念和流通技术是相一致的，也是国家经济贸易发展主要任务之一。

特许经营作为一种在国外已经成熟的经营方式，将成为外商、外资在中国实现低成本扩张的利器。外商的进入，不仅有利于吸收国外特许经营的先进技术和成功经验，还可以为国内特许企业制造竞争压力，促使其经营行为走向成熟规范。完善特许经营法律法规，一方面可以为外商进入中国提供法律支持，另一方面也能够为国内国外特许企业创造公平竞争的市场法制环境。

---

① 齐馨：《700 万罚单警示特许经营》，《财经时报》2000 年 6 月 28 日。
② 参见前文所列举的各种纠纷形式。
③ 中国连锁经营协会编：《2007 年中国连锁经营年鉴》，中国商业出版社 2007 年版，第 17—18 页。

第二节　特许经营法律规制的比较法考察

根据资料所及，就形式而言，国外对特许经营的法律规制一般存在两种模式：一是以美国为代表的单独立法规制①，一是在相关法律法规中对特许经营作出专门规定，如法国在相关商业合同立法中专门有关于特许经营的规定，欧盟在竞争法中规定特许经营相关问题，而俄罗斯、中国澳门则通过民法典或商法典将特许经营作为典型合同规制。就内容而言，各国法的规制思路却几近一致，一是注重对受许人的特别保护，二是倾向于特许经营与公平交易法、反垄断法的协调，这与特许经营天然地具有限制竞争的特征是分不开的。所以，笔者倾向于从特许经营与竞争法的关系角度，考量各国法律对特许经营规制的特点。

一般认为，法国1989年制定的 Loi Doubin 是欧盟成员国的第一部专门的特许经营法。而事实上，这部法律并不是专门针对特许经营的，而是将特许合同、商标合同、分销协议及许可协议等均纳入该法的调整范围。该法全称为《关于商业和手工业企业发展及其经济、法律和社会环境改善的第89—1008号法律》。②

欧盟对特许经营的法律规制即前文所提及的欧盟"4087/88号规则"。该规则源于欧洲法院对 Pronuptia 案的判决。1983年，巴黎蒲罗公司在德国的子公司向德国地方法院起诉受许人斯基尔盖莱斯夫人，要求该受许人交付拖欠2年的权利使用费。一审原告胜诉，被告上诉到柏林上诉法院，该法院认为特许经营合同属于《罗马条约》第85条所禁止的反竞争协议（《罗马

---

①　美国是最早单独立法规制特许经营的国家，包括联邦政府的专项法规以及州政府的专项法规，前者如美国联邦贸易委员会（Federal Trade Commission）于1979年10月通过的《关于特许经营与商业投资中有关行为的禁止与公开说明的规定》（Disclosure Requirements and Prohibitions Concerning Franchising and Business Opportunity Ventures，即 FTC 法规），《统一特许经营提供公告指南》（Uniform Franchise Offering Circular，即 UFOC）；后者如1971年美国加利福尼亚州《特许经营投资法》（Franchise Investment Act）。

②　参见汪传才：《法国的特许经营立法及其启示》，《福建政法管理干部学院学报》2002年第3期。

条约》第 85 条禁止一切企业间或企业集团的影响成员国贸易、企图或实际上妨碍、限制或损害共同体内部竞争的协议，决定或协同一致的行为），因而判决该特许经营合同无效，并且认为特许经营合同大多是反竞争的。原告后来又上诉到德国最高法院，德国上诉法院将该案提交欧洲法院。欧洲法院于 1986 年 1 月 28 日判决原告蒲罗公司胜诉。此项判决支持了特许人的主张，确认了特许经营合同不违反自由竞争的原则，并且规定了特许经营的合法性条件。这一判决确立了特许经营合同的两个合法性原则：其一，保护特许人技术秘密的原则；其二，维护特许经营网络的同一性及声誉原则。每一原则又都包括了一系列的限制性约定。欧洲法院在这一判决的基础上，依据《罗马条约》第 85 条第 3 款的规定，于 1988 年 11 月 30 日制定了《关于对特许经营典型协议适用条约第 85 条第 3 款的 4087/88 号规则》，明确规定了特许经营的条件、特许经营协议、技术秘密、类别豁免的限制性条款、不能获得类别豁免的具有反竞争法性质的限制行为、欧盟委员会撤销豁免的情形等关于特许经营的一系列问题。[①] 可见，欧盟关于特许经营的专门立法基本限于竞争法范畴，将特许经营限制竞争行为作为主要规制对象，并未涉及有关信息披露、合同关系的转让、变更、终止等问题。

《俄罗斯联邦民法典》（1996 年 1 月 26 日颁布）在第二部分之第四编"债的种类"中规定了"商业特许"，根据该法典第 1027 条："依照商业特许合同，一方（权利人）应向他方（使用人）提供在使用人的经营活动中定期或不定期地使用属于权利人的专有权综合体的权利，包括权利人的商业名称和（或）商业标识权、受保护的商业信息权，以及合同规定的专有权其他客体——商标、服务商标权等等，并收取使用费。"该法典第 1028 条对特许合同的登记作了规定：国内商业特许合同的登记机关为合同权利人，即特许人的法人或者个体经营者进行登记的机关，而当特许人为外国法人或者个体经营者时，特许合同则由受许人的登记机关进行登记，合同未经登记则不得对抗第三人；"使用以专利法所保护客体的商业特许合同，还应该经俄联邦专利和商标部门的权力执行机关登记"，否则合同自始无效。《俄罗斯联邦民法典》规定的特许合同登记制度在一定程度上规范了特许经营行为，

[①] 参见阮方民：《欧盟竞争法》，中国政法大学出版社 1998 年版，第 321 页。

并保障了不特定的第三人以及受许人的合法权益。①

《澳门商法典》第三卷第 7 编、第 8 编将特许经营的两种类型——商品商标型特许经营和经营模式型特许经营分别按商业特许合同与特许经营合同加以规范，可视为澳门特许经营立法的一大特色。《澳门商法典》关于特许经营合同的规定较为完备。该法典第 679 条将特许经营合同定义为："系指当事人一方特许他方有权以固定方式在一定区域按前者之专有技术及技术指导，以前者之企业形象生产及/或销售一定产品或服务，从而取得直接或间接回报，且须接受前者监督之合同。"这一定义包括经营的独特模式、专有技术或技术指导为内容、外在表现为"特许经营"的企业形象、通过生产或销售产品或服务获利、必须接受特许人的监督等要素，较全面地体现了特许经营的各项特征。法典第 680 条规定了"特许经营人"的信息披露义务，法典称之为"订立合同前之咨询及说明"，披露的信息共有 13 项，包括"特许经营人"的识别资料、最近两个营业年度的年度账目、诉讼史等，还要求特许经营人预先提供典型合同的格式，对于不履行上述信息披露义务以及预先提供合同的义务，还明确规定了救济方式——"被特许经营人"享有撤销权和请求赔偿权，能够较好地保护受许人的合法权益。该法典第 7 编和第 8 编关于特许合同期限的规定有所不同。第 7 编规定商业特许合同"如当事人无约定期限，则合同视为无期限"，如果合同约定了期限，"则不得少于三年"。而第 8 编特许经营合同的期限则可由当事人自行约定，法律规定合同期满续约的提前通知期限，因合同存续期限的长短不同通知期限有所不同，如当事人一方在法定期限内未尽通知之义务，则合同于期满时失效。《澳门商法典》关于两类特许合同期限的不同规定，大抵出于考虑到"特许经营"比"商业特许"要复杂，涉及面广，以尊重当事人的意思自治为主，同时设定续约通知期限，为一方当事人确定他方合同存续与否的真实意思表示提供了法律依据，避免不必要的麻烦。此外，第 8 编还规定了特许人对加盟店的优先购买权，即如果"被特许经营人转让企业，特许经营人或特许经营人指定之第三人有优先权"，为特许人保持特许体系的完整和统一性提供

---

① 参见《俄罗斯联邦民法典》，黄道秀等译，中国大百科全书出版社 1999 年版，第 423—429 页。

了法律支持。①

　　尽管如此，仍可以说，法国的特许经营立法在欧盟国家中是较为完备的。Loi Doubin 只有第 1 条涉及特许经营，规定了特许人的信息披露义务、披露内容。政府 1991 年颁布了与其配套的实施法规，进一步明确规定信息披露的内容。不过，Loi Doubin 及实施法规，只是调整缔约前的信息披露问题，而对于缔约后的特许关系，如合同的转让、续约、解除等问题根本不涉及，由特许人和受许人在特许合同中自行约定。

一、德国

　　德国是典型的将特许经营与限制竞争行为类比对照区分规制的国家。根据德国《营业竞争防止法》（GWB），利用合意限制竞争或营业自由的行为分为水平的限制营业竞争（本法第一篇第一章）和垂直的限制营业竞争（本法第一篇第二章）两种。② 前者即统称的"卡特尔"，由多数企业约定统一价格或划分势力范围等方法限制彼此间的营业竞争。GWB 第 1 条规定，意图影响市场的水平式契约，非经官方许可不生效力。后者系指一企业对他企业与第三人为交易时，就其订立价格或业务条件，甚至当事人选择之自由加以限制，即通常所谓"拘束第二手契约"。根据 GWB 第 15—17 条，对于垂直的价格限制（即限制转售价格）原则上无效。由于 GWB 第 2—8 条对于各种水平形式的卡特尔（如规格化卡特尔、输出卡特尔等）提供例外许可的机制，因此德国对特许经营的主要管制手段为有关垂直竞争限制的规定。从条文定义看，只要加盟事业所订的拘束第二手约款会产生限制竞争的效果，则不论其限制竞争程度的轻重，均可能违反 GWB 的规定。当然，上述两分的规定未免僵化，但实务中法院又发展出另一套较为弹性的处理原则。最著名的例子是 Telefunken 案。本案当事人间虽有价格限制之约款，但法院并未直接适用 GWB 第 15 条有关当然无效的规定（GWB 第 15 条明确规定，垂直契约中的固定价格条款无效）。

---

　　①　参见《澳门商法典》，中国政法大学出版社 1999 年版。
　　②　对德国法的转述主要转引自王文宇：《民商法理论与经济分析》，中国政法大学出版社 2002 年版，第 189—191 页。

　　法院认为在本案情况下，交易上经济风险系由业主本人（而非代理人）负担；换言之，本案所订约款是为了垂直整合（而非交换交易）的目的。因此，法院认为此种情况应可比照企业结合中的垂直整合情况，而给予当事人豁免待遇。依本案所树立的原则，应否豁免应视当事人的风险负担约款决定。如风险由业主本人负担，则当事人双方可被视为"同一经济单位"因而自无限制竞争的可能。

　　所以，德国法对加盟事业的规范，是以限制竞争行为的类分为基础，或者将特许经营归类为水平契约适用 GWB 第 1—8 条的规定，或将其归类为垂直契约而适用第 15—20 条的规定。这种二分法并不能简单应对特许经营的现实存在，因为加盟事业性质是介于水平与垂直交易两者之间的混合体，所以实务上德国法院又发展出"合理原则"来缓和过分僵化的法律概念——依该原则，如特许经营的约款系必要或合理者为有效。

二、欧盟

　　欧盟关于特许经营的专门立法基本限于竞争法范畴，即将特许经营限制竞争行为作为主要规制对象。这种做法的形成主要源于《罗马条约》第 85 条以及欧洲法院 1986 年对 Pronuptia 案的判决意见。

　　根据《罗马条约》第 85 条，任何不利于竞争的契约、决定与联合行为均属自动无效，不论当事人是否以限制竞争为目标。但是，欧盟法院却在裁判中发展出类似"合理原则"（Rule of Reason），最为著名的即 1986 年 Pronuptia 一案。[①] Pronuptia 案的判决认为，当事人所订合同规定加盟店仅得销售总店或其指定供应商的商品，不构成限制竞争的行为。也就是说，欧盟法院认为特许经营合同的基本特性并不与《罗马条约》第 85 条第 1 项相抵触，因为其具有纯粹的促进竞争的效果[②]；特许人不必担心《罗马条约》第 85 条的适用，特许人有权保护其专有技术和向受许人提供的信息，有权采取措施保持其商号和标识的同一性，有权要求受许人使用特许人的经营方式

---

　　① 张玉卿、庞正中：《国际统一私法协会：国际特许经营指南》，法律出版社 2002 年版，第 252 页。
　　② 孔祥俊：《反垄断法原理》，中国法制出版社 2001 年版，第 481 页。

和专有技术，但只能依据相应的合同行事。通过该案，欧盟法院确认了特许经营合同不违反自由竞争的原则，并且规定了特许经营的合法性条件，初步确立了特许经营在欧洲合法存在的法律基础，对欧洲特许经营的发展具有重大意义。在该判决的基础上，依据《罗马条约》第 85 条第 3 款的规定，欧盟委员会于 1988 年发布了欧盟 "4087/88 号规则"，明确规定了特许经营的条件、特许经营协议、技术秘密、类别豁免的限制性条款、不能获得类别豁免的具有反竞争法性质的限制行为、欧盟委员会撤销豁免的情形等关于特许经营的一系列问题。所以，欧盟 "4087/88 号规则" 的制定，反映出欧盟国家反对跨国性限制竞争措施的一致共识，此举无异授予加盟业主自由进出欧盟市场的权利。[①]

三、美国

美国对特许经营的法律规制包括三个层面。一是专项立法，如 FTC、UFOC、《特许经营投资法》等。其专项法规的作用主要是规范和约束特许人的经营行为、保护投资者利益、促进特许经营的健康发展，法律内容以特许人信息披露制度、监督、禁止权利滥用等为主。因为随着美国特许经营的发展，一些特许企业利用特许加盟提供虚假信息，对受许人进行欺诈活动；还有一些特许人有滥用特许经营权，实施不公正交易的行为。如 1979 年 FTC 法规，其出台针对的就是当时美国特许经营市场的混乱，即投资者利用特许经营市场不规范、人们对特许经营盲目追随的心理，骗取加盟金。如曼波罗（Minne Peal）炸鸡在 1969 年夏季以前推出 1800 份特许经营权，但真正开张的只有 161 家加盟店，后来这些加盟店全部失败。这种情形给特许经营市场带来不利影响。1995 年，FTC 开始对特许经营条例进行修改，并于 1999 年 10 月公布了对于条例的修改意见，重点关注特许经营权的销售问题。[②] 二是普遍适用的商法法规，如《公司法》《反垄断法》《注册法》等，《反垄断法》等对特许经营的规范与德国法类似，注重审查垂直性限制营业竞争约款

---

① 王文宇：《民商法理论与经济分析》，中国政法大学出版社 2002 年版，第 193 页。
② 北京市高级人民法院知识产权审判庭编著：《商业特许经营合同原理解读与审判实务》，中国法制出版社 2015 年版，第 20 页。

的合法性。三是国际特许经营协会、其他特许经营协会的组织规范等。

应当说，在 1977 年以前美国并无多少关于垂直性限制竞争的案例，近年来对垂直性限制竞争手段多采取较为宽容的态度。例如关于垂直性的价格固定与营业区域限制约定，法院多以当然违反原则否认其效力，但长期性的供给或需求契约法院则多采用"合理原则"作判断。例如，GTE Sylvania Inc 一案[①]，美国最高法院就认为，垂直的非价格限制约款不应与水平的非价格限制约款同样对待，因为这种约款通常仅限制产品市场许多品牌中的个别产品，而非限制多数互相竞争的产品。最高法院强调，反托拉斯法的规范重心是品牌间（而非品牌内）的竞争，因此只要消费者有机会从各种相互竞争的品牌中选择比较，各制造商与业主应有权依自己的需要制定销售策略。也就是说，1977 年以来，法院对限制竞争约款的态度日趋宽容，对于营业区域限制等约款均采用"合理原则"，似乎较德国更具有弹性。

四、国外法规制的思考和启示

就法律明文规定而言，德国法规略嫌僵化，而欧盟法规又过于空泛，所以单纯就法律适用而言，在对特许经营及类似交易的规范上，上述法律难免有窒碍难行之漏——既有的法律规定无法简单应对特许经营"强大的经济功能"与"限制竞争"之间的博弈。为应对这种不方便，德国、欧盟法院实务中又发展出"合理原则"，以提供弹性空间。

相对于法律条文的固有缺陷，美国法通过法院判决承认特许经营的"组织效益"，从而为特许经营的发展设定了规制的基本原则，无疑具有更适当的一面。例如，在 Principe v. Mcdonald's 案中，原告是麦当劳的加盟店，加盟合同中约定加盟授权同时"搭租"麦当劳所提供的店址以及其他融资交易。法院认为，所谓同时搭售的商品或服务，不过是整套加盟配套商品所负权利或义务的一部分而已，麦当劳特许经营并非是个别的商标授权、不动产租赁或是金融服务业，它事实上是提供加盟店"一整套做生意的方法"[②]。

---

① 王文宇：《民商法理论与经济分析》，中国政法大学出版社 2002 年版，第 194 页。
② 王文宇：《民商法理论与经济分析》，中国政法大学出版社 2002 年版，第 194 页。

通过该判例，特许经营中类似"搭售"行为获得合法性基础。当然，美国法通过判例发展的"合理原则"应对特许经营中的垂直性限制竞争条款，与新制度经济学者（如科斯、威廉姆斯等）对于类似特许经营这种新经济现象的研究成果是相一致的，只不过，法院对此的宽容态度，应当掌握在一个如何合理的限度内，才能实现既促进特许经营的健康发展，又保障特许经营限制竞争的弊端不致影响国家法对垄断的规制，仍然是一个有待深入的话题。

各国法对特许经营的规制无不与限制竞争绞合在一起，这已是不争的事实、不怪的现象，这种规范给我们的启示可以归结为以下几点。

（一）特许经营并不能简单纳入反垄断法的调整

特许经营有限制竞争的弊端，但特许经营的限制竞争弊端，大多数情况下并不能简单类分为垂直性限制竞争或者水平性限制竞争，也就是说，传统反垄断法上的概念在该领域适用难免"失灵"，因为特许经营"混合性组织"的特征，使得"水平"或"垂直"在此都没有简单适用的空间。

根据新制度经济学的研究成果，特许体系对外部而言是一个有机整体，树立的是统一的企业形象，众多的加盟成员按照统一店名店貌、统一进货、统一配送、统一价格、统一服务，在统一的经营模式下进行运作，经营权要集中于总部。特许经营类似于企业的特点在于双方之间约束性的双边关系，这种关系常常很像完全的纵向一体化。[1] 因而根据经济实体原则[2]特许人与受许人在竞争法意义上可以被视为同一企业主体，两者之间的行为也可以被视为是企业内部行为，由此，类似于价格限制行为等限制竞争行为，即可以等同视之为企业内部价格协调等行为。

另外，特许经营中特许人和受许人双方毕竟是相对独立的实体，分别拥有各自的所有权，受许人之间也是独立实体间的横向关系，不存在任何的横向关联关系。所以，如果在特许体系内，受许人之间单独订立了价格、市场同盟，则和

---

① Seth Norton, "An Empirical Look at Franchising as an Organization Form", *Journal of Business*, 1988（2）.

② 经济实体原则，是指设在欧盟领域内的子公司与其领域外控制其经营活动的母公司虽然在民商法上是两个彼此独立的法人组织，但在竞争法上却不是两个经济组织，而是一个经济实体。参见阮方民：《欧盟竞争法》，中国政法大学出版社 1998 年版。

一般的独立企业的横向价格联合一样，属严重危害市场竞争的禁止行为。但是，在特许体系健康发展的需求下，"商圈保护"也是一个不争的事实。

所以，垂直和水平的限制竞争，在特许经营中的应用，已经无法简单化为国家对经济发展的反垄断控制，"概念失灵"不可避免。正是在这样的现实和逻辑下，德国、欧盟国家通过法院发展出"合理原则"，以缓和法律规范的僵化和一定程度上的不切实际，美国等判例法的做法更是以较为宽容的态度对待特许经营的"限制竞争"。当然，上述理论有一定的前卫性，对于我国目前的市场状况和法律状况而言，在《反垄断法》的作用空间下，是完全接受它还是适当的"类型化"，这是一个问题。

（二）特许经营的法律调整应关注法律实务的现实需求和法律功能的发挥

前已述及，德国的成文法略嫌僵化，但实务中法院与主管机关已发展出弹性原则以处理特许经营限制竞争问题。同样，欧盟也是借着判决与行政命令来合法化某些原本依法可能无效的限制竞争条款。同样的逻辑告诉我们，立法中类型化的僵化、法律漏洞等问题，可以通过司法裁判和法律执行等实务层面予以调整，德国、欧盟、美国等即为典型。

在我国，判例并不具有法律渊源的功能，但司法裁判仍具有一定的指导意义，我们也并不否认法官在裁判中的能动作用。以中国特许经营20年纠纷裁判的现实分析来看，在无《反垄断法》的出台和实施的前提下，国家政策面对特许经营限制竞争条款的态度[①]以及法院对限制竞争条款效力的认定，基本遵循了"合理原则"，照顾了特许经营体系维护的必要和特许人权利滥用之间的区分，可以说，在为特许经营的发展保驾护航和对特许经营限制竞争的弊端之间，司法裁判"博弈"的结果能够适应该美国未来学家奈

[①] 较早的如国内贸易部《连锁店经营管理规范意见》（1997年3月27日），国家工商行政管理局《关于连锁店登记管理有关问题的通知》（1997年5月30日），国家经贸委、国内贸易部、文化部、邮电部、国家新闻出版署、国家工商局、国家烟草专卖局《关于连锁店经营专营商品有关问题的通知》；近几年如国务院体改办、国家经贸委共同发出的《关于促进连锁经营发展的若干意见》（2002年8月12日），商务部令2004年第25号《商业特许经营管理办法》。当然，这些规范性文件有的并不主要针对特许经营中的限制竞争条款而言，但其中涉及对该种条款的基本认识。另外，上述规范性文件在2007年国务院《商业特许经营管理条例》实施以后，相关冲突的条款已被修正。

斯比特先生预言的"人类下个世纪的主导商业模式"的发展需求。

(三) 应当注重该商业实践作为一种重要的经济形式的基本功能

以德国、欧盟国家、美国法规，以及中国《澳门商法典》《俄罗斯联邦民法典》为例，各国或地区对特许经营的法律规制，在基本的行为规范（如市场准入、信息披露、监管）之外，往往以对特许协议中限制竞争行为的法律规制为基本出发点和立足点，而且，对这种限制竞争行为的法律规制，各国实质上均采用类似"合理原则"的解决方式，以便将功能面或经济面的因素纳入考量。是故，主管机关或法院所实际采纳的市场竞争力评估标准，在某种程度上可以超越不同的法规与体系。[1]

不可忽视，特许经营是一个体系或者网络，一个成功的特许经营体系是一个有机的系统[2]，该系统的构成要素包括商标、商号、服务标记、店面设计等表层因素，特许经营体系要求的店面、商标、商号的统一就是该表层因素的统一；包括特许人、受许人的经营行为等行为因素，特许人的信息披露、广告宣传、培训、供货等义务的履行，受许人对特许人适度控制的接受等就是该行为因素的统一，体现了系统的运行方式和处理事务的方法；包括标准化运作的经营理念等核心因素，特许经营系统要求以标准化的方式运作，即要求态度和行为的一致性，从而使得系统各要素之间的沟通和结合更为简便与顺畅，因此经营理念是特许经营体系的核心要素，它指挥和引导着整个系统，是特许经营体系得以统一的关键。从经济运行的实质看，特许经营具有相当高的组织效率：它可以减少特许人对加盟店的"监控成本"，或是当事人间的"投机行为"。这种以系统维系的商业实践，具有市场和经济运行所要求的基本特点，表现为以下几点。

第一，充分满足经营和消费的需求。早在 1997 年，国际特许经营协会

---

① 王文宇：《民商法理论与经济分析》，中国政法大学出版社 2002 年版，第 197 页。

② 根据系统论的观点，一切事物都可以看成一个系统，一个系统也处于另一个系统之中。系统的主要特点是具有整体性、开放性、扰动点。整体性是指一个系统内部各个部分之间是一个有机联系的系统整体，不是简单的加和，系统内诸多要素是相互依存、相互作用的；开放性是指一个系统的生命力来源于开放，来源于从外界吸收能量并与外界交换信息，一个封闭的系统会停止发展很快死亡的；扰动点是指一个系统在其生命发展过程中会有一个或一些关键点对系统进行扰动，从而加速系统整体功能的变化。

教育基金会委托盖尔普所做的调查就显示，在随机选取的 1001 个美国受许人中，92% 认为自己的经营是成功的。因此，特许经营这种商业安排形式又被称为"最新的安全保护毯"（The Newest Security Blanket）。① 特许经营的三 S 原则（简单化 Simplification、标准化 Standardization、专业化 Specialization）使特许经营体系的参与者分工明确，各项工作便于掌握和考核，从而使整个系统处于高效运作状态，使得特许经营成为一种极具生命力的经营方式和营销模式。另外，特许经营体系是特许人、受许人分工合作的系统，系统目标是为消费者创造更经济、更好的产品和服务，所以一个成功的特许经营体系提供的商品或者服务，必须以消费者为中心，把满足消费需求的思想贯彻到系统的每一个子系统、每一个要素和每一个环节上。

第二，可以实现资源的有效配置。成功的特许经营能够在资源有效整合的基础上实现规模经济。由于特许体系是通过受许人、特许人提供已经成熟的经营方式来组建的，特许经营系统可以实现低成本的扩张。在没有专业知识、管理经验和良好的商业信誉，产品难以进入市场的情形下，受许人一旦取得了特许使用权，即得到特许人的培训和帮助，极易获得成功。显然，这种优势互补关系促进了整个系统的良性互动，是符合规模经济要求及资源有效配置的原则的。

第三，能够实现成功和易于克隆的结合。特许经营的基本要求是特许人必须拥有成功的企业，因为只有成功的企业才能有能力保证加盟者的利益，"如果我不能让你成功，就不会与你合作"的新型经营理念，才能保证特许人将自己成功的经验、技术及品牌等传授给加盟者，实现其事业的扩张。同时，特许经营系统是对成功企业的克隆。克隆首先追求一致性，要求统一的品牌、统一的品质、统一的店面和标识、统一的供货等；其次，克隆不是复制。复制仅仅是形式的相像，商标、特殊技术可以进行复制，但其管理方法却不可以简单地复制，特许经营是通过统一的广告宣传、经营理念、员工培训等生成的系统，系统克隆的是一个个有生命的有机体，随着特许经营体系的不断扩大，无论其运行如何标准化，体系的维护和发展需要在神似的经营理念、运行模式的基础上，灵活地运用管理方法予以解决。

---

① Franchise411，http：//www.franchise411.com/fpi/security.html.

第四，能够保证多赢的实现。在理性人的假设和博弈理论的基础上，市场交易是建立在自愿和重复的基础上，交易双方追求在不断重复交易中实现自己的利益，并适当照顾对方的利益。这种理念对特许经营体系而言是至关重要的。特许经营系统的本质是品牌意识＋团队精神，控制、沟通、支持是特许经营体系维持的三个基本原则。没有控制，特许体系运营的质量和统一性得不到保障；没有支持，加盟店没有总部提供培训、设计、广告宣传、运营指导等各方面的帮助，加盟者的经营就不能顺利开展；没有沟通，加盟者就不能及时将获得的市场信息反馈给特许总部，相应地特许总部就不能迅速作出决策，体系就不能持续健康地发展。所以，特许人、受许人是一荣俱荣、一损俱损的合作关系，任何一方为谋私利而不顾整个体系的长远利益，则合作关系必定不能长久。由此可见，特许经营是一个成功的多赢系统，不但特许人要赢，受许人也要赢，而最大的受益者应当是消费者。

第三节　特许经营合同规制的实现

一个成熟的特许经营市场，应该有充分的市场基础和相应的配套体系，其核心是较为完善的法律法规体系。我国目前特许经营的整体市场环境并不成熟，尤其是诚信体系建设落后。在这种情况下，完善的法律法规体系调整显得尤为重要。调整特许经营关系的法律规范应当主要包括两类：其一是适用于特许经营关系的一般法，包括合同法、公司企业法、知识产权法等民商事法律法规；其二是适用于特许经营关系的特别法，如规范特许经营市场、管理特许主体行为的商业特许经营管理条例、反垄断法等。其中，合同法是基础和保障，其他法律法规则在合同法统率下发挥辅助作用。

一、合同法下的合同规制

（一）特许经营本质上是合同关系

不论是专门立法还是非专门立法，各国法及实务中均承认特许经营本质上是合同关系。就商业实践的现实逻辑而言，市场中的特许人原则上是拥有成功品牌的企业，是独立的市场主体。在理性假设的前提下，拥有品牌优势的企业可以选择直营连锁、自由连锁或者特许连锁的方式，实现经济扩张，当其选择特许连锁以追求低成本扩张时，其是以要约人的身份，以自己的品牌优势所凝聚的无形财产为要约内容，向特定或者不特定的市场主体发出要约，而拟加盟特许的受许人便取得了受要约人的地位（当然，这里只是遵循一般的缔约逻辑，假定特许人是要约人，实践中，并不排除特许人是要约邀请人、潜在受许人作为要约人的情况）。所以，特许人是通过市场方式选择加盟商，加盟商也是通过市场方式选择特许体系，市场选择的结果，特许人、受许人完全可以通过合同解决特许经营体系运行和维护中的基本问题，实现特许人低成本扩张和受许人加盟创业的目的追求，即使这种合同是格式合同。① 而国家对特许经营的法律控制，如特许人的资格限制、特许人信息披露义务、合同形式和合同内容的适当强制，不过是合同自由的适当限制，这种限制，与合同自由的历史变迁具有逻辑一致性。就合同的历史变迁来看，我们与西方国家一样几乎同样经历了附加在这个概念上的种种变化：从身份到契约—从契约到身份。如果以一种历时性的维度审视，这种变迁实质上可以归结为：由观念的契约论到现实的契约论，再由现实的契约论到因应现实的契约论。这些变化，与现实社会中合同关系作用空间的增大、民法由形式正义到实质正义的转变、对合同自由可得在有充分且正当理由的情形下予以限制的趋势与理念始终具有统一性。

---

① 格式合同也并不是对合同自由的全盘否定，因为是否选择缔结合同，仍然是当事人的自由。

（二）特许经营与合同自由的历史变迁具有逻辑一致性

亨利·马瑟教授认为，缔约有两个基本目的：促进有益信赖和推动互惠合作。这与传统契约法"联信结义"如出一辙，但这些目的必须在正义的范围内实现。问题是，缔约以及履约的过程中正义如何实现？追求正义的实现，是法律的一个理念。正义所蕴含的公平、公正、公道、平等等价值内涵，是政治社会中所有价值体系追求的最高目标。法律作为一种最具权威性的价值体系和规范体系，自然也应将实现公平和正义作为自己最终的理想。社会的公平正义是一个十分复杂的问题，涉及社会生活的众多领域。从经济意义上看，公平正义指的是经济结构本身所具有的正义性和个人经济行为的正当性的结合。为了实现这种结合，社会的公平正义理念要求：第一，一个社会的经济结构必须为其成员的自由发展提供公正平等的机会，为其每个成员利益的获取和合理分配提供手段及程序规则，并且在利益分配和公平的实现出现不均衡时能够予以有效补正及救济。第二，社会成员的交易活动应当遵循普遍公认的行为准则，换言之，其实现经济目的的手段应当是正当的、合理的，必须充分考虑社会利益并自觉接受社会义务的约束，再换言之，那就是恪守诺言，注重信用，并以善意的方式行使权利和履行义务，即所谓诚实信用原则。

按照经济学的观点，一切经济学问题的根源，都是资源缺乏，因为相对于人们的需求来说，资源永远不够，这就迫使我们作出选择。这样的前提其实同样适用于法学。因此，在涉及契约的变迁的时候，法学就必须和经济学一样成为研究权衡取舍的学问。法律上判断的作出，不仅要看需要，尤其要看可能，可能的该变的和不可能的不该变的。具体而言，尽管在现实世界中，我们所享有的"以自己的权利支配自己的义务"的自由已变得分外沉重，缔约过失责任从时间层面、诚实信用原则派生的相应义务从内容层面大大扩大了合同关系的作用空间，但民法上的契约与契约自由从来就是孪生胞妹，在当事人双方地位并不悬殊的契约领域，合同自由仍然像过去一样受到尊重，契约领域的真正变化，主要是针对经济地位悬殊的合同施加了一定的强行调整，从而为没有能力讨价还价的消费者、劳工及其他弱者提供特殊的保护，对契约同自由的另外一些限制则来自追求社会公共利益的环境保护法等。

在特许经营领域，这种认识同样适用：国家法对特许经营的强制，不过是在考虑到特许人的优势地位的同时，对相对弱势的受许人予以特殊保护，其最终目的是追求特许经营这种极具生命力的商业实践的经济和社会功能的充分发挥。也就是说，特许经营的法律规制，合同自由被施加的种种限制或者强制，与"合同自由从来就不是不受限制的自由"的实质理念是一致的，是合同自由因应现实需要的一种发展。

（三）特许经营合同规制有立法论上的支撑

坚持以合同法作为对特许经营进行法律规制的基本法，在前述立足于合同解释的一般原理之外，尚存在立法论上的基础。

第一，坚持合同法一统特许经营的天下可以保证法律调整的法理基础的统一。

特许经营是合同关系，这种认识尊重了合同自由的基本原则，尊重了特许人和受许人是独立的市场主体的市场法则。不管是制度经济学还是行为经济学[①]，理性假设或者有限理性并不影响特许人、受许人相互独立的法律地位和市场选择的自由。特许经营实践中，特许合同是建立特许经营法律关系的核心，是明确特许人与受许人权利义务的关键。正是基于特许经营合同的重要性，一些国家和地区将其作为有名合同加以规范，如《俄罗斯联邦民法典》第二编第 54 章第 1027—1044 条，我国《澳门商法典》的第七编和第八编。[②]

合同有名化以及合同性质的明晰对司法实践无疑具有重要意义。诚如我国台湾学者黄茂荣先生所言："依据民事法之规范架构处理民事关系时，势

---

① 行为经济学是利用试验心理学方法研究人类的经济行为，从而获得规律性认识的学科。其基本特点是不满足于一些缺乏试验依据的假设或"拍脑袋"假设，力图把经济学前提建立在可靠的试验方法的基础上。它不满足于传统经济学主要研究人类经济行为的共性的倾向，主张也研究人类经济行为的个性。参见李爱梅、凌文辁：《论行为经济学对传统经济理论的挑战》，《暨南学报（人文科学和社会科学版）》2005 年第 1 期。行为经济学诞生于美国，代表人物如丹尼尔·卡尼曼（Daniel Kahneman）及阿莫斯·特维尔斯基（Amos Tversky）。

② 参见《俄罗斯联邦民法典》，黄道秀等译，中国大百科全书出版社 1999 年版；《澳门商法典》，中国政法大学出版社 1999 年版。

必要考虑到系争生活关系究为法定的或意定的法律关系。当其为意定的法律
关系，又必须是否为契约关系。如属肯定，又究竟属于哪一种有名契约、混
合契约或是一个无名契约，以决定契约的总则规定和契约的分则规定对之是
否有适用性。契约之定性，不仅对任意规定，而且对强制规定之适用皆有其
意义。所以，为确定对系争生活事实在契约法上之准据规定，首先必须依契
约法认定它究竟是否为契约，以及属于哪一种类型之契约。"① 有名合同与
无名合同（典型合同与非典型合同）是以法律对之是否设有专章加以特别
规定为标准而做的划分，当法律将一个合同类型当成一个规范模式加以规范
时，法律为了指称上的方便，势必给予该合同类型以一个特定的名称，所以
这里合同类型也便因有法定的名称，而被称为有名合同。其他未被法律所明
文当成一个规范模式加以规定的合同，纵使其在实际生活中已定型化地予以
应用，也非学说上所称之有名合同。② 在合同自由原则下又创设有名合同，
其主要机能有二：其一，以任意性规定来补充当事人约定中的不完善之处；
其二，通过典型合同设定某些强行性规范，在当事人约定损害社会公共利
益、国家利益，或使当事人之间的利益状态严重失衡时，以该强行性规范予
以矫正，以达法律保护的目的。③

　　我国《合同法》在立法之初，鉴于当时经济条件、法律环境等并未将
特许经营合同有名化，我们也无法通过法律解释的方法将特许经营归类为
《合同法》有名合同的任何一种，但这并不影响这种经济现象可以随着实践
的发展而渐被作为典型合同。并且，在我国，有名合同除《合同法》所确
定的 15 种以外，还有特别法上的典型合同存在，如《保险法》中保险合同，
《土地管理法》中的土地承包经营合同，《担保法》中的保证、抵押、质押、
定金合同等也都是有名合同。其实，国务院《商业特许经营管理条例》已
经对特许经营合同给予充分的重视，专章对特许经营合同作出规定，立法指
导思想上坚持意思自治原则的同时，加强对特许经营合同的监督，建立合同

---

① 黄茂荣：《买卖法（增订版）》，中国政法大学出版社 2002 年版，第 8 页。
② 黄茂荣：《买卖法（增订版）》，中国政法大学出版社 2002 年版，第 3 页。
③ ［德］迪特尔·梅迪库斯：《德国民法总论》，邵建东译，法律出版社 2001 年版，第 327 页；
王泽鉴：《债法原理》（一），中国政法大学出版社 2001 年版，第 109 页。

备案制度①，已经标志着特许经营合同典型化的完成。

在民法的世界里，合同法是市场经济的基本法，在合同的框架下，特许人和受许人是独立的市场主体、法律主体，对特许经营中的特许双方的法律纠纷，基本的裁判依据是合同法，合同是纠纷双方的最基本的请求权基础。如特许人信息披露义务的违反，受许人可以主张缔约过失责任或者违约责任；特许人欺诈行为，受许人可以主张违约责任；特许经营权转让纠纷，更是以债的转让为基础的合同纠纷；受许人违反特许体系对外同一性要求的经营行为，特许人可以主张违约责任；受许人违反商业秘密保护、竞业禁止义务等，特许人可以主张违约或者后合同责任；等等。当然，合同责任可以为特许经营纠纷提供最充分的救济并不意味着合同是特许经营纠纷中的唯一的请求权的基础，因为根据《合同法》第122条，对加害给付的情形，当事人可以选择违约或者侵权救济，以满足权利保护的要求。另外，对受许人侵犯特许人商业秘密的情形，特许人也可以侵权为由寻求法律救济。

第二，坚持合同法一统特许经营的天下可以避免法律价值的冲突。

在特许经营的法律规制中，法的基本价值追求是什么？知识产权法、公司法或者将来要立的所谓的特许经营法，立法的价值各有侧重。而法律完善和体系化的基本要求是法的价值的统一。当我们把视角落在对特许经营这种经营模式的推动和合理规制相结合的基本价值追求之下的时候，《合同法》已经能够担当这样的任务。因为，合同自由、合同正义、效率和安全都是合同效力的价值判断标准，只不过，这样一种综合的价值判断标准，在应对不同的合同时，其可以照顾市场的需求，遵从国家法在一定时期、一定经济条件下对一定经济行为的法律调整的侧重而有不同的价值排序，这也是民事立法价值判断的基本原则。

以我国十余年来对特许经营规制的实践看，相关规范之间内容相互冲突是不争的事实。例如，在特许经营是否统一核算、统一进货问题上，存在不同的规定：《关于加强连锁企业商品质量管理促进连锁经营发展的通知》（贸易部、国家技术监督局）第2条规定："连锁企业……实行统一核算、统一进货……"而《连锁店经营管理规范意见》第2条规定："全部商品均

---

① 《商业特许经营管理条例》第8条、第11—13条、第19条。

应通过总部统一采购……"《企业连锁经营有关财务管理问题的暂行规定》第15条规定："加盟店具备法人资格，实行独立核算。"对受许人的经营权也有不同的规定，《关于连锁店登记管理有关问题的通知》第2条："由总部参股设立或与总部无资产关系的门店，通过与总部签订合同，采取联营的方式或者取得使用总部商标、字号、经营技术及销售总部商品的特许权，按照合同的约定共同经营。"《企业连锁经营有关财务管理问题的暂行规定》第15条："总部对加盟店拥有经营权和管理权，加盟店拥有对门店的所有权和收益权。"这样的冲突还有很多。2007年国务院《商业特许经营管理条例》的出台和实施并未对上述问题一一加以梳理。面对这样的问题我们需要回答：在特许经营领域，国家法的管制所追求的基本价值是什么？是交易安全的维护，还是限制竞争基础上的市场秩序，抑或是以承认适当的限制竞争条款的合理性基础上的维护特许体系的统一？在《商业特许经营管理条例》《反垄断法》已经出台并实施的背景下，我们已经没有必要再呼吁对特许经营特别立法以加强法律体系化，因为承认特许经营的合同规制，承认市场选择为基本的价值诉求，通过《条例》的市场准入、信息披露、备案制度、法律责任等基本规定，通过《反垄断法》对限制竞争行为的类型化和适用限制，在合同自由与合同强制间的协调基础上，特许经营完全可以获得充足的发展环境，特许经营纠纷也能够找到请求权基础。

第三，坚持合同法一统特许经营的天下可以避免技术问题。

个别立法的特点之一就是，立法者会倾向于创造自己的概念，从而有意地从主观上忽略掉前面其他法律的概念。以特许经营规范中的概念使用为例，特许人、受许人（被特许人），特许商、加盟商在不同的环境不同适用，特许体系、特许经营网络也随着使用的便利而分别出现。应当说，概念统一对法律调整而言具有重要的作用，通过一个一个的立法，我们不太可能创造一个统一的技术性的概念，反而会趋向于分化，不利于理解和使用。诚如我国《民法典》的制定所面临的问题：我们是在市场经济建设的过程中开足立法的马力，不断应对现实所需而加强立法。因为我国的市场经济规模是在很短的时间内重建的，并且发展异常迅速，而市场经济建设所需要的法律几乎是跟身其后，一步一步地去回应市场的需要。这跟西方国家先有以市民社会为想象的民法典，然后慢慢地，经过一次战争增加一些经济法，经过劳工运动增加一些劳动法等不断叠加的情形不同。可见中国的立法经验莫过于我们实际是在回填一部民法典：先有《合同法》《物权法》等特别法，最后制定《民法典》，而这样做的最大问题，是如何保证概念的统一（我国历史上近几次民法典起草的事实也已经表明，这确实是法典制定中需要统筹的基础性问题）。抛开宏观而回归微观，在特许经营领域，专业的研究者实际所主张的也无非这样的逻辑：在市场渐趋发达的过程中，我们要整合原先层级较低的各种规范性文件，统一特许经营法（或言特许经营管理法），以实现法律法规体系的完善。这种回填与能不能完成概念的统一是一回事，是不是对立法资源的浪费也是一回事。而回避这种思路，以特许经营合同双方指称特许人、受许人（被特许人），以特许经营权指称合同标的，以合同约定双方的权利义务，以《商业特许经营管理条例》完成对特许市场的规范，不啻为解决法律技术问题的捷径。

二、经济法的适当辅助

经济法律法规可以辅助实现对特许经营的法律规制，这既是市场的需求，也是国家管制的需要，还是民法功能和体系随社会和经济的变迁而适当调整的必然反映。

（一）经济法辅助的法理依据

市场需求和国家管制是一个问题的两个方面，其原因即在于特许经营具有强大的经济、组织功能，但其天然具有限制竞争的弊端，所以，国家必须立足于市场发展的要求，对特许经营进行法律规制。[①]

1. 民法功能的变化使得经济法的辅助作用成为必需

社会的变迁终究要导致法律的发展。美国学者霍贝尔指出："法是一个动态的发展过程，在这个过程中，解决问题的方法很少是永久不变的。"[②]以民法合同为例，自人类社会进入 20 世纪以来，伴随着工业社会中集体交

---

① 参见前文特许经营法律规制的必要性部分。
② ［美］E. A. 霍贝尔：《初民的法律》，周勇译，中国社会科学出版社 1993 年版，第 314 页。

易的出现、各种社会力量的崛起及其意识的觉醒、意识形态和社会制度的多
元化、对权力的商业需求与国家饥渴，传统的合同理论不断地被修正和异
化，以至于其越来越"符合"立法者的价值追求而渐失其固有的纯洁，难
免有"契约的死亡"之慨而慷。当然，民法的消亡抑或合同的死亡无非都
是想表达这样一个理念：在现有的社会、现有的市场条件下，社会利益有时
候可能要高于私人利益，国家已经从"守夜人"走到台前，为社会利益考
虑对经济要进行必要的干预，而当这时，传统意义上的作为绝对概念的民法
已经发生了改变。这种变化并不突兀，因为民法是活的法，它要随着现代生
活的日新月异而不断变化，它从不讳言"一己之私利"，但它却在权利本位
极端化引发的各类社会问题日益严重的 19 世纪中期以后，由个人本位走向
社会本位。当面对个人利益与社会利益的冲突时，民法已不像从前那样把砝
码加在个人一端，制度上诸如表见代理、善意取得、租赁权的物权化之类，
都是这种变化的结果。具体到合同法领域，合同自由开始让位于社会福利和
对一个更公平的工作和生活水准的维护。福利国家的出现使梅因的"从身份
到契约"的效力大减，社会开始根据某种关系，而非根据自由意志组织起
来。法律愈来愈倾向于以各种利害关系和义务为基础，而不是以孤立的个人
及权利为基础。① 这种变化的实质即如梁慧星教授所言的近代民法向现代民
法的转变，其理念是形式正义向实质正义的转变。②

　　可见民法并没有也不会消亡，但是在市场经济已经不是绝对自由主义的
情况下，民法的功能和作用必然会发生适当的变化，也就是说，原来经济领
域里面的一些问题已经不能单纯由民法来调整了。经济法甚至行政法也可以
用于解决市场的有关问题，比如消费者保护立法、劳工保护立法。其实，这
与 20 世纪以来民法的发展脉络是极其契合的，那就是：法律的任务，未必
尽在保护个人权利，为顾全社会利益，法律可以强使权利主体负担特定义
务，限制或剥夺其某种权利。这是所谓"社会本位"之法制。③ 在这个意义

---

　　① ［美］伯纳德·施瓦茨：《美国法律史》，王军等译，中国政法大学出版社 1989 年版，第
200—201 页。
　　② 梁慧星：《从近代民法到现代民法——二十世纪民法回顾》，《中外法学》1997 年第 2 期。
　　③ 梁慧星：《民法总论》，法律出版社 1996 年版，第 34—37 页。

上，市民社会走过了一个从产生、发展到最高峰的过程①，这个变化，使得经济法律法规，成为民商事法律作用发挥的适当补充。

2. 民法体系的变化使得经济法的辅助作用成为必要

民法的体系到底有多大的包容？这个问题经过了新中国成立以来几十年的探讨，至党的十八大以来逐渐形成共识。民法典是一项艰巨复杂的系统工程，党的十八届四中全会决定，加强市场法律制度建设，编纂民法典。2017年3月，新的《民法总则》已经第十二届全国人民代表大会第五次会议通过，各分则各编（合同编、物权编、侵权责任编、婚姻家庭编和继承编）起草工作几近完成。按照立法规划，2020年新时代的中国民法典将会面世。在体例上，我国民法典较好地吸收了《德国民法典》的模式和我国目前的民事立法成果，最大限度地减少了立法成本。② 新的民法典编纂中，民法体系的发展变化实际上实现了两个剥离。

一是商法规范从民法规范中的剥离。我国民法典编纂遵守民商合一体例，这是立法者与私法学界的权威共识。但是，犹如一万个读者心目中有一万个哈姆雷特一般，几乎每个人都有一个民商合一的立法蓝图。在二元化结构的统一私法体系中，民法与商法同属私法，两者调整的社会经济关系性质相同，立法价值取向上相同或者相若，规范内容上相互交叉和接近，调整法律功能上日益趋同，所以彼此间的相互渗透与同化也就顺理成章；但另一方面，二者绝非全然融为一体，彼此不再保持独立，事实上二者在法律表现形式、调整对象、关于交易效率与公平的价值取向等方面的差异仍具有实质性、全局性、根本性意义。③ 不管是坚持民商合一还是民商分立的国家，实质上都有一个商法从民法中剥离的过程，商事法规范的独立存在都是一个事实。原因在于：其一，商法具有活跃性，与传统民法的稳定性相比，商法是民法里面最活跃的部分，其原则、制度会因应社会现实的变迁而不断改进，公司、海商、保险都具有这样的特点；其二，商法具有较多的国家强制。与民法注重当事人意思自治不同，商法中对当事人的意思自由作了较多的限制。商法中包含有较多的涉及刑法、社会法等与经济活动有关的公法规范，

① 江平：《民法的回顾与展望》，中国民商法律网，2008年1月18日。
② 王利明、朱岩：《繁荣发展中的中国民法学》，《中国法学》2007年第1期。
③ 李建伟：《民商合一立法体例的中国模式》，《社会科学研究》2018年第3期。

这些规范具有明显的国家强制性。尤其如公司法、票据法等一些法律，强制性规范占据很大的比例。在法律适用上，公法规范具有优先效力，这种优先效力主要体现在以下几个方面：其一，当事人的行为只有符合法律规定的情况时才被认定为有效，单纯的不违反法律规定并不构成行为合法的当然理由；其二，在法律适用上公法规范可以排斥私法规范而单独发生效力；其三，公法规范的内容不能由当事人协议或章程而改变。与民法相比，商法更强调交易安全的保护，更强调信赖利益的保护，制度设置上如商业登记、消费者保护、不正当竞争之禁止、商业垄断之限制等，明显具有强制主义和严格主义的特点。[①] 所以，商法规范实质是独立于民法规范之外的。

二是竞争法规范剥离在民法、商法体系之外。就传统概念而言，平等主体之间的竞争关系是市场经济、市场交易的基本问题，属于私法的范畴、私权的范畴。但国家对市场、对经济的干预却是不争的事实，因为伴随市场经济的发展，客观上单凭市场自觉调整的机制，已经不能解决这种机制本身带来的缺陷和被动。国家总是通过强制力来限制或者禁止某些竞争。这也就意味着，当限制竞争成为国家对经济生活的正常干预的时候，《反不正当竞争法》《反垄断法》已无法被置于民法、商法的体系内，其应当形成它自己的领域——经济法。这种认识并不是我们的独创，比如我国台湾地区，《反不正当竞争法》就不是放在民法里面。

强调商法规范不同于民法规范，强调竞争法剥离在民法、商法之外，目的在说明其各自的价值和作用之外，更为突出的意思在于，在市场经济的环境里，作为市场主体的权利保护，往往是民法、商法、竞争法等共同作用的结果，受许人利益的保护就是极好的例证。这也就说明，随着民法思想经由个人本位向社会本位的变迁，对私权的保护，民法已不能独承其重，也就是说，私权的保护在现代社会已经不是也不可能是民法自己的事情，其必须借助经济法等相关法律法规的辅助作用，才能实现社会的现实发展与私权利的保护需求之间的协调。或者说，私法的公法化与公法的私法化在现实社会已经不足为怪，反垄断法等相应法律、反不正当竞争法等经济法律法规的协同

---

① 赵万一：《论民法的商法化与商法的民法化——兼谈我国民法典编纂的基本理念和思路》，中国民商法律网，2008 年 1 月 21 日。

作用，才能实现经由商业实践所发展起来的、最具生命力的特许经营的规范需求。

（二）经济法辅助立法的实现

从美国、欧盟立法看，经济法规范对于特许经营的辅助，主要在于反不正当竞争法、反垄断法等相应法律。从发展趋势看，美国和欧盟对特许经营的反垄断法规制都呈现出一种温和的趋势。美国联邦贸易委员会、州政府颁布和制定的法律规范中，很少涉及特许经营关系中的反垄断行为，主要是多方面针对特许经营的具体操作规范和组织章程的规定和限制。反垄断行为仅仅在美国反托拉斯法对纵向限制性条款及在特许经营权许可的有关规范中作出一些根本性原则限制。用来规范限制特许经营所产生出来的限制性竞争行为。然而欧盟对此除《罗马条约》第85条给予原则性规定以外，还另外制定出专门针对特许经营合同的欧盟"4087/88号规则"和《欧盟委员会关于垂直协议类别豁免的2790号条例》。并且对限制竞争性行为条款的反垄断法在特许经营合同中作出了详细周密的规定。①

从我国《反垄断法》规定看，虽原则上可以把特许经营中的限制竞争行为纳入该法规制的范围，但《反垄断法》并未对于特许经营中的反垄断行为予以规范，有的仅仅是原则性规定适用，对特许经营中某些虽限制竞争但却在整体上有利于技术进步、经济发展的相关协议，缺乏规定豁免制度，对特许经营中限制竞争行为的特殊性质与一般的限制竞争行为，缺乏区别性规定。借鉴欧盟法的规定，今后的辅助性立法，应当致力于以下内容：（1）对特许经营中合理性的限制行为予以豁免；（2）禁止特许人滥用市场优势地位的限制竞争行为；（3）对特许经营中适用豁免的限制竞争行为作出明确规定。例如，明确主观条件——限制竞争行为的目的是为了保护特许经营特许人的合法权益，具体就是保护特许经营网络的统一性、声誉、业务关系、经营效率、商业秘密等；明确客观条件——特许经营限制竞争行为的保护对象是合法的利益，如果这种利益不仅可以通过限制竞争行为的方式来进行保护，还有其他可选择的替代限制竞争行为的保护方式，这种限制竞争行

---

① 阮方民：《欧盟竞争法》，中国政法大学出版社1998年版，第13页。

为就会失去它的合法性；明确是否滥用权利——限制竞争行为措施的本身应该宽严、公平、合理适当，不能干涉他人的正当经营活动，不能损害对方特别是受许人的利益。

三、行政法规范的辅助

（一）行政管理和监督

合同法本来就不排斥行政管理和监督。以我国为例，合同的行政监督（以前称为合同的行政管理）是我国合同制度的一项特色制度，如《合同法》第 127 条规定："工商行政管理部门和其他有关行政主管部门在各自的职权范围内，依照法律、行政法规的规定，对利用合同危害国家利益、社会公共利益的违法行为，负责监督处理；构成犯罪的，依法追究刑事责任。"当然，工商行政管理机关和其他行政主管机关对合同的监督不是一般意义上的监督检查，只有在发生法律明确禁止的行为，危害国家利益、社会公共利益，造成违法和犯罪时，才依其职责进行监督及责任的追究。另外，从合同自由发展的轨迹看，为维护交易安全、维护公平正义、保护弱者（消费者、劳动者），对合同进行监督，在一定程序上是必要的。如设立公正交易委员会，以维护公正交易；设立反垄断机构，以保护自由竞争。这种对合同自由的限制，是为了切实维护自由竞争和中小企业及消费者的利益。[1]

以特许经营法律规制国家的实践看，对特许人信息披露的规定，特许人的监督、管理等，以我们国家法律规范体系的划分就是行政法律法规。而我国《商业特许经营管理条例》即属国务院颁布的行政法规，其在特许经营法律规制中发挥着重要的作用，构成对合同调整的重要补充。

（二）行政法辅助规范的完善

自党的十八届三中全会以来，特许经营专门立法一度列入国家"十二

---

[1] 屈茂辉：《新合同法若干问题研讨》，《长沙理工大学学报（社会科学版）》2000 年第 1 期。

五"立法规划。但因为特许经营所涉领域及法律关系的特殊和复杂，立法中还存在诸多理论争议和现实性挑战。特许经营合同双方建立的是平等合作关系，而使用者付费类 PPP 合同因涉及提供公共产品需要政府授予特殊经营，有学者认为合同性质应分两个层次认定：一是行政机构和本地公营机构之间的特许经营协议，属于行政协议范畴；二是公营机构经政府授权与私人部门（社会资本）之间签署的特许经营协议，属于民事协议范畴，强调平等民事主体之间的合同关系。因此，国家应抓紧制定特许经营法，明确特许经营的各种特征，以及政府和社会资本参与特许经营所形成的各种相应权利义务关系。但也有人强调，特许经营是 PPP 的一种运作方式，二者非并存，而是包含和被包含的关系，因此宜搞好 PPP 立法，更合乎国际惯例。①

考虑到政府特许与商业特许不同领域的市场情形，我国在推动 PPP 模式中已有相应的行政法辅助规范。如前文提及的《基础设施和公用事业特许经营管理办法》，已经从总则，特许经营协议订立、履行、变更和中止，监督管理、公共利益保障、争议解决、法律责任七个方面，细化了社会资本参与行政任务的具体规则。《办法》虽还缺少对特许经营权利的直接规范性条款，但对于市场主体而言无疑已有强制性约束的基本参照。另外，湖南、深圳、成都、杭州等地出台的有关市政公用事业特许经营的地方性法规与政府规章，单设专门条款明确特许经营权利。② 法条内容大致涵盖自主经营权、依法获益权、排除侵害请求权、价格调整建议权、优惠政策享有权等。③ 这些规范虽还较为粗疏和笼统，无法为特许经营者的权能限度提供有效释解，但已经构成市场规范的重要内容。另外，一些地方已经实践公用事业特许经

---

① 朱静：《特许经营立法的症结》，《新理财（政府理财）》2015 年第 12 期。
② 如《成都市人民政府特许经营权管理办法》第 20 条（特许经营者权利）规定，特许经营者在特许经营期内享有下列权利：（一）独立经营管理特许经营权，国家机关、社会团体和其他组织不得非法干预其正常经营活动；（二）根据《特许经营合同》的约定，通过提供公共产品和服务而获得合理收益，并承担相应风险；（三）请求市或区（市）县人民政府及其有关部门制止和排除侵害其特许经营权的行为；（四）对发展规划和价格等的调整提出合理建议；（五）平等享受有关优惠政策；（六）法律、法规、规章规定或《特许经营合同》约定的其他权利。
③ 周佑勇：《特许经营权利的生成逻辑与法治边界——经由现代城市交通民营化典型案例的钩沉》，《法学评论》2015 年第 6 期。

营的地方性立法，从机构设置[①]、特许权使用费、行政接管等方面，为地方规范政府特许提供法律依据，构成促进公平竞争、坚持公益优先与遵循市场规律间的有益探索。[②]

四、行业自治组织（行业协会）及自治组织规范的辅助

在发展特许经营的大多数国家和地区都有特许经营自治组织（行业协会）以及自治组织规范。行业协会较政府而言，更了解和熟悉本行业的技术情况，对市场的刺激和反应更为敏感，因而依靠特许经营自治组织的规范对特许经营进行调整是多数国家的成功做法和经验。这些自治组织的规范主要是技术性规范和道德规范，由该组织的成员共同制定，具有规章制度的约束作用。其中，国际特许经营协会的《道德规范》被广为引用和参照，欧洲特许经营联合会也制定了道德规范及仲裁规则。[③] 日本特许经营协会所制定的规范性文件则较为健全，主要有《特许经营协会伦理纲要》《特许经营协会章程》《特许经营登记事务规则》《特许经营合同书的基本条款》等文件，它们从一定程度上弥补了没有专门立法的不足。

就国外的实践运行看，特许经营协会作为特许企业间的行业自律性组织，可以充分发挥政府与企业间的桥梁和纽带的作用，在建立特许企业的信用评估体系、特许经营从业人员培训、特许经营合同管理、制定特许经营的

---

① 实际上，目前地方性立法囿于 PPP 实践及地方探索的限制，带有一些局限性。例如，目前我国因公用事业的监管体制错综复杂，职责权限模糊、交叉，存在多头监管、分散监管的现象，导致重复规制和规制能力的严重不足。因而在特许经营地方立法中出现了公用事业公众监督委员会——一种独立于政府部门的新型机构。这类公众监督委员会虽然具有相对的独立性，但其主要职责仅仅是对特许经营活动进行监督和提出建议，并不是一种真正意义上的独立规制机构。从世界范围来看，公用事业规制机构的设置主要有三种模式：一是以美国为代表的综合性规制机构模式，即美国联邦和各州的独立规制委员会；二是以英国为代表的行业性规制机构模式，每一个产业均有一个单一的独立的规制机构，如电信规制办公室、煤气供应规制办公室、电力供应规制办公室等；三是以法国为代表的不设立专门规制机构的模式。相比之下，英美等国的公用事业监管机构具有独立性、专业性和权威性特点，无疑更值得我国借鉴。因此如果将来统筹行政立法的话，可以考虑设立中央与地方分层监管的综合性规制机构，即在中央与省建设部门内设立独立的规制机构，在省以下各城市人民政府设立独立的公用事业规制机构。

② 章志远、李明超：《公用事业特许经营立法问题研究——以若干地方性法规为分析样本》，《江苏行政学院学报》2009 年第 6 期。

③ 托马斯·派特华：《特许经营关系法：特许人的雷区》，《商务律师》1989 年第 11 期。

行规、行约和道德规范等方面发挥协调、服务、监督的职能，能促进特许经营的健康发展。我国目前并没有独立的特许经营协会，但存在中国连锁经营协会，协会下设特许经营委员会，执行特许行业协会的职能。这样安排，与我们将特许经营置于连锁经营之下，作为与直营连锁、自由连锁相并列的经营形式的认识有关。但需要注意的是，这样的安排未必是特许经营行业发展的最优选择，因为特许经营、直营连锁、自由连锁毕竟存在较大差别，并且，特许经营作为 21 世纪最具生命力的一种经营模式，在我国的发展方兴未艾。借鉴国外做法，成立特许经营行业协会、制定协会自治规范，可能更有利于我国特许经营的发展。

当然，在行业协会的建立和规范方面，我国因为存在行业协会的设立需要政府主管部门审批的程序限制，在行业监管部门不能确立的情况下，行业自律组织也无法组建，在从业人员执业资格、执业技术准则、行业标准方面无从出台任何相关管理规定，使得行业之间缺乏一致行动的基础和明确的执业规范。《商业特许经营管理条例》第 5 条规定："国务院商务主管部门依照本条例规定，负责对全国范围内的特许经营活动实施监督管理。省、自治区、直辖市人民政府商务主管部门和设区的市级人民政府商务主管部门依照本条例规定，负责对本行政区域内的特许经营活动实施监督管理。"该规定的付诸实施，特许经营领域行业协会的组织的建立和规范的确立已经没有障碍。近一两年来特许经营行业的现实发展，也从实践角度印证了行业协会的作用——2006 年 7 月 5 日，中国信息协会信用信息服务专业委员会在北京成立了中国特许经营企业信用评审专家委员会并建立了特许企业信用调查评估体系[1]；中泰国际投资集团和国际特许经营发展服务组织（FDS）中国总部共同投资，在广州构建了中国特许经营城，制定了特许经营城的准入制度，对入城的企业建立特许经营信用档案和诚信保证制度，进行诚信品牌认证等。[2] 这些都不失为行业自律的好办法。

---

[1] 《中国特许经营企业信用评审专家委员会成立暨特许经营企业信用调查评估系统论证审核会议》，中国信息化，2006 年 8 月 29 日，见 http：//www. ciia. org. cn/。

[2] 周芳：《全球首座特许经营城落户广州》，新浪财经，2006 年 11 月 14 日。

五、信用体系建设的基础和保障作用

诚如前文所述，特许企业信用调查评估体系和广州特许经营城的建设，都是行业自律的有益实践，是一个问题的两种实践。该实践所能引导我们思索的是，信用体系的建设对特许经营发展的基础和保障作用究竟如何？

返璞归真地理解，信用的最基本含义，无非就是人与人之间的信任关系。[①] 同样直观的道理是，之所以在人与人之间产生这种关系，是因为存在着交易行为以及由此带来的交易风险。比如，传统经济学中作为逻辑前提的"经济人"之所以完全理性，是先验设定其可以掌握完全信息。但在现实生活中进行经济活动的市场主体不可能拥有完全的市场信息，最普遍的就是买者不如卖者般了解商品的性质、构造、质量、价格等。这种信息的不对称提供了信息拥有方为牟取自身利益而损害另一方利益的机会，也更加增长了市场的道德风险。按照 2001 年诺贝尔经济奖获得者约瑟夫·斯蒂格利茨等人所开出的药方，减少这种风险的有效措施之一，是建立全社会的信用机制。[②]

国际特许经营协会教育基金会在 1997 年委托盖尔普所做的调查显示，在随机选取的 1001 个美国受许人中，92% 认为自己的经营是成功的。因此，特许经营这种商业安排形式又被称为"最新的安全保护毯"。但在我国，特许人欺诈、故意隐瞒重要信息或者披露虚假信息引诱受许人加盟特许的情形却一直是中国特许经营发展中位居前列的纠纷现象。[③] 一定程度上使得诚信成为中国特许加盟市场不得不下决心解决的头等大事。实际上，建立健全社

---

① 根据法学迄今为止的研究，信用有多种不同定义：（1）信用是在社会上对与其经济能力相应的经济评价；（2）信用应指一般人对于当事人自我经济评价的信赖性，亦称信誉；（3）信用是指民事主体所具有的经济能力在社会上获得的相应的信赖与评价；（4）信用是市场主体之间发生的一种合理期待或信赖关系；等等。上述归纳转引自覃有土、李正华：《论商业信用与商业信用制度之构建》，《法商研究》2003 年第 2 期。

② 余源培：《打造"诚信社会"——关于经济伦理视野的思考》，《探索与争鸣》2002 年第 4 期。

③ 参见海法：《加盟合同纠纷案件的调查研究》，《法庭内外》2007 年第 1 期；孙连会：《特许经营纠纷十年简评》，《连锁与特许》2006 年第 8 期；陶建平、朱凌琳：《对特许经营合同纠纷案件的调查报告》，载董华主编：《法台上的思索》，法律出版社 2006 年版，第 373—379 页。

会信用体系，已经成为包括法学在内的各种学科背景研究者的共识。信用对企业的作用犹如根之于枝繁叶茂的大树，"商无诚不兴，业缺信难隆"，就市场经济、交易发展的现实与需求而言，企业之间的信用交易渐趋频繁而成为市场交易的主要手段。特许经营作为信用交易的重要形式，其间特许人信息披露制度的真正实现，特许人、受许人欺诈的避免，只能以信用体系的建立和完善为制度保障。

履约担保金和先行赔付制度，目的是保障加盟特许的投资人的资金安全，限制特许经营欺诈的发生，为特许体系的发展奠定诚信基础。这些措施，不过是企业信用体系重塑过程中的限制性措施，是应对我国特许经营发展的现状的临时性措施，其本身并不能成为制度约束。因为，在正常的交易条件下，特许经营作为特许人与受许人之间的合同关系，是不是需要履约保证金只能是合同双方的约定，而先行赔付，不过是第三人代为赔付。而市场经济秩序，无论是部分秩序还是作为竞争秩序基础的主体秩序，其发育和完善都需要一定的社会人格前提。这一人格前提的根本便是与市场经济相适应的道德秩序，而市场经济道德秩序的要义是"守信"。所以，无论现实的世界是如何讲究功利和追逐实效，民法依旧在以它的制度和理念，执着地灌输和维持一些维系社会的最基本道德规范。最典型的，就是民法中所最为推崇的原则之一：诚实信用。所以，最终保证特许经营的诚信发展的，是作为民法、合同法基本原则的诚实信用。

根据梁慧星教授的观点，诚实信用本身是市场经济活动中形成的道德准则，它要求人们在市场活动中讲究信用，恪守诺言，诚实不欺，在不损害他人利益、社会公益和市场道德秩序的前提下，去追求自己的利益。在历史上，诚实信用这一道德规则，曾长期以商业习惯的形式存在，作为成文法的补充而对民法关系起着某种调整作用。① 可见，在这里诚实信用为一切市场参加者树立了一个"诚实商人"的道德标准，隐约反映了市场经济客观规律的要求，即市场经济本身就是信用经济。

其实，时髦一点的话，诚实信用由道德规范变为指导当事人交易的基本法律原则未必不是博弈的结果。根据张维迎教授对古老乡村借贷关系的博弈

---

① 梁慧星：《民法解释学》，中国政法大学出版社 2000 年版，第 295 页。

分析，乡村村民信守承诺的理由在于：其一，借贷人有追求长远利益的动机，不会为了短期利益而损害自己的声誉。也就是说，村民要祖祖辈辈在村子生活下去，要与其他村民进行无数次博弈，就一定要讲信誉，如果老子赖账，儿子就很难再借到钱。农村人不愿意借钱给"光棍汉"的原因一般就是因为没有后代的人更不在乎名声。其二，不守信用的信息很容易被熟人知晓。信息是个人行为受到监督的基础，如果一个人干了坏事不能被其他人知道，他就更可能干坏事。人类学家的研究表明，在乡村社会"闲言碎语"是储存和传播信息的主要手段，对维持信誉机制具有关键的作用。其三，人们有积极性惩罚违约者，办法是不再与他交易。对于违约，惩罚必须是可信的，如果受损害一方没有积极性或没有办法惩罚骗子，骗子就会盛行。①"中国目前的低信任度可以归因于人们还缺乏重复交往和参与重复博弈的机会，以及实施必要的双边或多边惩罚机制。"② 所以，重复博弈和有效的惩罚机制促进了信用的形成。当然需要指出的是，张维迎教授所设想的古老小山村和埃里克森在《无需法律的秩序——邻人如何解决纠纷》中的邻人博弈是美化了封闭社会。③ 对此郑永流教授则更一针见血：那种在民间法身上寄予了过多希望的主张，其流淌出的浓浓乡愁，确实能拨动无奈于身心两分的现代人怀旧之心弦，但人们今天所处的世界，早已不是一个想象中的温情脉脉的"礼俗社会"。④ 在现实的社会中博弈是有限的，而博弈的有限性决定了博弈结果的不确定性，也就是说，重复博弈可能会产生声誉，从而保证合同诚信地履行，但它所需要的条件很多。我们必须明白的是，法治观念是伴随城市的兴起才有市场的，交易者的守约并不是主观善意，而是"被逼无

---

①　张维迎：《产权、政府与信誉》，生活·读书·新知三联书店2001年版，第6—7页。

②　张维迎、柯荣住：《信任及其解释：来自中国的跨省调查分析》，《经济研究》2002年第10期。

③　该书第九章"合作之谜"认为，应对重复性囚徒困境的最著名战略就是针锋相对……通过令人信服的、此后必然要惩罚背叛的威胁，针锋相对的博弈者迫使对手降低了他们对与背叛行为相联系的长期收益的估量，因此鼓励了合作。……然而博弈理论家却一直不能从重复性囚徒困境这样一个言之成理的原理演绎出博弈者事实上会确立一种合作模式，大多数博弈理论家都接受这样一个"民间定理"：只要各个博弈者都可能干得更糟的话，那么任何均衡，包括某种非合作均衡，都可能是稳定的。所以针锋相对仅仅是可能合作的"希望之源泉"。可参见罗伯特·C. 埃里克森：《无需法律的秩序——邻人如何解决纠纷》，苏力译，中国政法大学出版社2003年版，第200—203页。

④　郑永流：《法治四章》，中国政法大学出版社2002年版，第273—274页。

奈"。诚实信用原则的法律化也是"逼娼为良",要使这种制度有效,就要使得诚实信用所得大于非诚实信用所得,这是一种经济强制。[①] 诚如所言:保证规则得以遵守的最有效的机制是利益调整。人类社会需要规则,因为规则是社会得以维持的必要条件。……国家产生以后,在社会中占支配地位的力量所制定的规则获得国家强制力的支持,但是规则的遵守主要还是依靠社会成员的内心对规则的尊重,前提是遵守规则给每个人带来好处。……如果不遵守规则不会受到惩罚而且能够带来利益。那么人们一定不遵守规则。……遵守规则是利益驱动,不遵守规则也是利益驱动。因此,从制度设计来说,迫使人们遵守规则的最有效手段是运用利益机制,使其损失大于对利益的期待。[②] 基于这样的认识,我们可以说,声誉在执行合同中可以发挥很大作用,甚至"可能是最重要的执行合同的方法,尽管这是律师们最不感兴趣的一个"。但是它并非无所不能。作为一个违约者,由于不处在一个信任密集行业或一个重复交易行业,可能认为从违约中得到的好处值得他为此付出在声誉方面的成本。所以,虽然通过法院和合同法执行合同不是唯一方法,经常也不是最佳方法,它还是起着重要的作用的。[③]

行文至此,回到村民借贷,在现实情况下,"有借有还,再借不难;有借不还,再借很难"或是声誉机制的作用,就不能是村民还债的唯一原因,还有一个重要的原因就是怕打官司,这是法律的威慑作用。按照博弈论的观点,合同法首要的目的是通过把不合作结果的博弈通过违约惩罚转化为合作结果的博弈,促使人们合作。从法律经济学的效率原则看,也可以说合同法首要的目的是使人们把无效结果的博弈转化为有效结果的博弈。新古典经济学甚至认为,健全的法律制度是维护和推进交易的唯一必要条件。[④] 因为,维护和促进自愿的交易就是增加社会财富,所以合同法的首要目的是通过保

---

① 柯华庆:《合同法基本原则的博弈分析》,中国法制出版社2006年版,第181—182页。

② 信春鹰:《人为什么要遵守规则》,《法学家茶座》第2辑,山东人民出版社2003年版,第68—71页。

③ [美]大卫·D.弗里德曼:《经济学语境下的法律规则》,杨欣欣译,法律出版社2004年版,第171—173页。

④ 张维迎:《法律制度的信誉基础》,《经济研究》2002年第1期。

护和促进交易而增加社会财富。①

可见，市场经济是信用经济，该论断的合理性在承认了诚实信用原则作用的前提下，还暗含一个前提，那就是：信用体系建设和完善的最终和基本保障，离不开法律制度的威慑作用，这也是各国强调信用立法的根本原因。

---

① 柯华庆：《合同法基本原则的博弈分析》，中国法制出版社 2006 年版，第 184 页。

结　　语

特许经营合同规制：简约法律调整的实现

一、特许经营合同调整的核心和出发点

合同法的现代发展表明，它在被看作交易法、发挥调整交易关系功能的同时，经济学家还发现它具有另一个重要功能，即组织经济的功能。2016年诺贝尔经济学奖获得者 Hart 和 Holmstroem 的获奖代表作《公司、合同和财务结构》，主要就是讨论合同在组织经济方面的功能。近几年，欧洲的一些学者也集中讨论了合同法组织经济的功能，特别是一批德国学者提出了所谓"组织型合同"的概念，把长期性、技术性合同归纳在一起，找出这些合同和一般的一次性、临时性合同的区别，并针对这些合同制定特殊的规则，使合同法更有效地发挥在组织经济方面的作用。现代各市场经济国家的实践发展表明，在市场条件下，合同法不仅仅可以为交易提供基本规则、促成交易、鼓励交易，为当事人减少交易费用、降低法律障碍、提供对交易后果的可预见性，还可以把再生产过程的各个环节组织、连接起来，并在此过程中发挥重要媒介作用。[①]

特许经营的现实发展逻辑表明，其自由发展中不可避免会出现两个致命问题：一是特许人信息披露不真实或欺诈行为的存在，有可能增加受许人加

---

① 王利明：《论合同法组织经济的功能》，《中外法学》2017 年第 1 期。

盟特许的成本或影响受许人加盟特许的信心；二是特许人对受许人的持续控
制和支配，极易引发搭售、固定转售价格、销售地区限制等系列限制竞争行
为。由是，国外先进的立法模式对特许经营的法律规制无不以上述两个基本
问题的规制为核心和出发点。①

　　我国对特许经营的法律调整问题，在合同规制的思路中也应当以特许人
信息披露、诚信经营为基本出发点，当然，相应的法律辅助性调整还应当关
注并对限制竞争行为予以有效规制。这是因为，特许经营在我国的发展虽仅
有二三十年的时间，但交易的世界性、商业实践的国际性决定了我们所面对
的问题也具有世界性。另外，在一个国家的法律和另一个国家的法律之间并
不存在难以逾越的理解鸿沟，即如德国和日本，两国存在巨大的文化差异，
但被译为日文的德国民法典依然可以作为日本法律的基础而发挥非凡的作
用，毕竟，所有法律制度赖以形成的主要基石大体上是相同的。②

二、简约的法律调整

　　在承认特许经营法律规范的核心和基本问题的基础上，笔者认为，合同
法仍然是调整特许经营的最核心法律，并且在合同法的统率之下，现行法可
以实现对特许经营的法律规制，不管是商业特许经营，还是政府特许经营。③
因为，从立法论的角度考虑，《合同法》等民商事法律法规与《反垄断法》
等经济法律法规、《商业特许经营管理条例》等行政法规的复合作用，已足
以应对特许经营中的信息披露、限制竞争、受许人保护、法律责任承担等基

---

　　①　如前所述及的美国特许经营单独立法中对特许人信息披露的规定，反托拉斯法对限制竞争的
规范（《克莱顿法》第3条和《谢尔曼法》第1条），欧盟、德国等对特许经营中限制竞争行为的规
范，等等。
　　②　［美］理查德·A.爱波斯坦：《简约法律的力量》，中国政法大学出版社2004年版，第31页。
　　③　以笔者论证的逻辑，政府特许经营仅从性质上被确定为民事法律关系，在行政许可法等的辅
助下，合同可以实现对其的规制，但文章主旨并不以其为主要内容，因为按照一般的专业认识，特许
经营主要即为商业特许经营。只不过，按照法律简约的主旨和逻辑，特许经营研究的目的在整合现有
的法律资源实现对特许经营的法律规制时，法律的体系化是现行立法中必须应对的问题。在这样的认
识的基础上，把政府特许经营与商业特许经营性质统一化，但法律调整仅偏重一隅。其实对于政府特
许经营而言，现有的法律规制也可以完成，因为特许权是一种无形财产权，行政许可不过是政府特许
中该特许权获得的前置性条件，所以，合同法、行政许可法、招投标法等法律法规的基本作用，对政
府特许经营而言已足以应对。

本法律问题；从解释论的观点出发，合同规制符合特许经营作为一种商业实践需要遵循市场规律的前提，符合此前提下对合同自由的尊重和适当限制的理论要求，只不过，在国家对经济运行可能也必然予以必要调整的现实中，合同法无法独自完成对特许经营的法律调整，《合同法》等民商事法律法规与上述经济法律法规、行政法律法规的协调和作用整合，是我们在特许经营法律调整中必须面对的问题。这种认识的合理性基础是：合同规制是最简约的法律调整，简约的法律可以应对复杂的现实，而且，法律简约宗旨下构建的法律规范体系，在应对现实问题时更符合效率原则。在特许经营法律调整中简约和有效率的实现，就是坚持合同调整和合同法的统率作用。

（一）法律为什么需要简约

毋庸讳言，今天法律界存在一个熟视无睹的现象：不断增加法律规定，细化法律内容。不仅是转型期的中国法制，也不仅是定型期的美国法制，而是当今任何时期、任何时代的各国法制，都存在着不断更新换代、添加"补丁"的完善法律规定以及法律内容的行动谱系，毕竟不论当今什么时候，任何社会总要面临新的挑战和新的问题。希望在具体案件中实现公正，是促使法律制度积极运作、不断发展的最为强劲的动力之一。在处理具体案件的语境中，人们制定而且适用了大量的法律。在处理具体案件的过程中，法官或者管制者，其法定作用和义不容辞的责任就是将一般法律适用于纠纷事实，作出正确的裁判。但现代法律的不断发展和复杂化，似乎无法简单回应案件裁判的公正和正当化。因为我们不知道在追求至善至美公正的时候，将会付出多大的成本。显然，就社会问题的解决而言，是不存在仅有收益而无费用的天上掉馅饼之类的美事，如果成本是不堪重负的而且还有其他"失望"，那么就要追问这里是否还存在什么其他问题。[①] 这里的其他问题，应该是法律制度中的政府管制成本（法律制度运作所需要的所有成本）。包括实施法律规范的公共成本，如侦查、监控、审查的成本；法律制度运作中的

---

① 刘星：《法律为何简约，何为简约——爱波斯坦的〈简约法律的力量〉》，《环球法律评论》2005年第2期。

失误①带来的成本；法律规范对象在努力使自己与法律规则保持一致的过程中，在考虑具体的法律是什么、是否与自己相关、为了和法律规则保持一致自己必须做什么……的时候付出的个人成本。法律规则越是复杂，上述可能的成本也就越大，而这些"可能"涉及的管制成本（包括失误成本）将是高昂的。②

其实，爱波斯坦论著的基本思想是法律规则的简约，是与"复杂规则"相对应的简约。依据彼特·楚克的罗列，繁密性、技术性、多样性和模糊性（或不确定性）是复杂法律规则的四个显著标志。③ 具有繁密性的法律规则在所有微小细节上涵盖了一个特定事务的所有方面，如何者可以参与、采用何种方式、必须获得哪些正式批准等；具有技术性的法律规则是没有特定水平的专业知识就无法理解和适用的规则，一般公民无法依据该种规则获知其行为是否符合法律规定，是否可能受到法律的制裁；多样性是指各种法律渊源的数量，多种法律渊源（如联邦法、州法、地区性法律）在特定的情形中都可以被援引；不确定性意味着：本来一个问题必然具有一个"是/不是"的答案，但是这个问题因为法律规则是复杂的所以并不受制于某种简单的"开/关"按钮，而是受制于数目繁多、耗费资源而且并不具有确定结论的事实聆讯。楚克开列的有关复杂因素的清单以其令人羡慕的复杂方式排除了任何对法律复杂这一问题的简单回答，但并没有直接涉及法律规则和被约束者之间的关系。遵守任何特定的法律规则，其成本究竟是什么？④

正是因为复杂的法律规则带来的管制成本的复杂和高昂，使法律实现简约就具有了重要的作用，因为它可以降低成本。

借用爱波斯坦大段的表述，目的在于说明一种事实：法律的简约是立足

---

① 法律制度运作的失误，按照爱波斯坦的描述，是指判决不可靠、不确定带来的负面效果。如果判决是不可靠的，而且是不确定的，那么，当有关当事人被错误地指控、错误地制裁，而他们实际上没有违反法律的时候，他们将会受到伤害；反之，当他们没有被指控、没有被制裁，而他们的确违反了法律规则的时候，他们将会逃之夭夭，使法律和社会受到损害。因此，失误引发了附加成本。参见理查德·A. 爱波斯坦：《简约法律的力量》，刘星译，中国政法大学出版社 2004 年版，第 44 页。

② ［美］理查德·A. 爱波斯坦：《简约法律的力量》，刘星译，中国政法大学出版社 2004 年版，第 44 页。

③ Peter Schuck, *Legal Complexity*: *Some Causes*, *Consequences*, *and Cures*, Duke LJ, 1992.

④ ［美］理查德·A. 爱波斯坦：《简约法律的力量》，刘星译，中国政法大学出版社 2004 年版，第 33—36 页。

于立法、法律适用、法律执行的一种成本考虑。以《简约法律的力量》（*Simple Rules for a Complex World*）来说，"Simple Rules"显然不是中文所言的"简单规则"，其一指实践秩序，一种在法律实践中操作起来简明扼要的秩序，其一指实践后果，一种在法律实践中运用结束之后出现的正当性结局。所以，与爱波斯坦的研究形相异而质相同，笔者认为，即使借用法经济学的观点，公平和效率这两种不同的价值在法的发展过程中也不可能简单地分出个孰重孰轻，两种价值可能有冲突、抵触的时候，但两种价值都是我们的追求。这个追求在每个法律的规定里面都可以发挥指引的作用，一方面是法律追求的目的，另一方面也是我们评判法律是否明智、是否简约的标准。[①] 回应近10余年来中国的民商事立法活动，其成就是有目共睹的，但持续、快速的法律生产的每一步未必总是应对生活世界的真实诉求，法律资源的浪费未必不是一种可能的现实，体现在新、旧法规范的冲突，不同层级的法律渊源适用的冲突，以及已有法律规范之间作用整合的忽略，等等。当然，这种认识只能是笔者的经验观察，其主观判断和客观真实的成分，尚有待实证分析。

（二）法律如何实现简约

应当明确的是，法律规则的复杂和简约都是相对而言的，"简约规则应对复杂世界"这一命题并不暗含着"任何简约规则都受到欢迎的意思"。"某些复杂规则，一方面既是不可避免的，另一方面也不是必然糟糕的。"[②] 所以，我们并非一概追求法律必须简约，而是立足于生活世界对法律世界的诉求，追求能以简约实现法律规范的目的时，不唯以专业、技术等目标而有意将法律复杂化。问题是，在法律世界中怎样进行简约才是适当的？借用爱波斯坦的分析，管制成本和社会激励[③]之间的良好平衡，是法律"简约"的

---

① 谢哲胜：《如何建立明智而简约的法律》，中国民商法律网，2006年12月26日。

② ［美］理查德·A.爱波斯坦：《简约法律的力量》，刘星译，中国政法大学出版社2004年版，第40—41页。

③ 这里的激励是指对个人行为的负面激励，即法律的首要目标在于确保法律不为个人提供使其从事反社会的行为的激励。由是，使个人行动与社会成本之间的背道而驰最小化，对任何完善的法律制度来说都是一项基本的任务。参见［美］理查德·A.爱波斯坦：《简约法律的力量》，刘星译，中国政法大学出版社2004年版，第44—46页。

关键。

从排列组合的角度，管制成本和社会激励之间存在四种主要的可能性。

（1）政府管制成本的上升，可以导致极优激励结构的出现；

（2）政府管制成本的上升，可以导致次优激励结构的出现；

（3）政府管制成本的降低，可以导致极优激励结构的出现；

（4）政府管制成本的降低，可以导致次优激励结构的出现。

在这里，（1）和（4）情况的出现是一种真实的平衡。情况（1）我们以较高的成本获得较好的法律规则，从而必须针对未来立法带来的成本和收益的相对数量，去作出决定；情况（4）则是截然相反的平衡，从而必须决定，次优激励结构的出现是否使政府管制成本的降低化为泡影，相对数量的问题再次变得不可避免。（2）和（3）情况相对来说并不那么尖锐，因为它们产生的结果是简单的。情况（2）是一种普遍希望避免的情况，而情况（3）则属皆大欢喜的追求，如果我们可以用降低的成本获得更好的个人行为的激励，谁会反对这样的做法？四种情况告诉我们，现代法律所面对的扭曲的事实究竟是怎样的：我们总是面对第二种情况，仿佛它是第一种情况，我们总是设法建立更为复杂的法律结构，而这种法律结构事实上仅仅导致次优的社会结果，最为典型的例子是，为了商品和服务的供给，扼杀运作良好的市场竞争。① 可见，实现了成本和激励之间的有益平衡，也就实现了法律的"简约"。因此，"简约"不是"简单"的重复，其更为重要的是一种经济学的概念；这种经济学的思路并不是简单的会计成本、机会成本思考的翻版，其还融入了政治经济学的思考，也即成本正当性的证明；正因为成本与激励之间的关系是关键性的，所以，即使表面上看来"复杂"的规则，只要其具有成本激励之间的正当性关系，其依然是"简约"的。②

当然，国家对经济的适度干预是市场经济发展中各国作出的必然选择，这里所要表达的是，干预的适度，也就是，一个包含有限政府的社会，才是应该令人向往的。

---

① ［美］理查德·A. 爱波斯坦：《简约法律的力量》，刘星译，中国政法大学出版社2004年版，第43—51页。

② 刘星：《法律为何简约，何为简约——爱波斯坦的〈简约法律的力量〉》，《环球法律评论》2005年第2期。

以同样的道理推及市民社会的民商事立法，结果应当具有同质性。因为，法律的发展及其作用的发挥，无不以相应成本耗费为代价，并且成本耗费与法律作用的效果之间应当是一种博弈后的平衡。我们所追求的是较低的成本带来良好社会效果的法律体系，所以，法律生产机器的启动，应该是在衡量已有法律规范体系和生活世界的真实诉求之间进行平衡，而不是一味地呼吁法律法规体系的不健全和立法的不完善。也就是说，正视已有的法律规范的作用，协调新、旧法律制度的冲突，应当是立法机器启动时的必要考量。所以，回应市场经济发展与民商事法律发展的关系，当市场对法律提出需求的时候，民事法律的价值选择是立法者必须首先应对的问题。按照谢哲胜先生的观点，明智的法律应当是利己、利人、利国家的法律。法律本质上是社会生活规范，是资源分配管理和利用的工具，它也是对人们行为的限制。法律具有指引人们行为的功能，这就意味着，立法的启动、法律体系的架构必须以法的目的和价值的确定为基础，在此基础上，我们才能经由比较分析等方法，作出最终的、合适的选择。

（三）合同规制特许经营符合法律的简约和法律调整的价值追求

经由法律规则的简约过渡到一个法律或法律体系的简约，其中道理并无二致，所以，对一个法律或法律体系而言，明智而简约的标志在于：能够在衡量生活世界的真实诉求的基础上合理确定法律的目的和价值追求，法律体系和具体制度是在比较分析基础上的理性选择，是选择效率优先、公平优先，还是秩序和安全优先？"最为简约的法律规则是那些针对具体事实问题进行直接回答就能决定法律后果的规则"①，同理，最为理想的法律体系和制度设计选择应当是以足够应对现实所提出的具体问题为基本目标的设计，而非为追求符合审美的体系构建。法律务实的品格决定了法律理论不能是抽象的理论游戏。立法是一门科学，但法律总是面对复杂世界的，而复杂世界的问题要害在于复杂因素是无法完全甚至大体加以预测的，要害即在于信息获取的不对称和不完全。所以，法律体系的建构不仅仅是逻辑分析的结果，

---

① ［美］理查德·A. 爱波斯坦：《简约法律的力量》，刘星译，中国政法大学出版社 2004 年版，第 35 页。

法律生产中的简单化、粗制滥造或者叠床架屋，都会产生不合格的公共产品。在一个法治社会，这种情形尤为可怕。

根据茅于轼先生的观点，"交换可以创造价值"①。在一个人人欲求更多和跃跃欲试的世界上，仅仅存在两种人们可以展开的博弈模式（两种行为方式）。第一种是用从他人那里强行获取的方式来使自己得到更多；第二种是用和他人交换的方式来使自己得到更多。② 所以，从古罗马契约开始，通过交易而使双方都获得效益，就是市场运行的基本前提。当一种行为本身就是交易的时候，尊重交易运行本身的逻辑而进行法律调整，是最为有效的法律调整。

特许经营是一种极具生命力的商业运行模式，对特许人而言，特许经营的目的是通过特许权的转让，实现低成本扩张；对受许人而言，加盟特许的目的是通过对特许权所附带的知识产权等"一揽子"许可使用的直接利用，赚取加盟利益。由是，特许经营法律调整的基本价值，只能是对效率和公平的双重尊重。对效率的追求，我们应当尊重特许人特许体系扩张的市场运行；对公平的追求，我们应当正视该市场运行中特许人地位优势的现实，为受许人利益保护提供充分的空间。尊重加盟特许的合同自由，同时对特许合同自由施加必要的限制，与上述经验认识恰恰存在逻辑上的一致性。

回应特许经营法律问题研究中的主要观点（如：立法不完善、法律规范层级低、不能应对特许经营的法律调整需要等等，多具有一致性认识③），笔者认为，我们对特许经营本质的认识已经完成后，该经济现象的法律调整，与世界他国的做法应当具有大体的一致性：我们也有特许人信息披露制度、备案制度等法律制度④，能够满足受许人保护的制度需求；我们有《反垄断法》《反不正当竞争法》，能够实现对限制竞争行为的基本调整。

---

① 茅于轼：《制度经济学与中国改革》，中国民商法律网，2008 年 1 月 18 日。
② ［美］理查德·A. 爱波斯坦：《简约法律的力量》，刘星译，中国政法大学出版社 2004 年版，第 103—104 页。
③ 参见李凌晓：《特许经营的法律规制》，《法制与社会》2007 年第 10 期；陈太清：《特许经营的内在机理及法律规制探微——以交通基础设施为例》，《武汉职业技术学院学报》2006 年第 3 期；方世建、汤静：《我国特许经营发展中存在的问题及对策》，《经济纵横》2007 年第 10 期。
④ 《商业特许经营管理条例》《商业特许经营备案管理办法》《商业特许经营信息披露管理办法》对此已有相对完整的规定。

问题是,《反垄断法》出台以后,如何在我国现有的法律环境下实现对特许经营的法律调整? 从民商法的视角理解和研究,《反垄断法》是在市场交易中对意思自治、契约自由原则进行矫正的集中体现。众所周知,在市场经济中,竞争和垄断相伴共生,如影随形,自由竞争是市场永恒的主题,但竞争必然产生垄断,这又是市场之手无法打开的死结。企业本身是营利性的市场主体,逐利的天性决定了其总是打破平衡寻求差异,结果必然产生优势地位,产生垄断。这种客观的现实只能靠政府的"有形之手"去解决,《反垄断法》即国家干预市场经济、解决市场失灵问题的法律。而解决市场失灵的基本做法即是对合同自由、意思自治的限制。我国《反垄断法》对合同自由的限制体现在以下方面。

一是对是否缔约的限制。缔约自由是合同自由的基本含义之一,但《反垄断法》对部分特殊的市场主体(如自然垄断行业)行使拒绝交易权予以限制,对具有市场支配地位的市场主体的交易权进行限制。

二是对市场主体行为的限制。《反垄断法》不允许多个市场主体为限制竞争而联合行使拒绝交易权。也就是说,以下四种内容的协议为《反垄断法》所禁止:固定价格、变动价格的协议,限制数量的协议,分割销售市场的协议,限制购买新技术、新设备、开发新产品的协议。

三是对合同内容自由的限制。为什么要禁止合同内容自由? 因为市场经济下市场主体往往仅是形式上的平等而非真正的平等,为矫治这种事实上的不平等,具有市场支配地位商事主体以不公平的高价销售商品,或者以不公平的低价购买商品被禁止,因为它损害了其他竞争者的利益,最终会影响到消费者的利益;没有正当理由,以低于成本的价格销售商品(即掠夺性定价)被禁止,因为其目的是排挤竞争对手,垄断市场;没有正当理由,搭售商品被禁止,因为它限制消费者的自由和利益,并且可能通过搭售使该商品迅速占领市场;没有正当理由,对条件相同的交易相对人在交易价格方面实行差别待遇被禁止,因为这属于歧视行为,会造成某个交易对象在相关市场上处于明显不利的竞争地位。

《反垄断法》对合同自由的这些限制,其所针对的是具有支配地位的垄断性行业,是部分特殊的市场主体,辩证地看,限制的目的是维护市场公平的竞争、维护市场的活力、维护更多市场主体的合同自由,最终维护整个社

会的合同自由。所以，这种从制度上对合同自由的限制，与合同自由的历史
发展是一致的。也就是说，现代的合同法正变得越来越开放、越来越包容，
对合同自由的限制不是绝对化的，只要存在市场经济，合同自由仍然是合同
的生命。

《反垄断法》对限制竞争行为的调整与对规制特许经营中限制竞争协议
的调整是否相同？从国外实践看，特许经营立法肯定属于矫正合同自由、意
思自治的反映，但对于特许经营中的限制竞争条款，欧盟、德国、美国等都
有了自己的原则。今天，在我们的《反垄断法》下，对竞争的限制是必然
的，但限制又应当是个别的，是不违背合同自由的基本原理和逻辑的。所
以，对于特许经营中的限制竞争行为，《反垄断法》只能做上述与合同自由
一致的原则性规定，特许经营实践中，搭售条款、固定转售价格条款或者销
售地区限制条款的效力，应当在尊重特许经营体系维护和受许人利益保护的
衡量的前提下，借鉴"合理原则"认定其效力。

可见，在市场经济条件下，《反垄断法》有充分的理论依据和市场基础
对合同自由进行限制，但是，限制的进行要遵循一定的限度，以尽可能尊重
市场主导权为基本出发点和依据。只有将尊重合同自由和限制合同自由结合
起来，才能实现真正的公平正义，才能确保合同自由持久不断地在市场机制
上发挥作用。① 只要存在市场，完全丧失自由的合同就是万万不能的，所以，
在坚持合同自由和对合同自由的适当限制的基础上，特许经营的法律调整才
是最简约和明智的。这里的适当限制，已经在《反垄断法》《商业特许经营
管理条例》中有具体且相对明确的规定。强调对特许经营的法律调整，我们
所面对的，是对这些已有法律规范的整合，以追求真正的体系化，以体系简
约和明智应对法律对生活世界的调整需求。

---

① 赵晓光：《商事立法新思维》，中国民商法律网，2007 年 12 月 9 日。

参考文献

一、专著

1. 梁慧星：《民法总论》，法律出版社 2017 年版。

2. 梁慧星：《民法学说判例与立法研究（二）》，国家行政学院出版社 1999 年版。

3. 梁慧星：《生活在民法中》，法律出版社 2016 年版。

4. 梁慧星：《从过错责任到严格责任》，载《民商法论丛》第 8 卷，法律出版社 1997 年版。

5. 梁慧星：《中国统一合同法的起草》，载《民商法论丛》第 9 卷，法律出版社 1998 年版。

6. 信春鹰：《人为什么要遵守规则》，载《法学家茶座》第 2 辑，山东人民出版社 2003 年版。

7. 闫仁河：《合同法中的信息揭示义务理论研究——兼谈合理预见规则》，载《民商法论丛》第 34 卷，法律出版社 2006 年版。

8. 苏永钦：《缔约过失责任的经济分析》，载《民事立法与公私法的接轨》，北京大学出版社 2005 年版。

9. 王利明：《债法总则研究》，中国人民大学出版社 2018 年版。

10. 王利明：《法治：良法与善治》，北京大学出版社 2015 年版。

11. 王利明：《物权法研究》，中国人民大学出版社 2004 年版。

12. 崔建远、韩世远：《债权保障法律制度研究》，清华大学出版社 2004 年版。

13. 崔建远：《债权：借鉴与发展》，中国人民大学出版社 2012 年版。

14. 崔建远：《准物权研究》，法律出版社 2003 年版。

15. 张俊浩：《民法学原理》，中国政法大学出版社 1997 年版。

16. 姚辉：《民法的精神》，法律出版社 1999 年版。

17. 姚辉：《民法学原理与案例教程》，中国人民大学出版社 2007 年版。

18. 董安生：《民事法律行为》，中国人民大学出版社 1994 年版。

19. 杨立新：《从契约到身份的回归》，法律出版社 2007 年版。

20. 郑成思：《知识产权论》，社会科学文献出版社 2007 年版。

21. 郑成思：《郑成思知识产权文集》，知识产权出版社 2017 年版。

22. 吴汉东、胡开忠：《无形财产权制度研究》，法律出版社 2005 年版。

23. 尹田：《法国现代合同法》，法律出版社 1995 年版。

24. 韩世远：《合同法总论》，法律出版社 2004 年版。

25. 杨明刚：《合同转让论》，中国人民大学出版社 2006 年版。

26. 钟奇江：《合同法责任问题研究》，经济管理出版社 2006 年版。

27. 柯华庆：《合同法基本原则的博弈分析》，中国法制出版社 2006 年版。

28. 方新军：《现代社会中的新合同研究》，中国人民大学出版社 2005 年版。

29. 王泽鉴：《法律思维与民法实例》，中国政法大学出版社 2001 年版。

30. 王泽鉴：《民法学说与判例研究（修订版）》，中国政法大学出版社 2005 年版。

31. 王文宇：《民商法理论与经济分析》，中国政法大学出版社 2002 年版。

32. 曾世雄：《民法总则之现在与未来》，中国政法大学出版社 2001 年版。

33. 陈自强：《民法讲义Ⅰ：契约之成立与生效》，法律出版社 2002 年版。

34. 黄茂荣：《买卖法（增订版）》，中国政法大学出版社 2002 年版。

35. 杨桢：《英美契约法》，北京大学出版社 1997 年版。

36. 张维迎：《产权、政府与信誉》，生活·读书·新知三联书店 2001 年版。

37. 郑永流：《法治四章》，中国政法大学出版社 2002 年版。

38. 张乃根：《法经济学——经济学视野里的法律现象》，中国政法大学出版社 2003 年版。

39. 邱本：《自由竞争与秩序调控——经济法的基础建构与原理阐析》，中国政法大学出版社 2001 年版。

40. 欧阳光等：《公司特许经营法律实务》，法律出版社 2007 年版。

41. 孙连会：《特许经营法律精要》，机械工业出版社 2006 年版。

42. 何易：《特许经营法律问题研究》，中国方正出版社 2004 年版。

43. 肖朝阳：《特许经营法律实务》，中信出版社 2003 年版。

44. 徐印州、肖怡：《特许连锁经营》，广东经济出版社 2000 年版。

45. 李立辉：《WTO 与中国特许经营》，西南财经大学出版社 2003 年版。

46. 余晖、秦虹：《公私合作制的中国试验》，上海人民出版社 2005 年版。

47. 于安：《外商投资特许权项目协议（BOT）与行政合同法》，法律出版社 1998 年版。

48. 孔祥俊：《反垄断法原理》，中国法制出版社 2001 年版。

49. 阮方民：《欧盟竞争法》，中国政法大学出版社 1998 年版。

50. 高德步：《产权与增长：论法律制度的效率》，中国人民大学出版社 1999 年版。

51. 杨瑞龙、周业安：《企业利益相关者理论及其应用》，经济科学出版社 2000 年版。

52. 俞可平：《政治权利与公益政治》，社会科学文献出版社 2000 年版。

53. 中国连锁经营协会主编：《中国连锁经营年鉴》，中国商业出版社 2000 年版至 2016 年版。

54. 张玉卿、庞正中：《国际统一私法协会：国际特许经营指南》，法律出版社 2002 年版。

55. 李宂：《PPP 的法律规制》，法律出版社 2017 年版。

56. 丁保河：《中国 PPP 立法研究》，法律出版社 2016 年版。

57. 北京市高级人民法院知识产权审判庭编著：《商业特许经营合同原理解读与审判实务》，中国法制出版社 2015 年版。

58. 于立深：《契约方法论》，北京大学出版社 2007 年版。

59. 章剑生：《现代行政法基本理论》，法律出版社 2008 年版。

二、译著

1. ［德］迪特尔·梅迪库斯：《德国民法总论》，邵建东译，法律出版社 2000 年版。

2. ［德］迪特尔·梅迪库斯：《德国债法总论》，杜景林、卢谌译，法律出版社 2004 年版。

3. ［德］萨缪尔·普芬道夫：《论人与公民在自然法上的责任》，支振锋译，北京大学出版社 2010 年版。

4. ［加］本森：《合同法理论》，易继明译，北京大学出版社 2004 年版。

5. ［美］A. L. 科宾：《科宾论合同》（下），王卫国等译，中国大百科全书出版社 1998 年版。

6. ［美］L. L. 富勒、小威廉·R. 帕杜：《合同损害赔偿中的信赖利益》，韩世远译，中国法制出版社 2004 年版。

7. ［美］亨利·马瑟：《合同法与道德》，戴孟勇、贾林娟译，中国政法大学出版社 2005 年版。

8. ［美］庞德：《通过法律的社会控制　法律的任务》，沈宗灵等译，商务印书馆 1984 年版。

9. ［美］麦考罗、曼德姆：《经济学与法律》，吴晓露等译，法律出版社 2005 年版。

10. ［美］罗伯特·考特、托马斯·尤伦：《法和经济学》，张军等译，上海三联书店、上海人民出版社 1994 年版。

11. ［美］唐·布莱克：《社会学视野中的司法》，郭星华等译，法律出版社 2002 年版。

12. ［美］道格拉斯·C. 诺斯：《经济史中的结构与变迁》，陈郁、罗华平译，上海人民出版社、上海三联书店 1994 年版。

13. ［美］道格拉斯·诺斯、罗伯特·托马斯：《西方世界的兴起》，厉以平、蔡磊译，华夏出版社 1989 年版。

14. ［美］罗伯特·C. 埃里克森：《无需法律的秩序——邻人如何解决纠纷》，苏力译，中国政法大学出版社 2003 年版。

15. ［美］理查德·A. 爱波斯坦：《简约法律的力量》，刘星译，中国政法大学出版社 2004 年版。

16. ［美］大卫·D. 弗里德曼：《经济学语境下的法律规则》，杨欣欣译，法律出版社 2004 年版。

17. ［美］唐纳德·A. 威特曼编：《法律经济学文献精选》，苏力等译，法律出版社 2006 年版。

18. ［美］Ian R. 麦克尼尔：《新社会契约论》，雷喜宁、潘勤译，中国政法大学出版社 2004 年版。

19. ［美］埃瑞克·G. 菲吕博顿、鲁道夫·瑞切特：《新制度经济学》，孙经纬译，上海财经大学出版社 1998 年版。

20. ［美］伯纳德·施瓦茨：《美国法律史》，王军等译，中国政法大学出版社 1989 年版。

21. ［美］Robert T. Justis、Richard J. Judd：《特许经营管理》，张志辉、王丹等译，清华大学出版社 2005 年版。

22. ［美］安·杜根编著：《特许经营 101》，李维华、王林花译，机械工业出版社 2003 年版。

23. ［美］萨瓦斯·E. S.：《民营化与公私部门的伙伴关系》，周志忍等译，中国人民大学出版社 2002 年版。

三、论文

1. 谢怀栻：《论民事权利体系》，《法学研究》1996 年第 2 期。

2. 梁慧星：《从近代民法到现代民法——二十世纪民法回顾》，《中外法学》1997 年第 2 期。

3. 林诚二：《论债之本质与责任》，（台湾）《中兴法学》第 19 期。

4. 王利明：《论加害给付》，《法制与社会发展》1995 年第 5 期。

5. 王利明、朱岩：《繁荣发展中的中国民法学》，《中国法学》2007 年第 1 期。

6. 杨立新：《中国合同责任研究》，《河南省政法管理干部学院学报》2000 年第 1、2 期。

7. 尹田：《论涉他契约》，《法学研究》2001 年第 1 期。

8. 尹田：《民法典总则与民法典立法体系模式》，《法学研究》2006 年第 6 期。

9. 余源培：《打造"诚信社会"——关于经济伦理视野的思考》，《探索与争鸣》2002 年第 4 期。

10. 彭亚楠：《解析"契约自由"》，《人大法律评论》2000 年第 2 期。

11. 余能斌、程淑娟：《我国"民商合一"立法借鉴的新选择——由〈俄罗斯民法典〉引起的思考》，《当代法学》2006 年第 1 期。

12. 屈茂辉：《新合同法若干问题研讨》，《长沙理工大学学报（社会科学版）》2000 年第 1 期。

13. 覃有土、李正华：《论商业信用与商业信用制度之构建》，《法商研究》2003 年第 2 期。

14. 薛军：《利他合同的基本理论问题》，《法学研究》2006 年第 4 期。

15. 申黎、尹志君：《试论引进"附保护第三人作用之契约"理论的必要性》，《当代法学》2002 年第 4 期。

16. 石文龙：《二十世纪中国法制成长模式论》，《法律科学（西北政治大学学报）》2007 年第 5 期。

17. 江帆：《连锁经营方式中的法律关系及立法选择》，《法商研究（中南政法学院学报）》1997 年第 5 期。

18. 李显冬：《市政特许经营中的双重法律关系——兼论市政特许经营权的准物权性质》，《国家行政学院学报》2004 年第 4 期。

19. 黄文平：《论侵权与契约的替代——一个法律经济学的视角》，《经济评论》2004 年第 6 期。

20. 王轶：《民法典的规范配置——以对我国〈合同法〉规范配置的反思为中心》，《烟台大学学报（哲学社会科学版）》2005 年第 3 期。

21. 王洪：《合同形式欠缺与履行治愈论——兼评〈合同法〉第 36 条之规定》，《现代法学》2005 年第 3 期。

22. 刘星：《法律为何简约，何为简约——爱波斯坦的〈简约法律的力量〉》，《环球法律评论》2005 年第 2 期。

23. 冉昊：《制定法对财产权的影响》，《现代法学》2004 年第 5 期。

24. 张维迎、柯荣住：《信任及其解释：来自中国的跨省调查分析》，《经济研究》2002 年第 10 期。

25. 张维迎：《法律制度的信誉基础》，《经济研究》2002 年第 1 期。

26. 唐江桥：《国家干预经济的理论渊源》，《北方经济》2007 年第 2 期。

27. 邢会强：《经济立法的供需分析》，《南都学坛》2004 年第 5 期。

28. 李虹、黄成明：《国外特许经营研究的理论综述》，《经济纵横》2005 年第 2 期。

29. 杨明、曹明星：《特许经营权：一项独立的财产权》，《华中科技大学学报（社会科学版）》2003 年第 5 期。

30. 王智斌：《行政许可法的制度创新与私权潜能》，《黑龙江社会科学》2006 年第 5 期。

31. 高富平：《浅议行政许可的财产属性》，《法学》2000 年第 8 期。

32. 汪传才：《论澳大利亚特许经营立法及其借鉴价值》，《暨南大学（哲学社会科学版）》2006 年第 2 期。

33. 汪传才：《论欧盟特许经营法的最新发展》，《西北师大学报（社会科学版）》2005 年第 2 期。

34. 汪传才：《法国的特许经营立法及其启示》，《福建政法管理干部学院学报》2002 年第 3 期。

35. 韩强：《特许经营的责任分担和风险防范》，《法学》2002 年第 6 期。

36. 柏勇：《从特许经营的特征看受许人的法律保护》，《政治与法律》2007 年第 2 期。

37. 孙连会：《特许经营纠纷十年简评》，《连锁与特许》2006 年第 8 期。

38. 李虹、黄成明：《国外特许经营研究的理论综述》，《经济纵横》2005 年第 2 期。

39. 岳永川：《论商业特许经营中的法律责任》，《经济与管理研究》2005 年第 1 期。

40. 张弛、黄鑫：《区域特许经营结构和责任探析》，《华东政法学院学报》2005 年第 2 期。

41. 任学青：《完善我国特许经营法律环境的思考》，《政法论丛》2002 年第 4 期。

42. 李爱梅、凌文轻：《论行为经济学对传统经济理论的挑战》，《暨南学报（哲学社会科学版）》2005 年第 1 期。

43. 范在峰：《特许经营限制竞争行为法律研究》，《北京大学学报（哲学社会科学版）》2002 年第 6 期。

44. 江苏省高级人民法院民一庭课题组：《政府与社会资本合作（PPP）的法律疑难问题研究》，《法律适用》2017 年第 17 期。

45. 李明超：《PPP 中政府多重角色冲突及其化解的法律机制研究——以公用事业特许

经营为例》，《福建行政学院学报》2016 年第 6 期。

46. 周佑勇：《特许经营权利的生成逻辑与法治边界——经由现代城市交通民营化典型案例的钩沉》，《法学评论》2015 年第 6 期。

47. 孙学致、宿辉：《PPP 合同的法律属性：一个解释论的立场》，《山东社会科学》2018 年第 7 期。

48. 付大学：《PPP 特许经营权：一种混合财产权及其保护规则》，《法学论坛》2016 年第 6 期。

49. 许军：《政府特许经营权的反思与重构》，《甘肃社会科学》2015 年第 6 期。

50. 王利明：《论合同法组织经济的功能》，《中外法学》2017 年第 1 期。

四、外文资料

1. Horn，Kotz & Leser，*German Private and Commercial Law*，Clarendon Press，Oxford，1982.

2. Charles A. Reich，"The New Property"，*The Yale Law Journal*，Vol. 73，1964.

3. Mendelsohn，*Chapter on United States*：*International Encyclopaedia of Franchising Law*，Richmond Limited，2004.

4. Martin Mendelsohn，*The Guide To Franchising*（5 th Edn.）Cassell，1992.

5. North，D. C.，*Institutions*，*Institutional Changes and Economic Performance*，Cambridge University Press，1990.

6. Paul Richards，*Law of Contract*（5th Edn.），Law Press，2005.

7. Robert L. Purvin，*The Franchise Fraud*：*How to Protect Yourself before and after Your Invest*，New York：John Wiley&Sons，Inc.，1994.

8. Segla，I.，*Complexity and Renegotiation*：*A Foundation for Incomplete Contracts*，Mimeo，Harvard University，1995.

9. John M. Vernon and Anders Fernlund，"Protecting Frnchisors from Vicarious Liability Lawsuits in the United States"，*Tolly's Journal of International Franchising & Distribution Law*，Vol. 9，1995.

10. Rindfleisch，A. & Heide，J. B.，"Transaction Cost Analysis：Past，Present，and Future Applications"，*Journal of Markting*，Vol. 61（4），1997.

责任编辑：韦玉莲

封面设计：林芝玉

图书在版编目（CIP）数据

特许经营合同规制研究/周悦丽著.—北京：人民出版社，2019.8

ISBN 978 - 7 - 01 - 021083 - 4

Ⅰ.①特…　Ⅱ.①周…　Ⅲ.①特许经营—经济合同—合同法—研究—中国　Ⅳ.①D923.65

中国版本图书馆CIP数据核字（2019）第155620号

特许经营合同规制研究

TEXU JINGYING HETONG GUIZHI YANJIU

周悦丽　著

人民出版社出版发行

（100706　北京市东城区隆福寺街99号）

天津文林印务有限公司印刷　新华书店经销

2019年8月第1版　2019年8月北京第1次印刷

开本：710毫米×1000毫米 1/16　印张：16.25

字数：270千字

ISBN 978 - 7 - 01 - 021083 - 4　定价：52.00元

邮购地址　100706　北京市东城区隆福寺街99号

人民东方图书销售中心　电话：（010）65250042　65289539